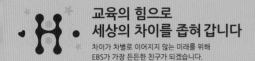

교육의 힘으로
세상의 차이를 좁혀 갑니다
차이가 차별로 이어지지 않는 미래를 위해
EBS가 가장 든든한 친구가 되겠습니다.

모든 교재 정보와 다양한 이벤트가 가득!
EBS 교재사이트 book.ebs.co.kr

본 교재는 EBS 교재사이트에서
eBook으로도 구입하실 수 있습니다.

2025학년도 수능 대비

수능특강 사용설명서

영어영역

영어독해연습(하)

KB214022

발행일 2024. 1. 28. **1쇄 인쇄일** 2024. 1. 21. **신고번호** 제2017-000193호 **펴낸곳** 한국교육방송공사 경기도 고양시 일산동구 한류월드로 281
기획 및 개발 EBS 교재 개발팀
표지디자인 ㈜무닉 **편집** ㈜글사랑 **인쇄** ㈜매일경제신문사
인쇄 과정 중 잘못된 교재는 구입하신 곳에서 교환하여 드립니다. 신규 사업 및 교재 광고 문의 pub@ebs.co.kr

교재 내용 문의
교재 및 강의 내용 문의는
EBS*i* 사이트(www.ebs*i*.co.kr)의 학습 Q&A 서비스를
활용하시기 바랍니다.

교재 정오표 공지
발행 이후 발견된 정오 사항을
EBS*i* 사이트 정오표 코너에서 알려 드립니다.
교재 → 교재 자료실 → 교재 정오표

교재 정정 신청
공지된 정오 내용 외에 발견된 정오 사항이 있다면
EBS*i* 사이트를 통해 알려 주세요.
교재 → 교재 정정 신청

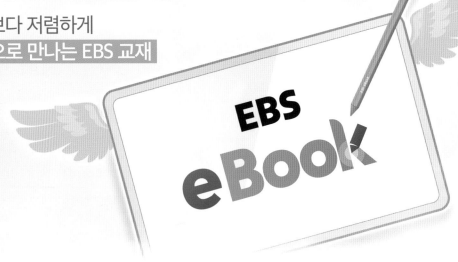

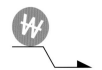

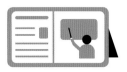

2025학년도 수능 대비

수능특강 사용설명서

영어영역

영어독해연습(하)

차례 | 수능특강 사용설명서 영어독해연습(하)

틀리기 쉬운 유형편

9 강 6

10 강 22

11 강 38

12 강 54

Mini Test

Mini Test 1 72

Mini Test 2 122

Mini Test 3 172

※ 실용문 유형과 1지문 3문항 유형은 수능특강 사용설명서에서 다루지 않습니다.
〈영어독해연습(하) 제외 문항〉 9~12강: 5~7번, 12~14번 / Mini Test 1~3: 10~11번, 26~28번

2025학년도 수능특강, 어떻게 공부할까?

효율적인 연계교재 공부법은 따로 있습니다. 문제가 점점 길고 복잡해지는 최근 수능 출제 경향을 생각하면, 더 빠르고 정확하게 문항을 분석하는 연습을 우선해야 합니다. 무턱대고 문항을 풀고 개념을 외우는 것으로는 수능에서 성공할 수 없다는 것을 지난 수능에서 확인했습니다.
〈수능특강 사용설명서〉는 이러한 신경향 수능 대비에 최적화된 교재입니다. EBS 연계교재에 담긴 지문의 수록 의도, 출제 포인트를 분석하는 연습을 지금부터 시작해야 합니다.
2025학년도 수능, **〈수능특강 사용설명서〉**와 함께 성공할 수 있습니다.

정답은 <수능특강 사용설명서>

"지문 · 자료 분석력 UP 프로젝트"
수능특강을 공부하는 가장 쉽고 빠른 방법!

연계교재에 숨은 뜻, '무엇을 · 어떻게' 풀고 찾아야 할까? 그 숨은 길을 보여 드립니다!

연계교재 수능특강의 지문을 해석하는 것이 어려운 학생을 위한 교재

1단계 연계교재 학습 포인트

연계교재 학습 전에 단원별 · 주제별로 유의해야 할 내용, 핵심 키워드 등을 미리 알려 줍니다. 연계교재를 어떻게 공부할지 방향을 미리 보여 주고, 길을 안내하는 것은 더 빠르고 정확하게 연계교재를 학습할 수 있도록 돕습니다.

2단계 수능특강 지문/자료 분석

〈수능특강 영어독해연습〉의 모든 핵심 내용을 수록하였습니다. 정확하고 빠른 지문 해석은 기본, 문제가 원하는 정답을 찾기 위해 필요한 분석 방법을 보여 주기 위해 지문에 직접 팁을 달아 선생님의 밀착 지도를 받는 듯한 생생한 해설을 제공합니다. 또한 꼭 알아 두어야 할 핵심 개념까지 제공하여 실력을 한 단계 업그레이드할 수 있습니다.

3단계 글의 흐름 파악, 전문 해석, 배경지식 & 구문 해설

수능특강의 지문을 한눈에 파악할 수 있도록 친절하게 흐름을 짚어 줍니다. 또한 상세한 구문 분석과 전문 해석, 글의 이해를 위한 배경지식, 구문 해설을 제공합니다.

4단계 Quick Check

핵심적인 내용을 이해하고 있는지 빠르게 확인하고 넘어갈 수 있도록 점검합니다.

수험생이 기다렸던 교재!!

- 연계교재가 어려운 학생들을 위해 더 친절하고 자세하게 설명합니다.
- 수능특강에 수록된 지문을 그대로 싣고 개념의 이해를 도와주는 교재입니다.
- 수능특강의 어려운 내용을 자세히 설명해 주고, 자료 분석과 빈칸 문제, 확인 문제 등으로 연계교재 학습을 확실하게 마무리할 수 있도록 도와줍니다.

선생님들이 기다렸던 교재!!

- 연계교재를 효율적으로 가르치고, 활용하는 방법을 보여 드립니다.
- 오개념 전달, 검증 안 된 변형 문항 등 잘못된 방법으로 공부하는 것을 안타까워하시는 선생님들께 꼭 필요한 교재입니다.
- 수능특강에 수록된 지문에 대한 쉬운 설명, 개념 자료, 심화 학습 자료 등을 제공합니다.

틀리기 쉬운 유형편

9강

10강

11강

12강

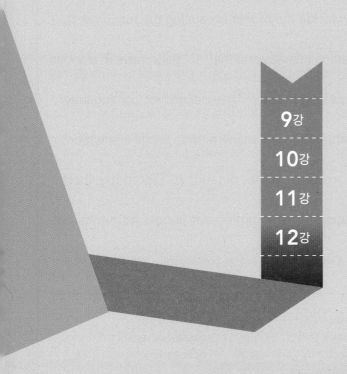

1번 사람과 사물의 인과 관계의 특징

9강

| Keywords | causal relations, people, balls

❶Causal relations often come in characteristic groups or clusters. // ❷For example, /
인과 관계는 흔히 특징적인 집단이나 무리에서 나타난다 // 예를 들어 /

in -ing: ~할 때 / notice의 목적어(명사절) / 부사구

in thinking about two people, / I might notice [that, / {in contrast to a pair of billiard
두 사람에 관해 생각할 때 / 나는 ~이라는 것을 알 수도 있다 / 한 쌍의 당구공과 대조적으로 /

주어

balls}, / they often causally act on each other at a distance]. // ❸[A remark to a person
그들이 흔히 얼마간 떨어져서도 서로에게 인과적으로 작용한다 // 몇 피트 떨어져 있는 사람에게 한 말은 /

several feet away] / can cause that person to move quickly backward. // ❹Cause-and-
그 사람을 급히 뒤로 움직이게 할 수 있다 // 사람들에 대한

effect relations for people have longer time lags / than for balls. // ❺You do not move
인과 관계는 더 긴 시간적 격차가 있다 / 공보다 // 여러분은 내가 말한 뒤에 즉각

unlike의 목적어 / 관계절

instantaneously after I speak, / unlike [cases {in which one ball launches another}]. //
움직이지는 않는다 / 하나의 공이 다른 공의 운동을 일으키는 경우와 달리 //

on one's own: 자력으로, 스스로

❻There is a noticeable lag. // ❼People move on their own / without needing any external
뚜렷한 시간의 지연이 있다 // 사람들은 자력으로 움직인다 / 어떤 외부의 힘을 필요로 하지 않고 //

force. // ❽Simple balls do not spontaneously move. // ❾Self-generated motion conveys
단순한 공은 자발적으로 움직이지 않는다 // 자체적으로 생성된 움직임은 강한 인상을 전달한다 /

동격 관계

the strong impression / [that something inside the mover is causing the movement]. //
움직이는 사람 내부의 어떤 것이 그 움직임을 일으킨다는 //

분사구문(부가적 설명)

❿People can move in irregular ways, / [darting this way and that]. // ⓫Balls move in smooth
사람들은 불규칙한 방식으로 이동할 수 있다 / 이리저리 빠르게 움직이면서 // 공은 매끄럽고 예측할 수 있는 경로로

~하지 않는 한

predictable paths / unless something else intervenes. // ⓬People interact contingently; /
움직인다 / 다른 어떤 것이 개입하지 않는 한 // 사람들은 일정치 않게 상호 작용을 하지만 /

balls do not. // ⓭There is a back-and-forth rhythm / to many human social interactions /
공은 그렇지 않다 // 왔다 갔다 하는 리듬이 있다 / 인간의 많은 사회적 상호 작용에는 /

부사절(양보) / 분사구문

[whether they be conversations, silent greetings, or hot pursuit]. // ⓮[Taken together], /
대화든, 말 없는 인사든, 바짝 뒤쫓기든 // 종합하면 /

several interacting causal relations distinguish the motions of people from those of
상호 작용하는 여러 인과 관계 때문에 사람의 움직임은 평범한 고체의 그것과 구별된다 //

simple solids. //

* lag: (시간적) 격차, 지연 ** contingently: 일정치 않게, 경우에 따라

어휘

- □ causal 인과의, 원인이 되는
- □ cluster 무리, 집단
- □ billiard 당구의
- □ at a distance 얼마간 떨어져서
- □ remark 말, 발언
- □ cause-and-effect 인과의
- □ instantaneously 즉각, 당장
- □ launch (~의 운동을) 일으키다
- □ noticeable 뚜렷한, 주목할 만한
- □ on one's own 자력으로, 스스로
- □ spontaneously 자발적으로, 저절로
- □ dart 빠르게 움직이다
- □ intervene 개입하다

글의 흐름 파악

소재(❶)	비교 1 (❷~❸)	비교 2 (❹~❻)	비교 3 (❼~❾)	비교 4 (❿~⓫)	비교 5 (⓬~⓭)	정리 (⓮)
인과 관계 발생 여건	거리 측면	시간 측면	동력 측면	동작 측면	작용 측면	사람의 인과 관계 특성
특징적인 집단이나 무리에서 발생함	사람 사이의 인과 관계는 당구공과는 달리, 얼마간 떨어져서도 작용함	즉각 움직이지 않고 더 긴 시간적 격차가 있음	• 외부의 힘에 의하지 않고 자력으로 움직임 • 내부의 힘으로 움직인다는 인상	• 빠르게 불규칙한 방식으로 이동할 수 있음 • 매끄럽고 예측되는 경로로 움직이는 공과 다름	사람들은 일정치 않게 상호 작용을 하고, 상호 작용에는 왔다 갔다 하는 리듬이 있음	상호 작용하는 여러 인과 관계 때문에 사람의 움직임은 고체의 움직임과 구별됨

전문 해석

❶인과 관계는 흔히 특징적인 집단이나 무리에서 나타난다. ❷예를 들어, 두 사람에 관해 생각할 때, 나는 한 쌍의 당구공과 대조적으로 그들이 흔히 얼마간 떨어져서도 서로에게 인과적으로 작용한다는 것을 알 수도 있다. ❸몇 피트 떨어져 있는 사람에게 한 말은 그 사람을 급히 뒤로 움직이게 할 수 있다. ❹사람들에 대한 인과 관계는 공보다 더 긴 시간적 격차가 있다. ❺하나의 공이 다른 공의 운동을 일으키는 경우와 달리, 여러분은 내가 말한 뒤에 즉각 움직이지는 않는다. ❻뚜렷한 시간의 지연이 있다. ❼사람들은 어떤 외부의 힘을 필요로 하지 않고 자력으로 움직인다. ❽단순한 공은 자발적으로 움직이지 않는다. ❾자체적으로 생성된 움직임은 움직이는 사람 내부의 어떤 것이 그 움직임을 일으킨다는 강한 인상을 전달한다. ❿사람들은 이리저리 빠르게 움직이면서 불규칙한 방식으로 이동할 수 있다. ⓫공은 다른 어떤 것이 개입하지 않는 한 매끄럽고 예측할 수 있는 경로로 움직인다. ⓬사람들은 일정치 않게 상호 작용을 하지만, 공은 그렇지 않다. ⓭대화든, 말없는 인사든, 바짝 뒤쫓기든 인간의 많은 사회적 상호 작용에는 왔다 갔다 하는 리듬이 있다. ⓮종합하면, 상호 작용하는 여러 인과 관계 때문에 사람의 움직임은 평범한 고체의 그것과 구별된다.

배경 지식

인과 관계(causality)

전통적 논리학에서는 "실재하는 세계에서의 존재나 사건에는 반드시 그것을 발생시키는 근거가 있다"라는 법칙을 존재의 필연적 법칙으로 한다. 여기서 근거를 '원인'이라 하고 그것에 의하여 발생되는 것을 '결과'라 하며 이 두 개의 관계를 인과 관계라 부른다.

구문 해설

❷ For example, in thinking about two people, I might notice [**that**, {in contrast to a pair of billiard balls}, **they** often causally act on each other at a distance].

[ ]는 notice의 목적어이고, { }는 부사구로 접속사 that과 주어 they의 사이에 삽입되어 있다.

⓭ There is a back-and-forth rhythm to many human social interactions [whether they be conversations, silent greetings, or hot pursuit].

[ ]는 양보의 의미를 나타내는 부사절이다.

Quick Check T, F 고르기

1. Cause-effect relationships for people are delayed compared to balls. T / F
2. People cannot move spontaneously without any external intervention. T / F

정답 1. T 2. F

2번 현대 민주주의와 초기 민주주의의 비교

9강

| Keywords | democracy, participation, representatives, control

❶Modern democracy evolved from early democracy, / and this process began in England / before first reaching a fuller extent / — for free white males / — in the United States. // ❷Modern democracy is a form of rule / [where political participation is broad but episodic] / : citizens participate by voting for representatives, / but this occurs only at certain intervals, / and there are few means of control / other than the vote / — representatives cannot be bound by mandates or instructions. // ❸All of this contrasts with early democracy. // ❹In early democracies, / [participation was often restricted / to a smaller number of individuals], / but [for those {who enjoyed the right}, / the frequency of participation was much higher]. // ❺It was also the case / [that those {who chose representatives} could bind them with mandates, / and individual localities could either {reject central decisions} or {opt out of them}]. // ❻This created substantial blocking power / and therefore a need for consensus. // ❼For this reason, / there was less of a problem of "tyranny of the majority," / whereas this is an issue / [with which all modern democracies must grapple]. //

현대 민주주의는 초기 민주주의로부터 발전했다 / 그런데 이 과정은 영국에서 시작되었다 / 처음으로 더 완전한 범위에 이르기 전에 / 자유인인 백인 남성에게는 / 미국에서 // 현대 민주주의는 통치 형태이다 / 정치적 참여가 광범위하지만 가끔씩 발생하는 / 시민은 대표자 선출 투표로 참여한다 / 하지만 이것은 일정한 간격으로만 발생한다 / 그리고 통제 수단이 거의 없다 / 투표 이외의 / 즉 요구나 지시로 대표자를 속박할 수 없다 // 이 모든 것은 초기 민주주의와 대조된다 // 초기 민주주의 체제에서 / 참여는 흔히 제한되었다 / 더 적은 수의 개인들에게로 / 하지만 그 권리를 누렸던 사람들에게 / 참여의 빈도는 훨씬 더 높았다 // 또한 사실이었다 / 대표자를 뽑은 사람들이 요구를 통해 그들을 속박할 수 있었던 것은 / 그리고 개별 지방이 중앙의 결정을 거부하거나 그것에 불참을 택할 수 있었던 // 이것으로 상당한 저지력이 생겼다 / 그리하여 합의의 필요성이 // 이런 이유로 / '다수의 횡포' 문제가 더 적었다 / 반면에 이것은 문제이다 / 모든 현대 민주주의 체제가 해결하려고 노력해야 하는 //

(주석: a form of rule ← 관계절 [where ...]; 콜론(:): 앞 내용을 뒤에서 설명; other than: ~ 이외의; 대시(—): 앞 내용을 뒤에서 설명; 병렬 구조 [... individuals], but [for ...]; those ← 관계절 {who enjoyed the right}; It: 형식상의 주어, [that ...]: 내용상의 주어; those ← 관계절 {who chose representatives}; 병렬 구조(either ~ or ...); an issue ← 관계절 [with which ...])

* mandate: (선거 구민의) 요구 ** tyranny: 횡포, 독재 *** grapple: (문제를) 해결하려고 노력하다

어휘

- □ evolve 발전하다, 진화하다
- □ episodic 가끔씩 발생하는
- □ representative 대표자, 대의원
- □ interval 간격
- □ restrict 제한하다
- □ frequency 빈도
- □ bind(-bound-bound) (약속 등으로) 속박하다, 의무를 지우다
- □ locality 지방
- □ opt out of ~에 불참을 택하다
- □ consensus 합의

글의 흐름 파악

도입(❶)	본론 1(❷~❸)	본론 2(❹~❼)
현대 민주주의의 발달	현대 민주주의의 특성	초기 민주주의의 특성
• 초기 민주주의로부터 발전 • 영국에서 시작하여 미국에서 확장됨	• 광범위한 정치적 참여가 가끔 발생함 • 일정한 간격으로 대표자를 선출함 • 투표 이외의 통제 수단이 없음	• 더 적은 수의 개인들로 제한함, 참여의 빈도 더 높음 • 대표자를 선출한 사람들이 요구를 통해 대표자를 속박하고 지방이 중앙의 결정에 거부하거나 불참으로 대응 • 상당한 저지력과 합의의 필요성 • 현대 민주주의 체제의 해결 과제인 다수의 횡포 문제가 더 적음

전문 해석

❶현대 민주주의는 초기 민주주의로부터 발전했는데, 이 과정은 미국에서 — 자유인인 백인 남성에게는 — 처음으로 더 완전한 범위에 이르기 전에, 영국에서 시작되었다. ❷현대 민주주의는 정치적 참여가 광범위하지만 가끔씩 발생하는 통치 형태인데, 시민은 대표자 선출 투표로 참여하지만, 이것은 일정한 간격으로만 발생하고, 투표 이외의 통제 수단이 거의 없다 — 즉 요구나 지시로 대표자를 속박할 수 없다. ❸이 모든 것은 초기 민주주의와 대조된다. ❹초기 민주주의 체제에서 참여는 흔히 더 적은 수의 개인들에게로 제한되었지만, 그 권리를 누렸던 사람들에게 참여의 빈도는 훨씬 더 높았다. ❺또한 대표자를 뽑은 사람들이 요구를 통해 그들을 속박할 수 있고 개별 지방이 중앙의 결정을 거부하거나 그것에 불참을 택할 수 있었던 것도 사실이었다. ❻이것으로 상당한 저지력이, 그리하여 합의의 필요성이 생겼다. ❼이런 이유로 '다수의 횡포' 문제가 더 적었는데, 반면에 이것은 모든 현대 민주주의 체제가 해결하려고 노력해야 하는 문제이다.

배경 지식

참정권의 확대

고대 그리스의 아테네 민주주의에서는 성인 남성 그리스인으로 참정권이 제한되어 미성년자, 여성, 노예, 외국인에게는 부여되지 않았다. 1789년 혁명 직후의 프랑스에서는 국방의 의무와 연계하여 성인 남성에게 참정권을 부여하였다. 1867년에 영국에서는 성인 남성 노동자의 선거권을 인정했다. 1870년에 미국에서는 흑인 남성이 최초로 투표했다. 성인 여성의 선거권은 1893년 뉴질랜드에서 세계 최초로 인정되었다. 1966년 미국의 모든 주에서 성인 흑인의 투표권이 인정되었다.

구문 해설

❹ In early democracies, [participation was often restricted to a smaller number of individuals], but [for those {who enjoyed the right}, the frequency of participation was much higher].

두 개의 [ ]가 but으로 연결되어 병렬 구조를 이루고 있다. { }는 those를 수식하는 관계절이다.

❼ For this reason, there was less of a problem of "tyranny of the majority," whereas this is an issue [with which all modern democracies must grapple].

[ ]는 an issue를 수식하는 관계절이다.

Quick Check T, F 고르기

1. Modern democracy first reached its full extent for free white male and female adults in the United States. T / F

2. There was less need for consensus in early democracy than in modern democracy. T / F

정답 1. F 2. F

3번 사물의 신뢰성과 예측 가능성

9강

| Keywords | predictable, dependable, hospitable, reliability, patterns

→to work properly를 설명

❶To an important extent, / we need things to work properly / — [to be predictable and dependable]. //
상당한 정도로 / 우리에게는 사물이 제대로 작동하는 것이 필요하다 / 즉 예측할 수 있고 신뢰할 수 있는 것이 //

→~에 굴복하다

❷We would give in to despair / if too many failed to do their job. //
우리는 절망에 굴복할 것이다 / 너무 많은 것들이 제 역할을 하지 못하면 //

주어, 관계절

❸[A world {where things perform their proper function}] / is a hospitable place. //
사물이 적절한 제 기능을 하는 세상은 / 환경이 살기에 좋은 곳이다 //

→주어(명사절)

❹And [what makes it hospitable] / is precisely its reliability and predictability. //
그리고 그곳을 환경이 살기에 좋게 만드는 것은 / 정확히 그것의 신뢰성과 예측 가능성이다 //

관계절

❺There is a point, however, / [beyond which this very flawlessness starts / to induce a serious form of alienation]. //
그러나 지점이 있다 / 그것을 넘어서면 바로 이 완벽함이 시작하는 / 심각한 종류의 소외를 유발하기 //

→for+주어+동사: 왜냐하면 ~ 때문이다

❻For when things work flawlessly, without friction, / less and less is demanded of us. //
왜냐하면 사물이 완벽하게 마찰 없이 작동할 때 ~ 때문이다 / 우리에게 요구되는 것은 점점 더 적어진다 //

❼In the long run, / this effortlessness is our undoing. //
결국 / 이 수월함이 우리 파멸의 원인이다 //

It's not just that A, but that B: A 때문만이 아니라 B 때문이다

→A, →관계절(we ~ unnecessary를 설명), →B

❽It's not just that [we become increasingly unnecessary / ({which would be bad enough})], / but that [we become more and more *like the things themselves*]. //
그것은 우리가 점차 불필요해지기 때문만이 아니라 / 그것은 매우 나쁠 것이다 / 우리가 점점 더 '사물 자체와 유사하게' 되기 때문이다 //

❾We unconsciously start copying them. //
우리는 무의식적으로 사물을 모방하기 시작한다 //

=our predictability, →so does ~: ~도 그러하다

❿Their predictability becomes ours, / and so does their fundamental inertness. //
사물의 예측 가능성은 우리의 예측 가능성이 된다 / 그리고 그것의 근본적인 불활성도 그러하다 //

관계절

⓫Near something [that never changes its patterns], / we too slide into a heavily patterned existence. //
자체 패턴을 전혀 변경하지 않는 것 가까이에서 / 우리 또한 심하게 패턴화된 존재로 슬며시 바뀐다 //

→to부정사구(결과)

⓬At the limit, / if nothing changes [to attract our attention], / we become indistinguishable from those things, / and lose ourselves in their midst. //
한계점에 이르렀을 때 / 아무것도 변하지 않아 우리의 주의를 끌지 않으면 / 우리는 그 사물들과 구별할 수 없게 된다 / 그리하여 그것들 속에서 자신을 상실한다 //

→turn+형용사: ~로[하게] 바뀌다

⓭Hospitability is admirable, / but when a place becomes too hospitable, / it turns positively hostile. //
환경이 살기에 좋은 것은 훌륭하다 / 하지만 어떤 곳이 환경이 너무 살기에 좋게 될 때 / 그곳은 분명히 적대적으로 바뀐다 //

* hospitable: (환경이) 살기에 좋은 ** friction: 마찰 *** inertness: 불활성, 활발하지 못함

어휘

- ☐ dependable 신뢰할 수 있는
- ☐ give in to ~에 굴복하다
- ☐ flawlessness 완벽함
- ☐ induce 유발하다
- ☐ in the long run 결국에는
- ☐ effortlessness 수월함
- ☐ undoing 파멸(의 원인)
- ☐ unconsciously 무의식적으로
- ☐ in their midst 그것들 속에서
- ☐ positively 분명히, 확실히
- ☐ hostile 적대적인

글의 흐름 파악

도입(❶~❹)		문제점 1(❺~❼)	문제점 2(❽~⓬)		정리(⓭)
신뢰성과 예측 가능성		인간의 소외	인간의 독특함 상실		이로운 정도
상당한 정도로 예측 가능성과 신뢰성이 있는 세상은 살기에 좋음	➔	예측 가능성과 신뢰성이 지나치면 인간에게 요구되는 것이 적어져 인간이 소외됨	인간이 사물 자체와 유사하게 되어 인간도 예측 가능하게 되고 근본적인 불활성이 발생하며 인간이 패턴화하여 사물과 구별할 수 없게 됨	➔	적당하면 환경이 살기에 좋지만 지나치면 적대적으로 됨

전문 해석

❶상당한 정도로, 우리에게는 사물이 제대로 작동하는 것이, 즉 예측할 수 있고 신뢰할 수 있는 것이 필요하다. ❷너무 많은 것들이 제 역할을 하지 못하면 우리는 절망에 굴복할 것이다. ❸사물이 적절한 제 기능을 하는 세상은 환경이 살기에 좋은 곳이다. ❹그리고 그곳을 환경이 살기에 좋게 만드는 것은 정확히 그것의 신뢰성과 예측 가능성이다. ❺그러나 그것을 넘어서면 바로 이 완벽함이 심각한 종류의 소외를 유발하기 시작하는 지점이 있다. ❻왜냐하면 사물이 완벽하게, 마찰 없이 작동할 때 우리에게 요구되는 것은 점점 더 적어지기 때문이다. ❼결국 이 수월함이 우리 파멸의 원인이다. ❽그것은 우리가 점차 불필요해지기 때문만이 아니라(그것은 매우 나쁠 것이다) 우리가 점점 더 '사물 자체와 유사하게' 되기 때문이다. ❾우리는 무의식적으로 사물을 모방하기 시작한다. ❿사물의 예측 가능성은 우리의 예측 가능성이 되고, 근본적인 불활성도 그러하다. ⓫자체 패턴을 전혀 변경하지 않는 것 가까이에서 우리 또한 심하게 패턴화된 존재로 슬며시 바뀐다. ⓬한계점에 이르렀을 때, 아무것도 변하지 않아 우리의 주의를 끌지 않으면, 우리는 그 사물들과 구별할 수 없게 되어 그것들 속에서 자신을 상실한다. ⓭환경이 살기에 좋은 것은 훌륭하지만, 어떤 곳이 환경이 너무 살기에 좋게 될 때, 그곳은 분명히 적대적으로 바뀐다.

배경 지식

패턴과 기계 학습

기계 학습(machine learning)은 인공 지능의 한 분야이다. 컴퓨터는 데이터를 이용하여 패턴을 학습해서 미래 결과를 예측한다. 패턴을 기반으로 한 인공 지능이 인간 학습의 특성을 온전히 반영할 수 있는지는 논란이 있다.

구문 해설

❸ [A world {where things perform their proper function}] is a hospitable place.

[ ]는 문장의 주어이고, { }는 A world를 수식하는 관계절이다.

❽ It's not just that [we become increasingly unnecessary ({which would be bad enough})], but that [we become more and more *like the things themselves*].

두 개의 [ ]는 「It's not just that A, but that B」(A 때문만이 아니라 B 때문이다)에서 각각 A와 B에 해당한다. { }는 which의 선행사인 we become increasingly unnecessary를 부가적으로 설명하고 있다.

Quick Check 빈칸 완성하기

1. Reliability and p______________ are what make our world hospitable.
2. Near something that never changes its p______________, we too slide into a heavily patterned existence.

정답 1. (p)redictability 2. (p)atterns

4번 9강 뇌의 불안 극복과 새로운 신경 경로

| Keywords | fear, unlearn, track, anxiety, neural

❶ [One of the biggest challenges in overcoming fear] is [that, / although the brain learns lessons quickly, / it does not *unlearn* lessons quickly]. // ❷ (Have you) Ever traveled by train? // ❸ On every trip, / trains obey the direction of the tracks. // ❹ If an engineer wanted to take the train in a different direction, / but lacked the track, / it would not be possible. // ❺ New tracks would be necessary / to divert the train onto a new course. // ❻ And once a train has a destination on a track, / it churns with momentum. // ❼ The challenge lies in laying the new track. // ❽ Like most goals in life, / it would take patience, effort, and commitment / [to build that new path]. // ❾ There is a similar challenge / in facing anxiety and changing your brain's chemistry. // ❿ In other words, / [creating a new neural pathway / {that is unafraid / of ⟨what you currently fear⟩}] / is going to take some effort. // ⓫ But it can absolutely be done. // ⓬ You can change your brain's response / to your anxiety-provoking stimulus / by creating a new neural pathway. //

(주석: [One of ... fear] → 주어; [that, ...] → 보어; (Have you); If+주어+과거동사 ~, 주어+would+동사원형 ...: 가정법 과거(현재로 해석); once → 접속사(일단 ~하면); lies in → ~에 (놓여) 있다; it → 형식상의 주어; [to build that new path] → 내용상의 주어; in -ing: ~하는 것에, ~할 때에; [creating ...] → 주어; {that is ...} → 관계절; ⟨what you currently fear⟩ → of의 목적어; is → 술어 동사)

(해석) ❶ 두려움을 극복할 때 가장 큰 어려움 중 하나는 ~이라는 것이다 / 뇌가 학습 내용을 빨리 배우지만 / 그것은 학습 내용을 빨리 '잊지' 않는다 // ❷ 기차로 여행한 적이 있는가 // ❸ 모든 여정에서 / 기차는 선로의 방향을 따른다 // ❹ 만약 기관사가 기차를 다른 방향으로 가게 하고 싶어 한다면 / 하지만 선로가 없다면 / 그것은 가능하지 않을 것이다 // ❺ 새로운 선로가 필요할 것이다 / 새로운 코스로 기차의 방향을 바꾸는 데는 // ❻ 그리고 기차는 일단 선로상에 목적지가 정해지면 / 그것은 탄력을 받아 세차게 나아간다 // ❼ 어려움은 새로운 선로를 놓는 데 있다 // ❽ 인생에서 대부분의 목표와 마찬가지로 / 인내, 노력, 그리고 헌신이 필요할 것이다 / 그 새로운 길을 건설하는 데는 // ❾ 유사한 어려움이 있다 / 불안에 직면하여 뇌의 화학 반응을 바꾸는 것에 // ❿ 다시 말해서 / 새로운 신경 경로를 만드는 데는 / 두려워하지 않는 / 여러분이 현재 두려워하는 것을 / 상당한 노력이 필요할 것이다 // ⓫ 하지만 그것은 틀림없이 해낼 수 있다 // ⓬ 여러분은 뇌의 반응을 바꿀 수 있다 / 불안을 유발하는 자극에 대한 / 새로운 신경 경로를 만듦으로써 //

* divert: (방향 등을) 바꾸다 ** churn: 세차게 나아가다 *** momentum: 탄력, 추진력

어휘

- □ unlearn (배운 것을) 잊다
- □ obey 따르다, 복종하다
- □ direction 방향, 지시
- □ engineer (기차, 선박의) 기관사, 기사, 기술자
- □ lay 놓다, 설치하다
- □ patience 인내
- □ commitment 헌신, 전념
- □ chemistry 화학 반응, 화학
- □ neural 신경의
- □ absolutely 틀림없이, 절대적으로
- □ provoke 유발하다
- □ stimulus 자극

글의 흐름 파악

도입(❶)	비유(❷~❼)	본론(❽~⓬)
학습과 망각	두려움 극복과 기차 여행	불안의 극복
뇌는 두려움을 극복할 때 빨리 학습하지만, 학습 내용을 빨리 잊지는 않음	• 기차는 선로를 따라 여행함 • 새로운 코스로 여행하려면 새로운 선로가 필요함 • 선로상의 목적지가 정해지면 탄력을 받아 나아감 • 새 선로를 놓는 것이 어려움	• 인생에서 새로운 길의 건설에 인내, 노력, 헌신이 필요함 • 불안에 직면하여 두려워하는 것을 두려워하지 않는 신경 경로로 바꾸는 것에 노력이 필요함 • 해낼 수 있음 • 새로운 신경 경로를 만들어 불안 유발 자극에 대한 뇌의 반응을 바꿀 수 있음

전문 해석

❶두려움을 극복할 때 가장 큰 어려움 중 하나는 뇌가 학습 내용을 빨리 배우지만 학습 내용을 빨리 '잊지' 않는다는 것이다. ❷기차로 여행한 적이 있는가? ❸모든 여정에서 기차는 선로의 방향을 따른다. ❹만약 기관사가 기차를 다른 방향으로 가게 하고 싶어 하지만 선로가 없다면, 그것은 가능하지 않을 것이다. ❺새로운 코스로 기차의 방향을 바꾸는 데는, 새로운 선로가 필요할 것이다. ❻그리고 기차는 일단 선로상에 목적지가 정해지면 탄력을 받아 세차게 나아간다. ❼어려움은 새로운 선로를 놓는 데 있다. ❽인생에서 대부분의 목표와 마찬가지로 그 새로운 길을 건설하는 데는 인내, 노력, 그리고 헌신이 필요할 것이다. ❾불안에 직면하여 뇌의 화학 반응을 바꾸는 것에 유사한 어려움이 있다. ❿다시 말해서, 여러분이 현재 두려워하는 것을 두려워하지 않는 새로운 신경 경로를 만드는 데는 상당한 노력이 필요할 것이다. ⓫하지만 그것은 틀림없이 해낼 수 있다. ⓬여러분은 새로운 신경 경로를 만듦으로써 불안을 유발하는 자극에 대한 뇌의 반응을 바꿀 수 있다.

배경 지식

신경 가소성(neuroplasticity)

신경 가소성은 이미 형성된 대뇌 피질의 뉴런 간 연접 관계가 강화되거나 약화되는 것을 말한다. 감각 신경에 의해 전송되는 정보에 따라 스스로 자신의 신경망을 새롭게 구축하면서 그 형태를 바꾸어 나가는 것이다. 출생 직후 가장 활발하게 나타나는 현상으로, 강한 자극을 받으면 거의 활동을 하지 않던 시냅스가 활발해지고, 활발해진 시냅스는 이후에도 똑같은 상태를 유지하게 된다.

구문 해설

❷ Ever traveled by train?

맨 앞에 Have you가 생략되어 쓰이고 있다.

❹ If an engineer wanted to take the train in a different direction, but lacked the track, it would not be possible.

「If+주어+과거동사 ~, 주어+would+동사원형 ...」의 가정법 과거의 문장이다.

Quick Check T, F 고르기

1. The brain unlearns lessons as quickly as it learns lessons. T / F
2. Your brain's response to your anxiety-provoking stimulus could be changed by creating a new neural pathway. T / F

정답 1. F 2. T

작품의 손실을 막는 데 도움이 되는 소유권

| Keywords | cultural work, lose, ownership, preservation

주어 / 술어 동사 / 부사구 / 주어

❶[Valuable cultural works] disappear / [for all sorts of reasons]. // ❷[Government

귀중한 문화 작품은 사라진다 / 온갖 종류의 이유로 // 정부 검열이 작품을

술어 동사 / 부사구 / 절판되다

censorship] can remove works / from the market / ; books and records go out of print /

제거할 수 있다 / 시장에서 / 책과 음반은 절판된다 /

부사절(시간) / 수동태 / from ~ to ...: ~부터 …에 (이르는)

[when they are considered commercially unviable] / ; films — from *The Interview* to

상업적으로 성공할 수 없다고 여겨지면 / *The Interview*부터 디스니의 *Song of the South*에

수동태 / 부사구 / range from ~ to ...: ~에서부터 …의 범위에 걸치다

Disney's *Song of the South* — / are hidden from view for reasons / [that range from

이르는 영화들은 / 여러 이유로 시야에서 숨겨진다 / 관계절 정치적 논란에서부터 /

수동태

political controversies / to pure marketing strategies]. // ❸Works can also be lost /

순수한 마케팅 전략의 범위에 걸치는 // 작품은 또한 손실될 수 있다 /

help+동사원형: ~하는 데 도움이 되다

to accidents, natural disasters, and plain old inattention. // ❹Ownership helps guard /

사고, 자연재해, 그리고 보통의 무관심으로 // 소유권은 막는 데 도움이 된다 /

부사절 / to부정사구

against those losses. // ❺[When we own our copies], / we have greater incentives / [to

그러한 손실을 // 우리가 작품을 소유하는 경우 / 우리는 더 큰 동기를 갖게 된다 /

to부정사구(목적) / =our copies / 형식상의 주어 / 내용상의 주어 / to부정사구의 의미상의 주어

make efforts {to preserve them}], / and it's harder / [{for publishers and government

그것들을 보존하기 위해 노력할 / 그리고 더 힘들어진다 / 출판사와 정부 관계자들이 /

=our copies / 부사절 / 수동태 / 부사구

actors} / to erase them]. // ❻And [when works are distributed widely / on secondary

그것들을 없애는 것은 // 그리고 작품이 널리 유통되면 / 2차 시장에 /

부사구 / 수동태 / 부사절 / 비록 ~이지만

markets / through resale and lending], / the risk of loss is reduced. // ❼[Even though we

재판매와 대여를 통해 / 손실 위험이 줄어들게 된다 // 비록 우리가 모두 이익을

부사구 / 부사구 / ~ 이외에, ~의 밖에

all benefit / {from the preservation of our shared cultural heritage}], / [outside of the

얻지만 / 공유된 문화유산의 보존으로부터 / 작은 집단 이외에는 /

=the preservation ~ heritage

small circle / of archivists and cultural historians], / few of us give it much thought. //

기록 보관자와 문화 사학자들의 / 우리 중 그것을 많이 생각하는 사람은 거의 없다 //

부사절 / 병렬 구조(to에 이어짐) / 현재진행

❽So [when we choose to {license} rather than {own}], / we are chipping away at

그러므로 소유하기보다 사용권을 가지는 것을 선택하는 경우 / ~보다 / 우리는 보존 노력을 조금씩 깎아 내고 있는

preservation efforts. //

셈이다 //

* unviable: 성공할 수 없는 ** archivist: 기록 보관자 *** license: 사용권을 가지다

어휘

- □ censorship 검열
- □ go out of print 절판되다
- □ commercially 상업적으로
- □ range 범위에 걸치다
- □ controversy 논란, 논쟁
- □ strategy 전략
- □ plain old 보통의
- □ inattention 무관심, 부주의
- □ incentive 동기, 자극
- □ erase 없애다, 지우다
- □ distribute 유통하다, 분배하다
- □ preservation 보존
- □ heritage 유산
- □ outside of ~ 이외에, ~의 밖에
- □ chip away at ~을 조금씩 깎아 내다

글의 흐름 파악

서론(❶)		본론 1(❷~❸)		본론 2(❹~❼)		결론(❽)
귀중한 문화 작품		문화 작품 손실의 이유		손실을 막는 소유권		
온갖 종류의 이유로 사라짐	→	• 정부 검열, 작품의 절판, 정치적 논란, 마케팅 전략 • 사고, 자연재해, 보통의 무관심	→	• 보존 노력의 동기 제공 • 재판매와 대여로 손실 위험 감소 • 공유된 문화유산 → 손실 가능성	→	소유하기보다 사용권을 가지는 것을 선택하는 것이 보존 노력을 잃게 함

전문 해석

❶귀중한 문화 작품은 온갖 종류의 이유로 사라진다. ❷정부 검열이 시장에서 작품을 제거할 수 있고, 책과 음반은 상업적으로 성공할 수 없다고 여겨지면 절판되며, *The Interview*부터 디즈니의 *Song of the South*에 이르는 영화들은 정치적 논란에서부터 순수한 마케팅 전략의 범위에 걸치는 여러 이유로 시야에서 숨겨진다. ❸작품은 또한 사고, 자연재해, 그리고 보통의 무관심으로 손실될 수 있다. ❹소유권은 그러한 손실을 막는 데 도움이 된다. ❺우리가 작품을 소유하는 경우, 우리는 그것들을 보존하기 위해 노력할 더 큰 동기를 갖게 되고, 출판사와 정부 관계자들이 그것들을 없애는 것은 더 힘들어진다. ❻그리고 작품이 재판매와 대여를 통해 2차 시장에 널리 유통되면 손실 위험이 줄어들게 된다. ❼비록 우리가 모두 공유된 문화유산의 보존으로부터 이익을 얻지만, 기록 보관자와 문화 사학자들의 작은 집단 이외에는, 우리 중 그것을 많이 생각하는 사람은 거의 없다. ❽그러므로 소유하기보다 사용권을 가지는 것을 선택하는 경우, 우리는 보존 노력을 조금씩 깎아 내고 있는 셈이다.

배경 지식

검열(censorship)

검열은 국가가 정치 및 사회 비판적 표현이 담긴 출판물이나 연극, 영화 등이 사회의 질서나 미풍양속을 문란케 할 우려가 있는지를 미리 검사하는 행정 사무를 말한다. 검열 제도는 로마 시대까지 거슬러 올라가는데, 그 당시 검열관은 불온서적과 공직자 비판을 감독했다. 중세에는 주로 가톨릭교회가 교회를 반대하는 서적과 행위를 검열했다. 중세 말 구텐베르크의 서적 인쇄술이 발명됨에 따라서 검열이 체계화되었다.

구문 해설

❼ [Even though we all benefit from the preservation of our shared cultural heritage], outside of the small circle of archivists and cultural historians, **few** of us **give** it much thought.

[ ]는 양보의 부사절이고, few는 복수 취급하므로 복수형 술어 동사 give가 쓰였다.

❽ So when we choose to **license** rather than **own**, we are chipping away at preservation efforts.

license와 own은 rather than에 의해 to에 대등하게 연결되어 있다.

Quick Check 빈칸 완성하기

1. Government censorship can r____________ works from the market; books and records go out of print when they are considered commercially unviable; films — from *The Interview* to Disney's *Song of the South* — are hidden from view for reasons that range from political controversies to pure marketing strategies.

2. When we own our copies, we have greater incentives to make efforts to preserve them, and it's harder for publishers and government actors to e____________ them.

정답 1. (r)emove 2. (e)rase

9번 유리의 형성 과정

9강

| Keywords | glass, cool, molecule, form

→ 동사원형 ~ + and …: ~해라, 그러면 …   동격 관계   → find oneself in: ~에 있다

❶ Look around you right now, / and there's a good chance / [you'll find yourself in the
바로 지금 주위를 둘러보라 / 그러면 가능성이 크다 / 여러분이 유리가 존재하는 곳에 있을 //

→ 부사절   → = No matter what the item is

presence of some glass]. // ❷ [Whatever the item — a drinking glass, glass lenses,
그 물건이 무엇이든 — 음료수 잔이든, 유리 렌즈든, 창유리든 — /

관계절

a window pane —] / it was once a molten liquid / [that {reached temperatures of over
그것은 한때 녹은 액체였다 / 1700℃ 이상의 온도에 도달했다가 /

병렬 구조   → 수동태   → 부사구

1700℃} / and {was then allowed to cool}]. // ❸ [During this process], / the molecules never
냉각되도록 둔 // 이 과정 동안 / 분자는 구조적 배열을 전혀 이루지

대신에 ←   as ~ as: 원급 비교 ←   = the molecules ←

achieved a structured arrangement / but instead remained as disordered / as they had
않았고 / 대신에 무질서한 상태로 남아 있었다 / 그것들이 액체 상태에

→ 주어

been in the liquid state. // ❹ [A molecular snapshot of the liquid state and the glass
있었을 때만큼 // 액체 상태와 유리 상태의 분자 스냅 사진은 /

→ appear+형용사: ~하게 보이다   → 부사절

state] / would appear almost identical, / [although there is more crowding in the glass /
거의 동일하게 보일 것이다 / 유리 안은 더 붐비지만 /

→ ~로 인해, ~ 덕분에   관계절   → 부사절

thanks to the contraction / {that occurs during cooling}]. // ❺ [As this happens], /
수축으로 인해 / 냉각하는 동안 발생하는 // 이런 일이 일어날 때 /

→ have a hard time -ing: ~하기가 어렵다   → = molecules

molecules have a harder time / slipping quickly past one another, / so they begin to
분자들은 더 어려워진다 / 서로 빠르게 미끄러져 지나가기가 / 그래서 그것들은 속도를

→ 부사절   → = slow down

slow down, / and [as they do this], / they make stronger connections. // ❻ It's a bit like /
늦추기 시작한다 / 그리고 (그것들이) 이렇게 할 때 / 그것들은 더 강하게 연결된다 // 그것은 ~과 약간 비슷하다 /

→ like의 목적어(명사절)   → 내용상의 주어   관계절

[how it's easier / {to grab the hand of someone / ⟨who is walking slowly past you⟩} /
더 쉽다는 것 / 사람의 손을 잡는 것이 / 천천히 걸어서 여러분을 지나가는 /

to부정사구 ←   → 형식상의 주어   분사구   분사구

than {to grab the hand of someone / ⟨driving past you / in a convertible going 150
사람의 손을 붙잡는 것보다 / 운전해서 여러분을 지나가는 / 시속 150km로 달리는 컨버터블을 타고 /

→ easier than: 비교 구문   → 관계절(to grab ~ hour를 부가적으로 설명)   → 부사절   so does+주어: ~ 또한 …하다 ←

kilometres per hour⟩, / ⟨which is not advisable⟩}]. // ❼ [As the cooling continues], / so,
(이것은) 권할 만하지 않지만 // 냉각이 계속됨에 따라 /

→ 부사절 → 마침내   → 제자리에

too, does this process / [until at last the molecules become fixed in place / and glass is
이 과정 또한 계속된다 / 마침내 분자들이 제자리에 고정될 때까지 / 그리고 유리가 형성될

formed]. //
(때까지) //

어휘

- □ **molten** 녹은
- □ **liquid** 액체
- □ **molecule** 분자
- □ **arrangement** 배열
- □ **disordered** 무질서한, 어질러진
- □ **snapshot** 스냅 사진
- □ **contraction** 수축, 위축
- □ **connection** 연결
- □ **grab** 붙잡다
- □ **convertible** 컨버터블(지붕을 접었다 폈다 또는 뗐다 붙였다 할 수 있는 승용차)
- □ **advisable** 권할 만한

글의 흐름 파악

도입(❶~❷)		본론(❸~❻)		결론(❼)
주위의 유리		액체 상태의 유리가 냉각하는 과정		과정의 완료
한때 1700℃ 이상의 액체였음	➜	• 분자는 구조적 배열을 이루지 않고 무질서한 상태임 • 냉각 동안 발생하는 수축으로 유리 안은 더 붐빔 → 분자들이 속도를 늦추고 더 강하게 연결됨 = 천천히 걸어서 여러분을 지나가는 사람의 손을 잡는 게 쉬운 것과 비슷함	➜	분자들이 제자리에 고정되고 유리가 형성됨

전문 해석

❶바로 지금 주위를 둘러보라, 그러면 여러분은 유리가 존재하는 곳에 있을 가능성이 크다. ❷그 물건이 무엇이든 — 음료수 잔이든, 유리 렌즈든, 창유리든 — 그것은 한때 1700℃ 이상의 온도에 도달했다가 냉각되도록 둔 녹은 액체였다. ❸이 과정 동안, 분자는 구조적 배열을 전혀 이루지 않았고, 대신에 그것들이 액체 상태에 있었을 때만큼 무질서한 상태로 남아 있었다. ❹액체 상태와 유리 상태의 분자 스냅 사진은 거의 동일하게 보일 것이지만, 냉각하는 동안 발생하는 수축으로 인해 유리 안은 더 붐빈다. ❺이런 일이 일어날 때, 분자들은 서로 빠르게 미끄러져 지나가기가 더 어려워져서 그것들은 속도를 늦추기 시작하고, 이렇게 할 때, 그것들은 더 강하게 연결된다. ❻그것은 천천히 걸어서 여러분을 지나가는 사람의 손을 잡는 것이, 권할 만하지는 않지만, 시속 150km로 달리는 컨버터블을 타고 운전해서 여러분을 지나가는 사람의 손을 붙잡는 것보다 더 쉽다는 것과 약간 비슷하다. ❼냉각이 계속됨에 따라, 마침내 분자들이 제자리에 고정되고 유리가 형성될 때까지 이 과정 또한 계속된다.

배경 지식

유리의 역사

흑요석과 같이 자연적으로 생긴 유리질 광석이 석기 시대부터 쓰였으며, 인류가 유리를 만들기 시작한 것은 기원전 15세기 이집트에서부터였다. 시칠리아에서 10세기에 처음 스테인드글라스가 만들어진 것으로 보이고, 15세기에 유럽으로도 스테인드글라스가 전파되었다. 이때 평판 유리는 만들어 낸 유리 덩이를 다리미로 눌러 만들었으며, 대형 판유리가 만들어지기 시작한 것은 20세기 들어서이다.

구문 해설

❷ [**Whatever** the item — a drinking glass, glass lenses, a window pane —] it was once a molten liquid [that reached temperatures of over 1700°C and was then allowed to cool].

첫 번째 [ ]에서 Whatever는 '무엇일지라도(=No matter what)'의 의미이고, the item 다음에 is가 생략된 것으로 볼 수 있다. 두 번째 [ ]는 a molten liquid를 수식하는 관계절이다.

❹ [A molecular snapshot of the liquid state and the glass state] would appear almost identical, although there is more crowding in the glass thanks to the contraction [that occurs during cooling].

첫 번째 [ ]는 주절의 주어이고, 두 번째 [ ]는 the contraction을 수식하는 관계절이다.

Quick Check 적절한 말 고르기

1. It's a bit like how it's easier to grab the hand of someone who is walking slowly past you than to grab the hand of someone driving past you in a convertible [goes / going] 150 kilometres per hour, which is not advisable.

2. As the cooling continues, so, too, [does / doing] this process until at last the molecules become fixed in place and glass is formed.

정답 1. going 2. does

10번 협업에 대한 단백질과 인간의 비교

9강

| Keywords | collaborative, personality, environment, organize

관계절 / 부사절(이유) / =proteins

❶ Proteins are among the most important molecules / [we possess], / [because they are

단백질은 가장 중요한 분자에 속한다 / 우리가 소유하는 / 왜냐하면 그것은 또한 가장

=Proteins / play a role in -ing: ~하는 데 역할을 하다

also among the most collaborative]. // ❷ They play distinct roles / in helping the body to

협업적인 것에 속하기 때문이다 // 그것들은 뚜렷한 역할을 한다 / 신체가 변화를 해석하도록 돕는 데 /

병렬 구조(to에 이어짐) / 결과적으로

[interpret changes], / [communicate them] / and [decide on actions as a result]. // ❸ Our

그것을 전달하도록 / 그리고 결과적으로 행동을 결정하도록 // 우리의

주로 / 부사절(이유)

bodies work / in large part [because our proteins {know their own role}, / {appreciate

몸은 작동한다 / 주로 우리의 단백질이 자기의 역할을 알고 / 동료의 역할을

병렬 구조(our proteins에 이어짐) / =Our proteins / ~로서

that of their peers} / and {act accordingly}]. // ❹ They work as part of a team, / but

인식하며 / 그에 따라 행동하기 때문에 // 그것은 팀의 일부로서 작동한다 / 하지만

=the role

through the expression / of entirely individual personalities and capabilities. //

표현을 통해서이다 / 전적으로 개별적인 특성과 능력의 //

앞에 As they(=proteins) are를 보충할 수 있음

❺ [Dynamic yet defined, / individual within a team context], / proteins can offer a new

역동적이되 경계가 분명하며 / 팀의 맥락 속에서도 개별적이므로 / 단백질은 새로운 모델을 제공할 수 있다 /

for의 목적어(명사절) / ~로서

model / for [how we organize and interact as people]. // ❻ Like humans, / proteins

우리가 사람으로서 조직하고 상호 작용하는 방식에 대한 // 인간과 마찬가지로 / 단백질도 자기의

병렬 구조(proteins에 이어짐)

[respond to their environment], / [communicate information], / [make decisions] / and

환경에 반응하고 / 정보를 전달하고 / 결정을 내리고 / 그런 다음

put ~ into action: ~을 행동에 옮기다 / be good at: ~을 잘하다 / =working ~ obstacles

then [put them into action]. // ❼ But unlike us, / proteins are actually very good at doing

그것을 행동에 옮긴다 // 하지만 우리와 달리 / 단백질은 실제로 다음의 것을 매우 잘한다 /

=decisions / let+목적어(personality ~ politics)+동사원형(become): ~을 …하도록 두다

this / : working in an instinctively collaborative way / without [letting personality

즉 본능적으로 협업적인 방식으로 작용하는 것 / 특성 충돌, 개별적인 문제 또는 사무실 정치를

=proteins

clashes, personal problems or office politics / become obstacles]. // ❽ And they achieve

두지 않고 / 장애가 되도록 // 그리고 그것이 이것을 달성하는

=working ~ obstacles / not ~ but ...: ~이 아니라 … / 병렬 구조(by에 이어짐)

this / not by trying to 'fit in' with their environment, / but by [{aligning} and {making use

것은 / 자기의 환경에 '맞추려'고 애씀으로써가 아니라 / 자기의 다양한 화학적 성질을 조정하여 사용함으로써 /

by -ing: ~함으로써 / 동격 관계 / make use of: ~을 사용하다

of their various chemistries}] / : [embracing the complementarity of contrasting 'types']. //

즉 대조적인 '유형'의 상호 보완성을 수용함으로써이다 //

* complementarity: 상호 보완성

어휘

- □ collaborative 협업적인, 합작의
- □ distinct 뚜렷한
- □ interpret 해석하다, 이해하다
- □ in large part 주로, 대개
- □ appreciate 인식하다, 인정하다
- □ personality 특성, 개성, 성격
- □ defined 경계가 분명한
- □ put ~ into action ~을 행동에 옮기다
- □ instinctively 본능적으로
- □ obstacle 장애(물)
- □ fit in with ~에 맞추다, ~과 어울리다
- □ align 조정하다, 정렬하다
- □ make use of ~을 이용하다
- □ embrace 수용하다
- □ contrasting 대조적인

글의 흐름 파악

도입(❶)	본론(❷~❻)	결론(❼~❽)
단백질의 정의	우리 몸의 작동 방법과 단백질의 독특한 특성	우리와 다른 단백질
가장 중요한 분자에 속하며, 가장 협업적인 것에 속함	• 우리 몸은 단백질이 자기의 역할을 알고, 동료의 역할을 인식하며, 그에 따라 행동하기 때문에 작동함 • 팀의 맥락 속에서 개별적인 특성과 능력을 표현하며 작동함	인간처럼 행동하지만, 단백질은 다양한 화학적 성질을 조정하여 사용함으로써 협업함

전문 해석

❶단백질은 우리가 소유하는 가장 중요한 분자에 속하는데, 왜냐하면 그것은 또한 가장 협업적인 것에 속하기 때문이다. ❷그것들은 신체가 변화를 해석하고, 그것을 전달하고, 결과적으로 행동을 결정하도록 돕는 데 뚜렷한 역할을 한다. ❸우리의 몸은 주로 우리의 단백질이 자기의 역할을 알고, 동료의 역할을 인식하며, 그에 따라 행동하기 때문에 작동한다. ❹그것은 팀의 일부로서 작동하지만, 전적으로 개별적인 특성과 능력의 표현을 통해서이다. ❺역동적이되 경계가 분명하며, 팀의 맥락 속에서도 개별적이므로, 단백질은 우리가 사람으로서 조직하고 상호 작용하는 방식에 대한 새로운 모델을 제공할 수 있다. ❻인간과 마찬가지로, 단백질도 자기의 환경에 반응하고, 정보를 전달하고, 결정을 내린 다음, 그것을 행동에 옮긴다. ❼하지만 우리와 달리, 단백질은 실제로 다음의 것, 즉 특성 충돌, 개별적인 문제 또는 사무실 정치가 장애가 되도록 두지 않고 본능적으로 협업적인 방식으로 작용하는 것을 매우 잘한다. ❽그리고 그것이 이것을 달성하는 것은, 자기의 환경에 '맞추려'고 애씀으로써가 아니라, 자기의 다양한 화학적 성질을 조정하여 사용함으로써, 즉 대조적인 '유형'의 상호 보완성을 수용함으로써이다.

배경 지식

단백질(protein)

단백질(protein)은 몸에서 물 다음으로 많은 양을 차지하며, 다양한 기관, 효소, 호르몬 등 신체를 이루는 주성분이다. 단백질의 기본 구조 단위는 아미노산이고 아미노산을 연결하는 결합을 펩타이드 결합(peptide bond)이라고 한다. 단백질은 다양한 기능을 가지며, 효소 단백질, 수송 단백질, 저장 단백질, 신호 단백질, 수용체 단백질, 조절 단백질 등 다양한 종류가 있다.

구문 해설

❼ But unlike us, proteins are actually very good at **doing this**: working in an instinctively collaborative way without [letting personality clashes, personal problems or office politics become obstacles].

doing this는 working ~ obstacles를 나타내고, [ ]는 '~을 …하도록 두다'의 의미인 「let+목적어(personality ~ politics)+동사원형(become)」 구문이다.

❽ And they achieve this **not** [by trying to 'fit in' with their environment], **but** [by aligning and making use of their various chemistries: {embracing the complementarity of contrasting 'types'}].

두 개의 [ ]는 「not ~ but ...」에 의해 대등하게 연결되었다. { }는 aligning and making use of their various chemistries와 동격 관계이다.

Quick Check 적절한 말 고르기

1. Our bodies work in large part because our proteins know their own role, appreciate [that / those] of their peers and act accordingly.
2. Dynamic yet [defined / defining], individual within a team context, proteins can offer a new model for how we organize and interact as people.

정답 1. that 2. defined

11번 도파민의 특징과 역할

9강

| Keywords | addictive, novelty-seeking, overlook, justify

관계절
❶Dopamine is a neurotransmitter / [that runs the brain's reward and pleasure center]. //
도파민은 신경 전달 물질이다 / 뇌의 보상과 쾌감 중추를 작동시키는 //

enable+목적어+to *do*: ~이 …할 수 있게 하다 / push+목적어+to *do*: ~이 …하도록 밀어붙이다 / =Dopamine
❷It [enables us to see rewards] / and [pushes us to go achieve them]. // ❸It is also highly
그것은 우리가 보상을 볼 수 있게 한다 / 그리고 그것(보상)을 달성하는 데 나서도록 우리를 밀어붙인다 // 그것은 또한 중독되기

부사절
addictive / — all addictions cause / a powerful surge in dopamine. // ❹[When we
매우 쉬운데 / 모든 중독은 유발한다 / 도파민의 강력한 급증을 // 우리가 목표를

사역동사 make+목적어+동사원형 / 주어 / 술어부
achieve goals], / dopamine makes us feel pleasure. // ❺Our brains [develop tolerance for
달성하면 / 도파민은 우리가 쾌감을 느끼게 한다 // 우리의 뇌는 도파민에 대한 내성을 기른다 /

분사구문(주절의 내용을 부가적으로 설명) / meaning의 목적어(명사절) 부사절 / 주어
dopamine], / [meaning / {that ⟨as time goes on⟩, / ⟨increasingly higher levels of
이는 ~을 의미한다 / 시간이 지남에 따라 / 점점 더 높은 수준의 도파민이 /

수동태 / 주어
dopamine⟩ / are needed to get the same level of pleasure}]. // ❻[Addictive, novelty-
동일한 수준의 쾌감을 얻기 위해 필요해진다는 것을 // 중독되기 쉽고 새로운 것을

술어부 / 주격 보어(명사절)
seeking behaviors] / [are the result of high levels of dopamine]. // ❼This is [how one
추구하는 행동은 / 높은 수준의 도파민의 결과이다 // 이것이 우리가 목표 달성에

주어 / 관계절 / 술어 동사
gets addicted to achieving goals]. // ❽[The neurons {that fire together}] / get wired
중독되는 방식이다 // 함께 활성화되는 뉴런은 / 우리 뇌에서 서로

분사구문(주절의 내용을 부가적으로 설명) / meaning의 목적어(명사절) / 관계절
together in our brains, / [meaning / {stress and the dopamine rush / ⟨that goes along
연결되어 있다 / 이는 ~을 의미한다 / 스트레스와 도파민 분출이 / 그에 동반되는 /

=stress / 앞 문장의 내용 / explain의 목적어(명사절)
with it⟩ / get connected}]. // ❾This might explain / [why some chronically stressed
연결된다는 것을 // 이것은 설명할 수도 있다 / 만성적으로 스트레스를 받는 일부 사람들이 목표 달성을

=some chronically stressed people
people don't celebrate achieving goals] / — they are constantly looking for the next
축하하지 않는 이유를 / 그들은 끊임없이 다음 목표를 찾고 있다 /

to부정사구(목적)
goal / [to get their next amount of dopamine]. // ❿Their employees might feel
다음 분량의 도파민을 얻기 위해 // 그들의 직원들은 낙담할 수도 있다 /

부사절(이유) / 병렬 구조(go에 이어짐)
discouraged / [because their achievements go {overlooked} or {unappreciated}]. // ⓫These
자신들의 성과가 간과되거나 인정받지 못하기 때문에 // 이러한

to부정사구(목적)
managers may artificially create crises / [to justify the elevated level of stress and
관리자들은 인위적으로 위기를 만들 수도 있다 / 높아진 수준의 스트레스와 도파민을 정당화하느라 /

관계절
dopamine / {their brains have gotten used to}]. //
자신들의 뇌가 익숙해진 //

* surge: 급증, 큰 파도

어휘

- □ neurotransmitter 신경 전달 물질
- □ addictive 중독되기 쉬운, 중독성의
- □ tolerance 내성
- □ novelty 새로운 것
- □ fire 활성화되다, 발화되다
- □ wire (선이나 망 등을) 연결하다
- □ rush 분출, 치밀어 오름
- □ chronically 만성적으로
- □ celebrate 축하하다
- □ overlook 간과하다, 내려다보다
- □ unappreciated 인정받지 못하는
- □ artificially 인위적으로
- □ justify 정당화하다
- □ elevated 높아진, 상승한

글의 흐름 파악

서론(①)	본론(②~⑧)	결론(⑨~⑪)
도파민의 정의	도파민의 역할	도파민의 부정적 효과
뇌의 보상과 쾌감 중추를 작동시키는 신경 전달 물질	• 보상을 달성하도록 밀어붙임 → 쾌감을 느끼게 함 • 뇌가 도파민에 중독되도록 함 → 목표 달성에 중독되는 방식 • 뉴런이 뇌에서 서로 연결됨 → 스트레스와 도파민 분출이 연결됨	• 도파민을 위해 다음 목표를 찾음 → 낙담할 수 있음 • 높아진 수준의 스트레스와 도파민을 정당화하느라 위기를 만들 수 있음

전문 해석

①도파민은 뇌의 보상과 쾌감 중추를 작동시키는 신경 전달 물질이다. ②그것은 우리가 보상을 볼 수 있게 하고 그것을 달성하는 데 나서도록 우리를 밀어붙인다. ③그것은 또한 중독되기 매우 쉬운데, 모든 중독은 도파민의 강력한 급증을 유발한다. ④우리가 목표를 달성하면, 도파민은 우리가 쾌감을 느끼게 한다. ⑤우리의 뇌는 도파민에 대한 내성을 기르는데, 이는 시간이 지남에 따라 동일한 수준의 쾌감을 얻기 위해 점점 더 높은 수준의 도파민이 필요해진다는 것을 의미한다. ⑥중독되기 쉽고 새로운 것을 추구하는 행동은 높은 수준의 도파민의 결과이다. ⑦이것이 우리가 목표 달성에 중독되는 방식이다. ⑧함께 활성화되는 뉴런은 우리 뇌에서 서로 연결되어 있는데, 이는 스트레스와 그에 동반되는 도파민 분출이 연결된다는 것을 의미한다. ⑨이것은 만성적으로 스트레스를 받는 일부 사람들이 목표 달성을 축하하지 않는 이유를 설명할 수도 있는데, 그들은 다음 분량의 도파민을 얻기 위해 끊임없이 다음 목표를 찾고 있다. ⑩그들의 직원들은 자신들의 성과가 간과되거나 인정받지 못하기 때문에 낙담할 수도 있다. ⑪이러한 관리자들은 자신들의 뇌가 익숙해진 높아진 수준의 스트레스와 도파민을 정당화하느라 인위적으로 위기를 만들 수도 있다.

배경 지식

도파민과 도파민 중독

도파민은 뇌에서 발생하는 신경 전달 물질로, 동기 부여, 보상, 운동 제어, 학습, 감정 조절 등 다양한 기능에 핵심적으로 관여하며, 우리의 행동과 경험을 조절하는 데 중요한 역할을 한다. 도파민 중독은 도파민 수준이 과도하게 증가하거나 지속해서 고조된 상태로 나타나는 현상을 의미한다. 도파민 중독은 무절제한 욕구, 내성 증가, 자기 통제 부족, 무관심한 태도, 포기와 우울감, 사회적 고립, 생리적 증상을 동반할 수 있다.

구문 해설

⑤ Our brains develop tolerance for dopamine, [meaning {that as time goes on, increasingly higher levels of dopamine are needed to get the same level of pleasure}].

[ ]는 주절의 내용을 부가적으로 설명하는 분사구문이고, { }는 meaning의 목적어 역할을 하는 명사절이다.

⑪ These managers may artificially create crises [to justify the elevated level of stress and dopamine {their brains have gotten used to}].

[ ]는 목적의 의미를 나타내는 to부정사구이고, { }는 the elevated level of stress and dopamine을 수식하는 관계절이다.

Quick Check 어순 배열하기 / 적절한 말 고르기

1. It (see, enables, rewards, to, us) and pushes us to go achieve them.
2. The neurons that fire together get wired together in our brains, meaning stress and the dopamine rush that goes along with it [get / gets] connected.

정답 1. enables us to see rewards 2. get

1 번
10강

공룡과의 공존에 대한 잘못된 확신

| Keywords | 'cavemen', dinosaurs, erroneous, conviction, non-experts, ordinary thinking

[1] In American colleges, / one student out of two still recently believed / [that 'cavemen' had to defend themselves against dinosaurs]. // [2] Prehistorians often [deplore / the ignorance of the public], / and [express their surprise / that even those {who seem interested in the past} / are inclined to accept the most unsound ideas]. // [3] Yet / the struggle of humans against dinosaurs / could be considered a kind of knowledge / — [one {that is erroneous}] — / rather than simply the manifestation of ignorance. // [4] An erroneous idea / does not become less absurd / merely [for being shared by half the population] / ; it becomes nevertheless interesting / as a social phenomenon. // [5] In fact, / the image [of the caveman fighting dinosaurs] / is not entirely devoid of factual elements: / nobody will deny / [that the dinosaurs really existed], / just as prehistoric humans did. // [6] On the other hand, / the origin of the deep-seated conviction / [that our ancestors shared the Earth with the dinosaurs] / remains obscure, / [because human remains have never been found / in the same geological formations as dinosaur bones, / and no scholar has risked suggesting / {that our ancestors lived alongside / these giant reptiles}]. // [7] It was non-experts, / [rather than scientists], / who forged this idea, / [thus leaving us an excellent illustration / of ordinary thinking at work]. //

미국 대학에서 / 학생 두 명 중 한 명은 최근까지도 믿었다 / '혈거인(穴居人)'이 공룡으로부터 자신을 방어해야 했다고 // 선사 학자들은 흔히 개탄한다 / 대중의 무지를 / 그리고 그들의 놀라움을 표한다 / 과거에 관심이 있는 것처럼 보이는 사람들조차도 / 가장 오류가 큰 생각을 받아들이는 경향이 있다 // 하지만 / 공룡에 맞선 인간의 싸움은 / 일종의 지식으로 간주될 수 있다 / 즉 잘못된 지식 / 단순히 무지의 징후라기보다는 // 잘못된 생각은 / 덜 터무니없어지는 것은 아니다 / 단지 인구의 절반이 공유한다는 이유만으로 / 그럼에도 불구하고 그것은 흥미로워진다 / 사회적 현상으로서 // 사실 / 공룡과 싸우는 혈거인의 이미지에 / 사실적 요소가 전혀 없는 것은 아니다 / 누구도 부인하지는 않을 것이다 / 공룡이 실제로 존재했다는 것을 / 선사 시대의 인간이 그랬던 것과 꼭 마찬가지로 // 반면에 / 뿌리 깊은 확신의 기원은 / 우리 조상이 공룡과 지구를 공유했다는 / 모호한데 / 이는 인간의 유골이 발견된 적이 결코 없기 때문이다 / 공룡의 뼈와 같은 지질학적 형성물에서 / 또한 어떤 학자도 시사하는 위험을 무릅쓴 적이 없다 / 우리 조상이 함께 살았다는 것을 / 이 거대한 파충류와 // 바로 비전문가들이었다 / 과학자들이 아닌 / 이런 생각을 꾸며 낸 사람은 / 그리하여 우리에게 훌륭한 예를 남겨 주었다 / 평범한 사고가 작동하는 //

Notes:
- believed의 목적어(명사절)
- themselves: 재귀대명사(=cavemen)
- deplore: 술어부 1; express: 술어부 2
- those {who ...}: 관계절
- be inclined to *do*: ~하는 경향이 있다
- knowledge — one: 동격 관계; one {that is erroneous}: 관계절
- for being shared ...: 전치사구
- it: =an erroneous idea
- as: 전치사(~로서)
- [of the caveman fighting dinosaurs]: 전치사구
- deny의 목적어(명사절)
- just as: 꼭 ~처럼
- the deep-seated conviction / [that ...]: 동격 관계
- because ...: 부사절(이유)
- have never been found: 현재완료 수동태(have been p.p.)
- suggesting의 목적어(명사절)
- It was ~ who 강조 구문
- rather than scientists: 삽입구
- thus+분사구문(부가적 상황)

* deplore: (특히 공개적으로) 개탄하다 ** devoid of: ~이 없는 *** forge: 꾸며 내다

어휘

- □ prehistorian 선사학자
- □ erroneous 잘못된
- □ manifestation 징후
- □ absurd 터무니없는
- □ merely 단지, 그저
- □ deep-seated 뿌리 깊은
- □ geological 지질학의
- □ formation 형성물, 층, 암층
- □ reptile 파충류

글의 흐름 파악

도입(❶~❷)	전개 1(❸~❺)	전개 2(❻)	마무리(❼)
'혈거인'과 공룡	잘못된 생각	공존의 증거 부재	평범한 사고의 예
'혈거인'이 공룡으로부터 자신을 방어했다고 믿음 → 대중의 무지를 개탄하는 선사 학자들	• 공룡에 맞선 인간의 싸움은 잘못된 지식으로 간주될 수 있음 → 사회적 현상으로서 흥미로워짐 • 공룡의 실제 존재를 부인하지는 않음	조상과 공룡이 지구를 공유했다는 확신의 근원은 모호함 – 인간의 유골과 공룡의 뼈가 같은 지질학적 형성물에서 발견되지 않음 – 어떤 학자도 조상과 파충류의 공존을 시사하지 않음	비전문가들이 꾸며 낸 평범한 사고가 작동하는 훌륭한 예

전문 해석

❶미국 대학에서 학생 두 명 중 한 명은 최근까지도 '혈거인(穴居人)'이 공룡으로부터 자신을 방어해야 했다고 믿었다. ❷선사 학자들은 흔히 대중의 무지를 개탄하며, 과거에 관심이 있는 것처럼 보이는 사람들조차도 가장 오류가 큰 생각을 받아들이는 경향이 있다는 것에 그들의 놀라움을 표한다. ❸하지만 공룡에 맞선 인간의 싸움은 단순히 무지의 징후라기보다는 일종의 지식, 즉 잘못된 지식으로 간주될 수 있다. ❹잘못된 생각은 단지 인구의 절반이 공유한다는 이유만으로 덜 터무니없어지는 것은 아니지만, 그럼에도 불구하고 그것은 사회적 현상으로서 흥미로워진다. ❺사실 공룡과 싸우는 혈거인의 이미지에 사실적 요소가 전혀 없는 것은 아니며, 누구도 공룡이 선사 시대의 인간이 그랬던 것과 꼭 마찬가지로 실제로 존재했다는 것을 부인하지는 않을 것이다. ❻반면에, 우리 조상이 공룡과 지구를 공유했다는 뿌리 깊은 확신의 기원은 모호한데, 이는 인간의 유골이 공룡의 뼈와 같은 지질학적 형성물에서 발견된 적이 결코 없기 때문이며, 또한 어떤 학자도 우리 조상이 이 거대한 파충류와 함께 살았다는 것을 시사하는 위험을 무릅쓴 적이 없다. ❼이런 생각을 꾸며 낸 사람은 과학자들이 아닌 비전문가들이었으며, 그리하여 우리에게 평범한 사고가 작동하는 훌륭한 예를 남겨 주었다.

구문 해설

❻ On the other hand, the origin of the deep-seated conviction [that our ancestors shared the Earth with the dinosaurs] remains obscure, [because human remains **have** never **been found** in the same geological formations as dinosaur bones, and no scholar has risked suggesting {that our ancestors lived alongside these giant reptiles}].

첫 번째 [ ]는 the deep-seated conviction과 동격의 관계이고, 두 번째 [ ]는 이유를 나타내는 부사절로 그 안에 「have+been+p.p.」 구조가 사용되었다. { }는 suggesting의 목적어로 쓰인 명사절이다.

❼ **It was** non-experts, [rather than scientists], **who** forged this idea, [thus leaving us an excellent illustration of ordinary thinking at work].

「It was ~ who」 강조 구문이 사용되어 non-experts를 강조하고 있다. 첫 번째 [ ]는 삽입구로 non-experts와 대조를 이루며, 두 번째 [ ]는 접속사가 있는 분사구문으로 앞의 내용에 대한 부가적인 상황을 나타낸다.

Quick Check 빈칸 완성하기

1. Prehistorians often deplore the ignorance of the public, and express their surprise that even those who seem interested in the past are inclined to a____________ the most unsound ideas.
2. In fact, the image of the caveman fighting dinosaurs is not entirely devoid of factual elements: nobody will d____________ that the dinosaurs really existed, just as prehistoric humans did.

정답 1. (a)ccept 2. (d)eny

2번

10강

표기 체계의 발전과 소리의 표현

| Keywords | writing systems, pictographic, ideograms, spoken language, flexible systems

분사구
❶Writing as we know it today / was not a single technology / [stemming from a single
오늘날 우리가 익숙히 아는 표기는 / 단일 기술이 아니었다 / 하나의 발명에서 비롯된 //

=Writing 관계절
invention]. // ❷It's a combination of various innovations / [which took place over a long
그것은 다양한 혁신의 조합물로 / 오랜 기간에 걸쳐 일어난 /

with+명사구+전치사구(부수적 상황 설명) 주어
period], / [with differing effects in different parts of the world]. // ❸[But the stages of
세계 각지에서 서로 다른 영향을 끼쳤다 // 그러나 그것이 거친 신화의

관계절 술어 동사 주어
evolution {it went through}] / are very similar / in all the different places. // ❹[The earliest
단계는 / 매우 유사하다 / 다른 모든 장소에서 // 이 모든 표기 체계

전치사구 술어 동사(The earliest incarnations에 수 일치)
incarnations {of all these writing systems}] / were pictographic. // ❺They consisted of
가운데 가장 초기에 구체화한 것은 / 그림 문자에 의한 것이었다 // 그것은 단순화 그림들로

분사구
simplified drawings / [acting as stylised representations of concrete entities] / : a house,
이루어졌다 / 구체적인 실체에 대한 양식화된 표현의 역할을 하는 / 집, 강, 소를

a river, a drawing of the head of a cow to represent a cow. // ❻As their use spread, /
나타내는 소의 머리 그림(이었다) // 그것의 사용이 확산되자 /

목적어 1
so they began [to accumulate broader meanings / based on the context of this use] /
그것은 더 넓은 의미를 축적하기 시작했다 / 이런 사용의 맥락에 기반해 /

목적어 2
and [to be combined together to create ideograms]. // ❼Bird+egg, / for example, /
그리고 서로 결합되어 표의 문자를 만들기 (시작했다) // 새+알은 / 예를 들어 /

주격 보어
represented fertility. // ❽But the most significant stage in their development was / [when
다산(多産)을 나타냈다 // 그러나 그것의 발전에서 가장 중요한 단계는 ~이었다 / 그것이

to부정사구(목적) not simply A but also B: A뿐만 아니라 B도 부사절
they began to be used / {to represent not simply ideas but also sounds}]. // ❾[Once this
사용되기 시작한 때부터 / 생각뿐만 아니라 소리도 표현하는 데 // 일단 이런 일이

happened], / writing could imitate spoken language / rather than operating as a
일어나자 / 표기는 구어를 모방할 수 있었다 / 별도의 아주 유사한 의사소통 체계로 작동하기

It was ~ which[that] ... 강조 구문
separate, parallel system of communication. // ❿It was this transition which led to the
보다는 // 바로 이러한 전환이 완전히 유연한 표기 체계로 이어졌다 /

관계절
fully flexible systems / [we have today]. //
오늘날 우리가 가진 //

* incarnation: 구체화한 것 ** entity: 독립체 *** ideogram: 표의 문자(글자가 언어의 음과 상관없이 일정한 뜻을 나타내는 문자)

어휘

- □ stem from ~에서 비롯되다
- □ combination 조합물
- □ innovation 혁신
- □ take place 일어나다, 발생하다
- □ evolution 진화
- □ writing system 표기 체계
- □ pictographic 그림 문자의, 상형의
- □ consist of ~로 이루어지다[구성되다]
- □ stylised 양식화된
- □ concrete 구체적인, 실체가 있는
- □ represent 나타내다, 표현하다
- □ accumulate 축적하다
- □ fertility 다산(多産), 비옥
- □ significant 중요한
- □ imitate 모방하다
- □ parallel 아주 유사한, 병행의
- □ transition 전환
- □ flexible 유연한, 융통성이 있는

글의 흐름 파악

도입(❶~❸)	부연 1(❹~❼)	부연 2(❽~❿)
다양한 혁신의 조합물인 표기	그림 문자와 표의 문자	구어를 모방하게 된 표기
• 단일 기술에서 비롯된 것이 아닌 오늘날의 표기 • 표기의 진화 단계는 다른 모든 장소에서 매우 유사함	• 구체적인 실체에 대한 양식화된 표현의 역할을 하는 그림 문자 • 그림 문자는 더 넓은 의미를 축적하고 서로 결합되어 표의 문자를 만들기 시작함	생각뿐만 아니라 소리도 표현하며 구어를 모방할 수 있게 됨 → 완전한 표기 체계로 이어짐

전문 해석

❶오늘날 우리가 익숙히 아는 표기는 하나의 발명에서 비롯된 단일 기술이 아니었다. ❷그것은 오랜 기간에 걸쳐 일어난 다양한 혁신의 조합물로 세계 각지에서 서로 다른 영향을 끼쳤다. ❸그러나 그것이 거친 진화의 단계는 다른 모든 장소에서 매우 유사하다. ❹이 모든 표기 체계 가운데 가장 초기에 구체화한 것은 그림 문자에 의한 것이었다. ❺그것은 구체적인 실체에 대한 양식화된 표현의 역할을 하는 단순화된 그림들로 이루어졌는데, 집, 강, 소를 나타내는 소의 머리 그림이었다. ❻그것의 사용이 확산되자 그것은 이런 사용의 맥락에 기반해 더 넓은 의미를 축적하고 서로 결합되어 표의 문자를 만들기 시작했다. ❼예를 들어, 새+알은 다산(多産)을 나타냈다. ❽그러나 그것의 발전에서 가장 중요한 단계는 그것이 생각뿐만 아니라 소리도 표현하는 데 사용되기 시작한 때부터였다. ❾일단 이런 일이 일어나자, 표기는 별도의 아주 유사한 의사소통 체계로 작동하기보다는 구어를 모방할 수 있었다. ❿바로 이러한 전환이 오늘날 우리가 가진 완전히 유연한 표기 체계로 이어졌다.

배경 지식

그림 문자(pictogram, pictograph)
그림 문자는 '그림'을 뜻하는 라틴어 pictus와 '전달'을 의미하는 미국어 telegram을 합친 말로 직접적으로 묘사한 그림을 통해 의미를 전달하며, 상형 문자, 단어 문자의 이전 단계로서 원시적 문자이다.

구문 해설

❷ **It's a combination of various innovations [which took place over a long period], [with differing effects in different parts of the world].**

첫 번째 [ ]는 a combination of various innovations를 수식하는 관계절이며, 두 번째 [ ]는 「with+명사구+전치사구」가 사용되어 앞 절에 이어지는 부수적인 상황을 나타낸다.

❸ [But **the stages** of evolution {**it** went through}] **are** very similar in all the different places.

[ ]는 문장의 주어로 주어의 핵심 어구가 the stages이므로 복수형 동사 are가 사용되었다. { }는 the stages of evolution을 수식하는 관계절이며, 대명사 it은 writing을 가리킨다.

Quick Check T, F 고르기

1. The earliest forms of writing were pictographic in nature, representing concrete entities with simplified drawings. T / F
2. The transition from representing only sounds to wider ideas played a significant role in the development of rigid writing systems today. T / F

정답 1. T 2. F

3번 도움을 구할 때 느끼는 불편함

10강

| Keywords | help-seeking, anxiety, prediction error

[1]People tend to overestimate / [how harshly others will judge them]. // [2]This dynamic may apply to the case of help-seeking. // [3]Even a small request / can make the help-seeker feel self-conscious, embarrassed, and guilty. // [4]In our research, / we have found / [that the anxiety help-seekers experience / over {how their request will come across} / is surprising to potential helpers / {who do not know what all the fuss is about}]. // [5]In one study, / we asked / two samples of potential helpers (teaching assistants and peer advisors) / to estimate / [the number of students {who would seek their help during a single semester}]. // [6]The peer advisors overestimated / by over 60%, / and the teaching assistants by 20%, / [the number of students {who would ask them for help}]. // [7]This prediction error emerged / even though the peer advisors had been students themselves the prior year, / and the majority of teaching assistants had worked / as teaching assistants before (often for the same class). // [8]Nevertheless, / their past experience as help-seekers / offered no clues / in predicting others' future help-seeking behavior. //

(overestimate의 목적어 / ~에 적용되다 / make+목적어+목적격 보어 / have found의 목적어 / over의 목적어 / 관계절 / estimate의 목적어 / 관계절 / overestimated의 목적어 / 관계절 / 양보의 부사절을 이끄는 접속사 / 주어 / 술어 동사)

사람들은 과대평가하는 경향이 있다 / 남들이 얼마나 가혹하게 그들을 판단할 것인지를 // 이런 역학이 도움을 구하는 경우에 적용될 수 있다 // 작은 요청조차 / 도움을 구하는 사람이 남의 시선을 의식하고 쑥스러워하며 죄책감을 느끼게 만들 수 있다 // 우리의 연구에서 / 우리는 알아냈다 / 도움을 구하는 사람이 겪는 불안감은 / 자신의 요청이 어떤 인상을 줄 것인지에 관해 / 도움을 줄 가능성이 있는 사람에게는 놀라운 것이다 / 그 모든 쓸데없는 걱정이 무엇에 대한 것인지 모르는 // 한 연구에서 / 우리는 요청했다 / 도움을 줄 가능성이 있는 사람의 두 표본(조교와 또래 조언자)에게 / 가늠해 보라고 / 한 학기 동안 자신의 도움을 구할 학생의 수를 // 또래 조언자는 과대평가했다 / 60퍼센트가 넘는 차이가 나게 / 그리고 조교는 20퍼센트 차이가 나게 / 자신에게 도움을 요청할 학생의 수를 // 이런 예측의 오류는 나타났다 / 또래 조언자가 그 전해에 자신이 학생이었는데도 / 그리고 조교의 대다수가 일했는데도 / 이전에 조교로 (흔히 바로 그 동일한 학급의) // 그럼에도 불구하고 / 도움을 구하는 사람으로서 자신의 과거 경험은 / 아무런 단서를 제공하지 않았다 / 다른 사람이 장차 도움을 구하는 행동을 하는 것을 예측하는 데 //

* fuss: 쓸데없는 걱정

어휘

- □ tend to ~하는 경향이 있다
- □ overestimate 과대평가하다
- □ harshly 가혹하게
- □ dynamic 역학
- □ request 요청, 부탁
- □ self-conscious 남의 시선을 의식하는
- □ anxiety 불안감
- □ come across (어떤) 인상을 주다
- □ potential (~이 될) 가능성이 있는
- □ teaching assistant 조교
- □ peer advisor 또래 조언자
- □ estimate 가늠하다, 평가하다
- □ seek (필요한 것을) 구하다, 찾다
- □ semester 학기
- □ prediction 예측, 예상
- □ emerge 나타나다
- □ clue 단서, 실마리

글의 흐름 파악

도입 및 주제 제시(❶~❹)		사례 제시(❺~❽)
도움을 구하는 사람이 느끼는 불안감이 있음	→	연구 내용 소개
사람들은 남들이 자신을 얼마나 가혹하게 평가할지 과대평가하고, 도움을 구하는 사람이 느끼는 불안감이 있음		조교와 또래 조언자에게 자신에게 도움을 구할 학생 수를 예상해 보라고 했더니 실제보다 더 많은 수가 도움을 구할 거라고 예상함

전문 해석

❶사람들은 남들이 얼마나 가혹하게 그들을 판단할 것인지를 과대평가하는 경향이 있다. ❷이런 역학이 도움을 구하는 경우에 적용될 수 있다. ❸작은 요청조차 도움을 구하는 사람이 남의 시선을 의식하고 쑥스러워하며 죄책감을 느끼게 만들 수 있다. ❹우리의 연구에서 알아낸 바에 따르면, 도움을 구하는 사람이 자신의 요청이 어떤 인상을 줄 것인지에 관해 겪는 불안감은 그 모든 쓸데없는 걱정이 무엇에 대한 것인지 모르는, 도움을 줄 가능성이 있는 사람에게는 놀라운 것이다. ❺한 연구에서 우리는 도움을 줄 가능성이 있는 사람의 두 표본(조교와 또래 조언자)에게 한 학기 동안 자신의 도움을 구할 학생의 수를 가늠해 보라고 요청했다. ❻자신에게 도움을 요청할 학생의 수를 또래 조언자는 60퍼센트가 넘는 차이가 나게, 그리고 조교는 20퍼센트 차이가 나게 과대평가했다. ❼이런 예측의 오류는 또래 조언자가 그 전해에 자신이 학생이었는데도, 그리고 조교의 대다수가 이전에(흔히 바로 그 동일한 학급의) 조교로 일했는데도 나타났다. ❽그럼에도 불구하고 도움을 구하는 사람으로서 자신의 과거 경험은 다른 사람이 장차 도움을 구하는 행동을 하는 것을 예측하는 데 아무런 단서를 제공하지 않았다.

구문 해설

❸ Even a small request can **make the help-seeker feel** self-conscious, embarrassed, and guilty.

「make+목적어+목적격 보어」 구문으로 사역동사인 make 다음에 목적격 보어로 동사원형을 쓴다.

❺ In one study, we **asked two samples of potential helpers** (teaching assistants and peer advisors) **to estimate** the number of students [who would seek their help during a single semester].

「ask+목적어+to *do*」는 '~에게 …할 것을 요청하다'라는 뜻이다. [ ]는 students를 수식하는 관계절이다.

Quick Check 빈칸 완성하기

1. In our research, we have found that the a______________ help-seekers experience over how their request will come across is surprising to potential helpers who do not know what all the fuss is about.
2. This prediction error e______________ even though the peer advisors had been students themselves the prior year, and the majority of teaching assistants had worked as teaching assistants before (often for the same class).

정답 1. (a)nxiety 2. (e)merged

10강

4번 시간 사용을 통한 상황 통제

| Keywords | reverse, tight time tactics, cooperation

to부정사구

❶The effective use of time / is one of the ultimate ways / [to display authority], / even

시간의 효과적인 사용은 / 최고의 방법 중 하나이다 / 권위를 드러내는 / 여러분이

주어(명사절) 복합관계대명사(~하는 사람은 누구든지)

when you don't have it. // ❷[Whoever controls time] / controls the situation / in most

그것을 가지고 있지 않을 때도 (그러하다) // 시간을 지배하는 사람은 누구든지 / 상황을 지배한다 / 대부분의

관계절 remind의 목적어

instances. // ❸They will always remind / anyone [who wants / to meet with them] / [that

경우에 // 그들은 항상 상기시킬 것이다 / 원하는 사람 누구에게나 / 자신과 만나기를 / 자신의

연결사(역접) 관계절

their time is valuable]. // ❹However, / there may be situations / [where you will want to

시간이 귀중하다는 것을 // 하지만 / 상황이 있을 수도 있다 / 여러분이 거꾸로 하고 싶어 할 /

reverse / your use of tight time tactics]. // ❺Let's say you have agreed to meet / with one

빠듯한 시간 전략의 사용을 // 여러분이 만나기로 동의했다고 하자 / 여러분의 동료

to부정사구(목적) 관계절

of your peers / [to discuss a difficult situation / {that has developed / between your two

중 한 사람과 / 어려운 상황에 대해 논의하기 위해 / 생긴 / 각자의 두 부서 사이에서 //

비교급+than ...: …보다 더 ~한

respective departments}]. // ❻You need more help / from your peer / than she needs /

여러분이 더 많은 도움을 필요로 한다 / 그녀(동료)에게서 / 그녀가 필요로 하는 것보다 /

to부정사구(목적) get+목적어+과거분사(~이 …되게 하다) 부사절(양보) told의 직접목적어

from you / [to get things resolved], / [even though you've told her / {your time is

여러분에게서 / 상황을 해결하기 위해서는 / 비록 그녀에게 말했더라도 / 여러분의 시간이 제한

명령문 1

limited}]. // ❼When she enters your office / at the appointed hour, / [take your watch off

되어 있다고 // 그녀가 여러분의 사무실로 들어올 때 / 정해진 시간에 / 보란 듯이 시계를 벗어 놓으라 /

병렬 구조 명령문 2

ostentatiously], / and [place it face down / on your desk]. // ❽Say, / "My time belongs to

그리고 시계의 앞면이 아래로 향하도록 놓으라 / 책상 위에 // ~라고 말하라 / 내 시간은 당신의 것입니다 /

~하는 한 Watch의 목적어

you / for as long as you need it." // ❾Watch / [the cooperation level / of your peer / go up

당신이 필요한 만큼 // 지켜보라 / 협조 수준이 / 여러분 동료의 / 기하급수적

~의 처음에 관계절

exponentially / at the outset of your meeting]. // ❿You'll be able to get / anything [you

으로 올라가는 것을 / 회의가 시작될 때 // 여러분은 얻을 수 있을 것이다 / 여러분이 원하는 것을

want / from her]. //

무엇이든지 / 그녀에게서 //

* ostentatiously: 보란 듯이 ** exponentially: 기하급수적으로

어휘

- □ ultimate 최고의, 궁극적인
- □ authority 권위
- □ tactic 전략, 전술
- □ respective 각자의, 각각의
- □ department 부서
- □ resolve 해결하다
- □ appointed 정해진
- □ at the outset of ~의 처음에

글의 흐름 파악

도입(❶~❸)		요지(❹)		부연(❺~❿)
시간의 효과적인 사용과 권위의 관계		빠듯한 시간 전략의 사용		상황 및 전략과 결과
• 시간의 효과적인 사용은 권위를 드러내는 최고의 방법 중 하나임 • 시간을 지배하는 사람은 상황을 지배함	➡	빠듯한 시간 전략의 사용을 거꾸로 하는 경우가 있음	➡	• 여러분과 동료가 각자의 두 부서 사이에 생긴 문제를 해결하기 위해 만나기로 함 • 동료를 만날 때 시계를 벗어 앞면이 아래로 향하도록 책상 위에 놓을 것 • 동료의 협조 수준이 기하급수적으로 상승함

전문 해석

❶시간의 효과적인 사용은 권위를 드러내는 최고의 방법 중 하나인데, 여러분이 그것을 가지고 있지 않을 때도 그러하다. ❷시간을 지배하는 사람은 누구든지 대부분의 경우에 상황을 지배한다. ❸그들은 자신과 만나기를 원하는 사람 누구에게나 자신의 시간이 귀중하다는 것을 항상 상기시킬 것이다. ❹하지만 여러분이 빠듯한 시간 전략의 사용을 거꾸로 하고 싶어 할 상황이 있을 수도 있다. ❺여러분의 동료 중 한 사람과 각자의 두 부서 사이에서 생긴 어려운 상황에 대해 논의하기 위해 만나기로 동의했다고 하자. ❻상황을 해결하기 위해서는 여러분의 동료가 여러분에게서 도움을 필요로 하는 것보다 여러분이 그녀에게서 더 많은 도움을 필요로 하는데, 비록 여러분의 시간이 제한되어 있다고 그녀에게 말했더라도 그렇다. ❼정해진 시간에 그녀가 여러분의 사무실로 들어올 때 보란 듯이 시계를 벗어 놓고 시계의 앞면이 아래로 향하도록 책상 위에 놓으라. ❽"내 시간은 당신이 필요한 만큼 당신의 것입니다."라고 말하라. ❾회의가 시작될 때 여러분 동료의 협조 수준이 기하급수적으로 올라가는 것을 지켜보라. ❿여러분은 그녀에게서 원하는 것을 무엇이든지 얻을 수 있을 것이다.

구문 해설

❸ They will always **remind** anyone [who wants to meet with them] **that** their time is valuable.

「remind ~ that ...」(~에게 …을 상기시키다)의 구조가 사용되었다. [ ]는 anyone을 수식하는 관계절이다.

❻ You need **more** help from your peer **than** she needs from you [to **get things resolved**], even though you've told her [your time is limited].

「비교급+than ...」 구문이 사용되어 '…보다 더 ~한'이라는 의미를 나타낸다. 첫 번째 [ ]는 목적을 나타내는 부사적 용법의 to부정사구로 그 안에 「get+목적어+p.p.」 구문이 쓰여 '~이 …되게 하다'라는 뜻을 나타낸다. 두 번째 [ ]는 접속사 that이 생략된 명사절로 told의 직접목적어 역할을 한다.

Quick Check 적절한 말 고르기 / 빈칸 완성하기

1. Who / Whoever controls time controls the situation in most instances.
2. Watch the c______________ level of your peer go up exponentially at the outset of your meeting.

정답 1. Whoever 2. (c)ooperation

10강

8번 태도 양극화의 특징

| Keywords | attitude polarization, selective exposure, information, bias

→부사구
❶Attitude polarization is currently increasing, / [at least in North America and Europe]. //
태도 양극화는 현재 증가하고 있다 / 적어도 북아메리카와 유럽에서 //

→주어 →술어부
❷[The most important reason / for the growing polarization] / [is probably increasingly
가장 중요한 이유는 / 양극화가 증가하는 / 아마도 정보에 점점 더 선택적으로 접하는

→주어
selective exposure to information]. // ❸[People on both sides of an ideological debate] /
것일 것이다 // 이념적인 논쟁의 양쪽에 있는 사람들은 /

→have difficulty -ing: ~하는 데 어려움이 있다 관계절
have no difficulty at all finding like-minded websites / [that support their viewpoints, /
생각이 비슷한 웹 사이트를 찾는 데 전혀 어려움이 없다 / 자신들의 관점을 지지하는 /

→부사구 →in a+형용사+way: ~한 방식으로 →주어(동명사구) 분사구
{often in even more radical ways}]. // ❹[Getting in touch with others / {sharing their
흔히 훨씬 더 급진적인 방식으로 // 다른 사람들과 접촉함으로써 / 자신들의 신념을

비교급 강조 →make+목적어(them)+형용사 →부사구
beliefs}] / makes them even more confident / in their viewpoints. // ❺In other words, /
공유하는 / 그들은 훨씬 더 큰 자신감을 가지게 된다 / 자신들의 관점에 // 다시 말해서 /

→부사절 비교급 강조 →expect의 목적어(명사절) →명사절의 주어
[while one could expect / {that 〈the availability of a broad ideological spectrum of
예상할 수도 있지만 / 폭넓은 이념적 영역을 가진 미디어 정보를 이용할 수 있으므로 /

분사구
media information〉 / could foster engagement with views / 《diverging from one's
견해에 대한 참여가 촉진될 수도 있을 것으로 / 자신의 견해와 다른 /

(view) suggests의 목적어(명사절) →=the availability ~ own
own》}, / experimental research suggests / [that it actually leads to increased affective
실험적 연구는 시사한다 / 그것이 실제로 정서적 양극화의 증가로 이어진다는 것을 //
→~로 이어지다

→수동태
polarization]. // ❻People's in-group biases are strengthened / by the new opportunities /
사람들의 내집단 편향은 강해진다 / 새로운 기회들로 인해 /

to부정사구 →~과 접촉하다 influences의 목적어(명사절)
[to get in touch with like-minded people]. // ❼Confirmation bias influences / [which
생각이 비슷한 사람들과 접촉하는 // 확증 편향은 영향을 미친다 / 사람들이

=it seems that there is a vicious cycle involved →seem to *do*: ~인 듯하다, ~인 것으로 보이다
sources of information people utilize] / ; in fact, / [there seems to be a vicious circle
어느 정보원을 이용하느냐에 / 실제로 / 악순환이 수반되는 듯하다 /

관계절(stronger confirmation biases를 부가적으로 설명)
involved] / : Increases in polarization cause stronger confirmation biases, / [which,
즉, 양극화의 증가가 더 강한 확증 편향을 유발한다 / 이것은

→결과적으로 →주어
in turn, lead to more biased information search]. // ❽[Elective exposure to political
결과적으로 더 편향된 정보 검색으로 이어진다 // 선택에 의해 정치적인 정보에 접하는 것은 /

술어부 →수동태 분사구 →소위
information] / [is also increased by customizability technology / {creating so-called "filter
맞춤화 기술에 의해 또한 증가한다 / 소위 '필터 버블'을 만들어 내는 //

bubbles."}] //

* polarization: 양극화 ** customizability: 맞춤화, 특별 주문

어휘

- □ ideological 이념적인
- □ spectrum 영역, 범위
- □ foster 촉진하다, 양육하다
- □ engagement 참여, 개입
- □ diverge from ~과 다르다, ~에서 갈라지다
- □ affective 정서적인
- □ confirmation bias 확증 편향
- □ utilize 이용하다
- □ elective 선택에 의한, 선거에 의한

글의 흐름 파악

도입(❶~❷)	전개(❸~❻)	결론(❼~❽)
태도 양극화의 증가 원인	태도 양극화의 증가가 형성되는 과정	태도 양극화의 증가 결과
정보에 점점 더 선택적으로 접함	이념적 논쟁의 양쪽에 있는 사람 → 신념을 공유하는 사람과 접촉하여 관점에 더 큰 자신감 → 정서적 양극화의 증가 → 내집단 편향이 강해짐	양극화의 증가 → 더 강한 확증 편향 유발 → 더 편향된 정보 검색 → 필터 버블을 만드는 맞춤화 기술에 의해 증가

전문 해석

❶태도 양극화는 적어도 북아메리카와 유럽에서 현재 증가하고 있다. ❷양극화가 증가하는 가장 중요한 이유는 아마도 정보에 점점 더 선택적으로 접하는 것일 것이다. ❸이념적인 논쟁의 양쪽에 있는 사람들은 흔히 훨씬 더 급진적인 방식으로 자신들의 관점을 지지하는 생각이 비슷한 웹 사이트를 찾는 데 전혀 어려움이 없다. ❹자신들의 신념을 공유하는 다른 사람들과 접촉함으로써 그들은 자신들의 관점에 훨씬 더 큰 자신감을 가지게 된다. ❺다시 말해서, 폭넓은 이념적 영역을 가진 미디어 정보를 이용할 수 있으므로 자신의 견해와 다른 견해에 대한 참여가 촉진될 수도 있을 것으로 예상할 수도 있지만, 실험적 연구는 그것이 실제로 정서적 양극화의 증가로 이어진다는 것을 시사한다. ❻사람들의 내집단 편향은 생각이 비슷한 사람들과 접촉하는 새로운 기회들로 인해 강해진다. ❼확증 편향은 사람들이 어느 정보원을 이용하느냐에 영향을 미치는데, 실제로 악순환이 수반되는 듯하다. 즉, 양극화의 증가가 더 강한 확증 편향을 유발하고 이것은 결과적으로 더 편향된 정보 검색으로 이어진다. ❽선택에 의해 정치적인 정보에 접하는 것은 또한 소위 '필터 버블'을 만들어 내는 맞춤화 기술에 의해 증가한다.

배경 지식

확증 편향(confirmation bias)

확증 편향은 자신의 가치관, 신념, 판단 따위와 부합하는 정보에만 주목하고 그 외의 정보는 무시하는 사고방식이다. 확증 편향은 의사 결정, 의사소통, 연구, 뉴스, 정치 및 사회 문제에 영향을 미치는 다양한 상황에서 나타난다. 예를 들어, 우리가 특정 정치 후보자를 지지한다면, 다른 후보자를 무시하거나 자신이 지지하는 후보자를 긍정적으로 묘사하는 뉴스 기사를 믿을 가능성이 더 크다.

구문 해설

❸ People on both sides of an ideological debate **have** no **difficulty** at all **finding** like-minded websites [that support their viewpoints, often in even more radical ways].

「have difficulty -ing」는 '~하는 데 어려움이 있다'의 의미이고, [ ]는 like-minded websites를 수식하는 관계절이다.

❼ Confirmation bias influences [which sources of information people utilize]; in fact, [there seems to be a vicious circle involved]: Increases in polarization cause stronger confirmation biases, [which, in turn, lead to more biased information search].

첫 번째 [ ]는 influences의 목적어 역할을 하는 명사절이고, 두 번째 [ ]는 it seems that there is a vicious cycle involved의 의미이다. 세 번째 [ ]는 stronger confirmation biases를 부가적으로 설명하는 관계절이다.

Quick Check 적절한 말 고르기

1. Getting in touch with others [opposing / sharing] their beliefs makes them even more confident in their viewpoints.
2. While one could expect that the availability of a broad ideological spectrum of media information could foster engagement with views diverging from one's own, experimental research suggests that it actually leads to [decreased / increased] affective polarization.

정답 1. sharing 2. increased

9번 메시지 전달 수단의 역사

10강

| Keywords | communicate, systems

주어

❶[The desire to communicate] / is a part / of being human. // ❷We have always needed to express ourselves / but it took a long time / before we could do so / successfully. //

의사소통에 대한 욕구는 / 일부이다 / 인간이 되는 것의 // 우리는 항상 우리 자신을 표현해야 했다 / 하지만 오랜 시간이 걸렸다 / 우리가 그렇게 할 수 있기까지는 / 성공적으로 //

(have: 현재완료(have p.p.) / do so: = express ourselves)

❸[About 100,000 years ago], / we developed the capacity / [to communicate] / using speech. // ❹[About 40,000 years ago], / we drew pictures / on the walls of caves. //

약 10만 년 전에 / 우리는 능력을 발달시켰다 / 의사소통하는 / 말을 사용하여 // 약 4만 년 전에 / 우리는 그림을 그렸다 / 동굴 벽에 //

(부사구(시간) / to부정사구 / 부사구(시간))

❺Through the ages, / we've used various systems / [to send messages] / like [smoke signals], [semaphores (flags)], [pigeons], and [human messengers], / [each of which / had its own advantages and disadvantages]. //

오랜 기간 동안 / 우리는 다양한 시스템을 사용해 왔다 / 메시지를 전달하기 위해 / 연기 신호, 수기 신호(깃발), 비둘기, 그리고 인간 전달자와 같은 / 이것 각각은 / 그것만의 장단점을 가지고 있었다 //

(현재완료(have p.p.) / to부정사구(목적) / 전치사(~ 같은) / 병렬 구조(various systems에 대한 예시) / 관계절(various systems를 부가적으로 설명))

❻Each system worked / [when the conditions were just right], / but was limited / [at least some of the time]. //

각 시스템은 효과가 있었다 / 조건이 딱 맞을 때는 / 그렇지만 한계가 있었다 / 적어도 때로는 //

(부사절(시간) / 부사구(시간))

❼For instance, / smoke signals and semaphore systems did not work / at night / [because they depended on sunlight / {for the receiver / to see the signal}]. //

예를 들어 / 연기 신호와 수기 신호 시스템은 효과가 없었다 / 밤에는 / 그것들은 햇빛에 의해 결정되었기 때문이다 / 수신자가 / 신호를 보는 것이 //

(연결어(예시) / 부사절(이유) / depend on: ~에 의해 결정되다 / to부정사구 / 의미상의 주어)

❽Messengers [were slow] / and [could be captured / during times of conflict or war]. //

전달자는 (메시지 전달 속도가) 느렸다 / 그리고 포로로 잡힐 수도 있었다 / 분쟁이나 전쟁 중에는 //

(병렬 구조)

❾Pigeons [could carry very small messages] / but [were susceptible / to natural predators and severe weather]. //

비둘기는 매우 작은 메시지를 전달할 수 있었다 / 하지만 취약했다 / 자연 포식자와 악천후에 //

(병렬 구조 / be susceptible to: ~에 취약하다)

* semaphore: 수기 신호 ** susceptible: 취약한

어휘

- □ capacity 능력
- □ conflict 분쟁, 물리적 충돌
- □ pigeon 비둘기
- □ predator 포식자
- □ capture 포로로 잡다

글의 흐름 파악

도입(❶~❷)	전개(❸~❺)	발전(❻~❾)
의사소통에 대한 욕구	의사소통의 역사	각 수단의 장단점
인간의 의사소통에 대한 욕구는 오랫동안 있었음	언어, 동굴 벽화, 그 외 다양한 시스템을 의사소통에 이용해 왔음	• 연기 신호, 수기 신호 – 밤에 취약함 • 인간 전달자 – 느림 – 포로로 잡힐 가능성 존재함 • 비둘기 – 작은 메시지 전달 가능함 – 자연 포식자와 악천후에 취약함

전문 해석

❶의사소통에 대한 욕구는 인간이 되는 것의 일부이다. ❷우리는 항상 우리 자신을 표현해야 했지만, 우리가 성공적으로 그렇게 할 수 있기까지는 오랜 시간이 걸렸다. ❸약 10만 년 전에, 우리는 말을 사용하여 의사소통하는 능력을 발달시켰다. ❹약 4만 년 전에, 우리는 동굴 벽에 그림을 그렸다. ❺오랜 기간 동안, 우리는 메시지를 전달하기 위해 연기 신호, 수기 신호(깃발), 비둘기, 그리고 인간 전달자와 같은 다양한 시스템을 사용해 왔는데, 이것 각각은 그것만의 장단점을 가지고 있었다. ❻각 시스템은 조건이 딱 맞을 때는 효과가 있었지만, 적어도 때로는 한계가 있었다. ❼예를 들어, 연기 신호와 수기 신호 시스템이 밤에는 효과가 없었는데 수신자가 신호를 보는 것이 햇빛에 의해 결정되었기 때문이다. ❽전달자는 (메시지 전달 속도가) 느렸고 분쟁이나 전쟁 중에는 포로로 잡힐 수도 있었다. ❾비둘기는 매우 작은 메시지를 전달할 수 있었지만 자연 포식자와 악천후에 취약했다.

배경 지식

수기 신호(semaphore)

수기 신호는 인간의 시각에 의존한 통신의 일종으로 국제 공용의 세마포르(semaphore)식 신호가 있으며, 각국의 필요에 따라 독자적인 수기 신호를 개발하기도 한다. 보통 오른손에 붉은 수기, 왼손에 흰색 수기를 들고 정해진 바에 따라 양팔을 작동시켜 통신문을 보낸다. 수기가 없을 때에는 맨손으로 행하는 수도 있다.

구문 해설

❻ **Each system [worked when the conditions were just right], but [was limited at least some of the time].**

두 개의 [ ]는 Each system을 공통의 주어로 가지며, 역접의 접속사(but)로 연결되어 의미상 대조를 이룬다.

❼ **For instance, smoke signals and semaphore systems did not work at night because they depended on sunlight [{for the receiver} to see the signal].**

대명사 they는 smoke signals and semaphore systems를 대신한다. [ ]는 to부정사구이고, { }는 to부정사구의 의미상의 주어이다.

Quick Check T, F 고르기

1. We have used various systems to send messages and to communicate. T / F
2. Pigeons were slow and could be captured during times of war. T / F

정답 1. T 2. F

10번 뇌의 부위별 기능과 그 경계

10강

| Keywords | brain, functional boundaries, anatomically

[1] Is the brain / an assembly of distinct components, / [each with a defined and separate function]? // [2] [One of the many difficulties / in studying {how the brain works}] / is precisely because / it is not arranged / in this way. // [3] That does not mean / [that one cannot assign specific functions / to anatomically recognisable parts / of the brain]. // [4] Indeed / one can / : for example, / the cerebral cortex / [that {forms most of the outside of the brain} / and {gives it / its typically / ⟨wrinkled or folded⟩ appearance}] / has areas / [that {we know} / are concerned with identifiable actions]. // [5] One is responsible / for [generating movement], / another / for [analysing incoming visual information] / and so on. // [6] Similar functional boundaries have been recognised / in other parts of the brain. // [7] That is not an issue. // [8] What is, / however, / is [whether there are clearly defined boundaries / between these areas, / either anatomically / — {where does one begin, / or the other end?} / — or functionally / — {is there a circumscribed area of the brain / ⟨that has an equally precise function⟩?}] // [9] The answer to both questions / is a resounding 'no.' //

(해석) 뇌는 ~인가 / 별개의 구성 요소들의 집합체 / 각각 분명히 정해진 독립된 기능을 가진 // 여러 어려움 중 하나는 / 뇌가 작동하는 방식을 연구하는 데 있어서의 / 바로 ~이기 때문이다 / 뇌가 배치되어 있지 않기 (때문이다) / 이런 식으로 // 그렇다고 해서 (~이라는) 뜻은 아니다 / 특정 기능을 부여할 수 없다는 / 해부학적으로 식별할 수 있는 부위에 / 뇌의 // 실제로 / (그렇게) 할 수 있다 / 예를 들어 / 대뇌피질에는 / 뇌의 바깥쪽의 대부분을 형성하는 / 그리고 그것에 주는 / 뇌의 전형적으로 주름지거나 접힌 모습을 / 부위들이 있다 / 우리가 알고 있는 / 인식할 수 있는 동작과 관련이 있다고 // 한 부위는 (~을) 맡는다 / 동작의 생성을 / 다른 부위는 / 들어오는 시각 정보의 분석을 / 따위이다 // 비슷한 기능적 경계가 인정되었다 / 뇌의 다른 부위에서도 // 그것은 논점이 아니다 // 여기서 논점이 되는 것은 / 그러나 / 명확히 규정된 경계가 있는지의 여부이다 / 이러한 부위들 사이에 / 해부학적으로든 / 한 부위가 어디에서 시작되는가 / 또는 다른 부위는 어디에서 끝나는가 / 아니면 기능적으로든 / 뇌의 경계가 정해진 부위가 있는가 / 똑같이 정확한 기능을 가진 // 이 두 가지 질문에 대한 답은 / 분명한 '아니요'이다 //

(주석)
- each with ...: 분사구문
- One of the many difficulties: 주어 / is: 술어 동사
- how the brain works: studying의 목적어(명사절)
- it = the brain
- that one ...: mean의 목적어(명사절)
- assign ~ to ...: …에 ~을 부여하다[할당하다]
- for example: 연결어(예시)
- that {forms ...}: 관계절 / forms ... and gives ...: 병렬 구조
- wrinkled or folded: 과거분사
- that {we know} ...: 관계절 / we know: 삽입절
- are concerned with: ~과 관련이 있는
- One = One area
- generating movement: for의 목적어(동명사구)
- another = another area / for = is responsible for
- analysing incoming visual information: for의 목적어(동명사구)
- have been recognised: 현재완료 수동태(have been p.p.)
- What is = What is an issue
- however: 연결어(역접)
- whether ...: 주격 보어(명사절)
- either A or B: A이든 아니면 B이든
- where does one begin ...: 삽입절 / one = one area / the other = the other area
- is there ...: 삽입절 / that has ...: 관계절
- both questions: 앞 문장의 두 개의 { }를 가리킴

* anatomically: 해부학적으로 ** cerebral cortex: 대뇌피질

어휘

- □ assembly 집합체
- □ defined 분명히 정해진, 규정된
- □ arrange 배치하다, 배열하다
- □ assign (기능을) 부여하다, 배정하다
- □ recognisable 식별할 수 있는
- □ typically 전형적으로
- □ wrinkled 주름진
- □ appearance 모습, 외양
- □ be concerned with ~과 관련이 있다
- □ identifiable 인식할 수 있는
- □ generate 생성하다
- □ analyse 분석하다
- □ incoming 들어오는
- □ boundary 경계
- □ equally 똑같이, 동일하게
- □ resounding 분명한, 완전한

글의 흐름 파악

도입(❶~❷)		전개(❸~❻)		발전(❼~❾)
뇌의 작동 방식		부위별 기능 부여		부위별 경계 존재 여부
뇌는 별개의 구성 요소들과 분명한 독립적 기능을 가진 요소들의 집합체가 아님	→	뇌의 부위에 특정 기능을 부여하는 것이 가능함	→	부위별로 구분 짓는 해부학적으로 명확한 경계는 없음

전문 해석

❶뇌는 각각 분명히 정해진 독립된 기능을 가진 별개의 구성 요소들의 집합체인가? ❷뇌가 작동하는 방식을 연구하는 데 있어서의 여러 어려움 중 하나는 바로 뇌가 이런 식으로 배치되어 있지 않기 때문이다. ❸그렇다고 해서 해부학적으로 식별할 수 있는 뇌 부위에 특정 기능을 부여할 수 없다는 뜻은 아니다. ❹실제로 그렇게 할 수 있다. 예를 들어, 뇌의 바깥쪽의 대부분을 형성하고 뇌의 전형적으로 주름지거나 접힌 모습을 주는 대뇌피질에는 인식할 수 있는 동작과 관련이 있다고 우리가 알고 있는 부위들이 있다. ❺한 부위는 동작의 생성을 맡고, 다른 부위는 들어오는 시각 정보의 분석을 맡는 따위이다. ❻뇌의 다른 부위에서도 비슷한 기능적 경계가 인정되었다. ❼그것은 논점이 아니다. ❽그러나 여기서 논점이 되는 것은, 이러한 부위들 사이에 해부학적으로든 — 한 부위가 어디에서 시작되는가, 또는 다른 부위는 어디에서 끝나는가? — 아니면 기능적으로든 — 똑같이 정확한 기능을 가진 뇌의 경계가 정해진 부위가 있는가? — 명확히 규정된 경계가 있는지의 여부이다. ❾이 두 가지 질문에 대한 답은 분명한 '아니요'이다.

배경 지식

대뇌피질(cerebral cortex)

대뇌피질은 대뇌 표면을 구성하는 회백질로 이루어진 부분으로 여러 층의 세포층으로 이루어졌다. 해부학적 위치에 따라 전두엽, 두정엽, 측두엽, 후두엽 등으로 구분되는데, 각 부위들이 독자적으로 기능하는 것은 아니지만, 손상시 특징적으로 발생하는 증상과 징후를 이해하는 것은 환자의 병소 부위를 국재화(localization)하는 데 큰 도움이 된다.

구문 해설

❶ Is the brain an assembly of distinct components, [each with a defined and separate function]?

[ ]는 each being with a defined ~ function에서 being이 생략되었다고 이해할 수 있다.

❷ [**One** of the many difficulties in studying how the brain works] **is** precisely because it is not arranged in this way.

[ ]가 문장의 주어이며, 주어의 핵심어인 One에 맞춰 단수형 술어 동사 is가 쓰였다.

Quick Check T, F 고르기

1. One cannot assign specific functions to anatomically recognisable parts of the brain. T / F
2. Whether there are clearly defined boundaries between areas concerned with identifiable functions is not determined. T / F

정답 1. F 2. T

11번 사회 운동 집단에서의 관행

10강

| Keywords | social movements, change, interaction, practice

❶ [Social movements {where a community expresses a desire for change} / — and all social life] / — are spaces of orderly interaction / [operating through recurring practices]. //
하나의 공동체가 변화 열망을 표출하는 사회 운동은 / 그리고 모든 사회적 생활은 / 질서 있는 상호 작용의 공간이다 / 반복하여 일어나는 관행을 통해 작동하는 //
(주어 / 관계절 / 분사구)

❷ These routines constitute the group style. // ❸ Actions are repeated / and become accepted through that repetition. //
이 관례는 집단의 양식을 구성한다 // 행동은 반복된다 / 그리고 그 반복을 통해 받아들여진다 //

❹ Individuals must be able to [foresee the likely responses of others] and [adjust accordingly]. //
개인은 다른 사람들의 가능성 있는 반응을 예견하고 그에 따라 조정할 수 있어야 한다 //
(병렬 구조)

❺ I refer to these stabilizing forces / as *circuits of action*. //
나는 이러한 안정시키는 힘을 부른다 / '행동 회로'라고 //
(refer to A as B: A를 B라 부르다[지칭하다])

❻ [While these assumptions / about {how others will respond} / are sometimes upended], / [to be useful], / expectations must frequently be met. //
이 추정은 ~이지만 / 다른 사람들이 어떻게 반응할 것인지에 대한 / 때로 뒤집힌다 / 유용하기 위해서는 / 기대가 빈번히 충족되어야 한다 //
(부사절(양보) / about의 목적어(명사절) / to부정사구(목적))

❼ Nowhere is this more salient / than in social movements, / [where coordination is crucial]. //
이것이 더 두드러지는 곳은 없다 / 사회 운동에서보다 / 거기에서는 조정 작용이 매우 중요하다 //
(부정어+동사+주어 / 관계절(social movements를 부가적으로 설명))

❽ Interaction is filtered / through the collective awareness / of [what {participants believe} is appropriate]. //
상호 작용은 여과된다 / 단체 의식을 통해 / 참가자들이 적절하다고 생각하는 것에 대한 //
(of의 목적어 / 삽입 어구처럼 해석 가능)

❾ [Offering feeling words after meetings — typically positive ones —] / serves as a ritual / [that expresses both individual feelings and collective sentiment]. //
모임 후에 정서를 표현하는 말, 보통 긍정적인 것을 제공하는 것은 / 의례의 역할을 한다 / 개인의 감정과 단체의 정서를 모두 표현하는 //
(주어(동명사구) / ones = feeling words / 관계절)

❿ Circuits of action incorporate / [the rules of the interaction order and the content of group cultures] / in practices [that are anticipated and comforting]. //
행동 회로는 포함한다 / 상호 작용 질서의 규칙과 집단 문화의 내용을 / 예상되고 편안한 관행에 //
(incorporate의 목적어 / 관계절)

⓫ However, / [{for interaction} to be orderly within a collaborative group], / negotiations and adjustments are essential, / [building relationships {that are flexible but durable}]. //
그러나 / 협력적인 집단 내에서 상호 작용이 질서정연하게 이루어지기 위해서는 / 협상과 조정이 필수적이다 / 그것들이 가변적이지만 오래가는 관계를 구축하기 때문이다 //
(to부정사구(목적) / 의미상의 주어 / 분사구문(이유) / 관계절)

* recurring: 반복하여 일어나는 ** upend: 뒤집다 *** salient: 두드러진

어휘

□ practice 관행	□ constitute 구성하다	□ foresee 예견하다
□ adjust 조정하다	□ accordingly 그에 따라	□ assumption 추정, 상정
□ coordination 조정 작용, 조화	□ ritual 의례, 의식	□ sentiment 정서
□ flexible 가변적인, 융통성 있는	□ durable 오래가는, 내구력이 있는	

글의 흐름 파악

도입(❶)		본문 1(❷~❻)	본문 2(❼~⓫)
사회 운동의 특성		행동 회로	사회 운동과 행동 회로
변화 열망을 표출하는 공동체로서 관행을 통해 작동하는 상호 작용의 공간	→	• 관례는 집단의 양식이 됨 • 행동이 반복되고 수용되며, 반응을 예견하고 조정함 • 사람들의 반응에 대한 기대는 빈번히 충족되어야 함	• 사회 운동에서 가장 두드러지는데, 조정 작용이 중요함 • 상호 작용은 적절한 것에 대한 단체 의식을 통해 여과됨 • 모임 후에 정서를 표현하는 말을 제공함 • 행동 회로가 작동하지만, 협상과 조정이 필수적인데, 가변적이지만 오래가는 관계를 구축하기 때문임

전문 해석

❶하나의 공동체가 변화 열망을 표출하는 사회 운동은 ― 그리고 모든 사회적 생활은 ― 반복하여 일어나는 관행을 통해 작동하는 질서 있는 상호 작용의 공간이다. ❷이 관례는 집단의 양식을 구성한다. ❸행동은 반복되고 그 반복을 통해 받아들여진다. ❹개인은 다른 사람들의 가능성 있는 반응을 예견하고 그에 따라 조정할 수 있어야 한다. ❺나는 이러한 안정시키는 힘을 '행동 회로'라고 부른다. ❻다른 사람들이 어떻게 반응할 것인지에 대한 이 추정은 때로 뒤집히지만, 유용하기 위해서는 기대가 빈번히 충족되어야 한다. ❼이것이 사회 운동에서보다 더 두드러지는 곳은 없는데, 거기에서는 조정 작용이 매우 중요하다. ❽상호 작용은 참가자들이 적절하다고 생각하는 것에 대한 단체 의식을 통해 여과된다. ❾모임 후에 정서를 표현하는 말, 보통 긍정적인 것을 제공하는 것은 개인의 감정과 단체의 정서를 모두 표현하는 의례의 역할을 한다. ❿행동 회로는 상호 작용 질서의 규칙과 집단 문화의 내용을 예상되고 편안한 관행에 포함한다. ⓫그러나 협력적인 집단 내에서 상호 작용이 질서정연하게 이루어지기 위해서는 협상과 조정이 필수적인데, 그것들이 가변적이지만 오래가는 관계를 구축하기 때문이다.

배경 지식

사회 운동(social movement)

사회 운동은 기존의 사회 구조와 제도를 변화·개선하기 위하여 대중과 시민이 자발적으로 참여하는 조직적이고 연속적인 다양한 행동을 의미한다. 사회 운동은 때로 시민운동, 민중 운동, 인권 운동 등과 다른 차원에서 논의되기도 하나 오늘날 이를 다 포괄하여 사회 운동이라 한다. 사회 운동 단체에는 외부의 사회 질서를 바꾸고자 노력하는 한편 단체 내부의 질서 및 상호 작용 방식을 개선해야 하는 과제가 있게 된다.

구문 해설

❻ **[While these assumptions about {how others will respond} are sometimes upended], [to be useful], expectations must frequently be met.**

첫 번째 [ ]는 양보를 나타내는 부사절이고, { }는 about의 목적어로 쓰인 명사절이다. 두 번째 [ ]는 목적을 나타내는 to부정사구이다.

⓫ **However, [{for interaction} to be orderly within a collaborative group], negotiations and adjustments are essential, [building relationships {that are flexible but durable}].**

첫 번째 [ ]는 목적을 나타내는 to부정사구이고, 첫 번째 { }는 to be ~ group의 의미상의 주어를 나타낸다. 두 번째 [ ]는 이유를 나타내는 분사구문으로 이해할 수 있고, 두 번째 { }는 relationships를 수식하는 관계절이다.

Quick Check 빈칸 완성하기

1. Social movements where a community expresses a desire for change are spaces of orderly i______________ operating through recurring practices.
2. Offering feeling words after meetings serves as a r______________ that expresses both individual feelings and collective sentiment.

정답 1. (i)nteraction 2. (r)itual

11강

1번 인간의 적응 가능성의 특징

| Keywords | human adaptability, ecosystem, adjust, environmental

관계절

❶In the study of human adaptability, / the ecosystem is the total situation / [in which
인간의 적응 가능성에 대한 연구에서 / 생태계는 전체 상황이다 / 적응 가능성이

adaptability occurs]. // ❷Because human populations have spread throughout the
일어나는 // 인간 집단은 지구 전체로 퍼졌기 때문에 /

earth, / this adaptability varies a great deal. // ❸A population in a specific ecosystem /
이러한 적응 가능성은 매우 다양하다 // 특정 생태계의 집단은 /

관계절 / both A and B: A와 B 둘 다

adjusts to environmental conditions / in ways [that reflect both present and past
환경적 상황에 적응한다 / 현재와 과거의 상황을 모두 반영하는 방식으로 //

관계절

conditions]. // ❹A desert population / [that has existed in that environment for several
사막 인구 집단은 / 수천 년 동안 그 환경에 존재해 온 /

술어 동사

millennia] / will differ significantly in its responses to desert conditions / from a
사막 상황에 대한 반응이 크게 다를 것이다 / 인구 집단과 /

관계절 / 관계절

population / [that migrated there only in the past generation]. // ❺A population / [that
단지 지난 세대에 그곳으로 이주한 // 집단은 / 특정

be likely to *do*: ~일 것 같다

has existed longer in a particular environment] / is more likely than a recently settled
환경에 더 오래 존재한 / 최근 정착한 집단보다 더 ~ 것 같다 /

population / to have developed physiological and even genetic characteristics / for
생리적, 심지어 유전적 특성을 점차 가지기 시작했을 / 환경

coping with environmental constraints, / such as hypoxia. // ❻The more recent
제약에 대처하기 위한 / 저산소증과 같은 // 더 최근의 거주자는 /

분사구

inhabitants / will have physiological and cultural adjustments / [attuned to another
생리적, 문화적 적응을 할 것이다 / 다른 환경에 맞춰진 //

주어(동명사구)

environment]. // ❼[Adjusting to the new environment] / may take several generations, /
새로운 환경에 적응하는 데는 / 여러 세대가 걸릴 수 있다 /

and the final result may or may not resemble / the adjustments of the original
그리고 최종 결과는 비슷할 수도 비슷하지 않을 수도 있다 / 원래 거주자의 적응과 //

inhabitants. // ❽This is particularly true / when native populations are available. // ❾The
이것은 특히 그렇다 / 토착 인구 집단을 이용할 수 있을 때 // 새로운

to부정사구(목적)

newcomers may borrow / some of the practices of the original inhabitants / [in order to
거주자는 빌릴지도 모른다 / 원래 거주자의 관행 중 일부를 / 자신들의 새로운

achieve a satisfactory adjustment to their new habitat]. //
거주지에 대한 만족스러운 적응을 달성하기 위해 //

* physiological: 생리적인 ** hypoxia: 저산소증 *** attuned to: ~에 맞추어진

어휘

- □ adaptability 적응 가능성
- □ cope with ~에 대처하다
- □ adjustment 적응, 조정
- □ adjust to ~에 적응하다
- □ constraint 제약
- □ migrate 이주하다
- □ inhabitant 거주자

글의 흐름 파악

도입(❶~❷)	전개(❸~❻)	결론(❼~❾)
인간의 적응 가능성에 대한 연구	특정 생태계 집단의 환경적 상황에 대한 적응	새로운 환경에 대한 적응
• 생태계는 적응 가능성이 일어나는 전체 상황임 • 인간의 적응 가능성은 매우 다양함	• 특정 생태계의 집단은 현재와 과거의 상황을 모두 반영하는 방식으로 환경적 상황에 적응함 • 특정 환경에 더 오래 존재한 집단은 환경 제약에 대처하기 위한 생리적, 심지어 유전적 특성을 점차 가지기 시작했을 것임 • 더 최근의 거주자는 다른 환경에 맞춰진 생리적, 문화적 조정을 할 것임	• 새로운 환경에 적응하는 데는 여러 세대가 걸릴 수 있고, 최종 결과는 원래 거주자의 적응과 비슷할 수도 비슷하지 않을 수도 있음 • 토착 인구 집단을 이용할 수 있을 때 원래 거주자의 관행 중 일부를 빌릴지도 모름

전문 해석

❶인간의 적응 가능성에 대한 연구에서, 생태계는 적응 가능성이 일어나는 전체 상황이다. ❷인간 집단은 지구 전체로 퍼졌기 때문에, 이러한 적응 가능성은 매우 다양하다. ❸특정 생태계의 집단은 현재와 과거의 상황을 모두 반영하는 방식으로 환경적 상황에 적응한다. ❹수천 년 동안 그 환경에 존재해 온 사막 인구 집단은 단지 지난 세대에 그곳으로 이주한 인구 집단과 사막 상황에 대한 반응이 크게 다를 것이다. ❺특정 환경에 더 오래 존재한 집단은 최근 정착한 집단보다 더 저산소증과 같은, 환경 제약에 대처하기 위한 생리적, 심지어 유전적 특성을 점차 가지기 시작했을 것 같다. ❻더 최근의 거주자는 다른 환경에 맞춰진 생리적, 문화적 적응을 할 것이다. ❼새로운 환경에 적응하는 데는 여러 세대가 걸릴 수 있고, 최종 결과는 원래 거주자의 적응과 비슷할 수도 비슷하지 않을 수도 있다. ❽이것은 토착 인구 집단을 이용할 수 있을 때 특히 그렇다. ❾새로운 거주자는 자신들의 새로운 거주지에 대한 만족스러운 적응을 달성하기 위해 원래 거주자의 관행 중 일부를 빌릴지도 모른다.

구문 해설

❸ A population in a specific ecosystem adjusts to environmental conditions in ways [that reflect **both** present **and** past conditions].

[ ]는 ways를 수식하는 관계절이고, 그 안에 「both A and B」의 표현이 사용되었다.

❾ The newcomers may borrow some of the practices of the original inhabitants [in order to achieve a satisfactory adjustment to their new habitat].

[ ]는 목적의 의미를 나타내는 to부정사구이다.

Quick Check 적절한 말 고르기

1. In the study of human adaptability, the ecosystem is the total situation [in which / which] adaptability occurs.
2. A desert population that has existed in that environment for several millennia will differ significantly in its responses to desert conditions from a population [where / that] migrated there only in the past generation.

정답 1. in which 2. that

2번 가능성에 대한 제약

11강

| Keywords | possibility, constraint, limitation, possible, social, cultural

[1]We inhabit worlds / [that are not only full of possibility / but also foster a variety of possible selves]. // [2]In using this concept, / we should recognize the considerable constraints / [placed on {realizing the possible} / and, at times, {even being able to envision it}]. // [3]These limitations are, / on the one hand, / physical and biological / ; for example, / for as much as we would like to be able to fly, / this is not possible / given our anatomy and the gravity on earth. // [4]Such constraints are transcended in our imagination, / and, indeed, / visions of the physically impossible / inspired generations, / across the centuries, / from the ancient Greeks' stories of Icarus / to Leonardo da Vinci's sketches of flying machines. // [5]Ultimately, / the impossible became at least partially possible, / and humanity is capable today / not only of traveling by air but also of reaching outer space. // [6]But, / even more significant than physical constraints / [are the social and cultural ones], / [both imposed by others and self-imposed]. // [7]These limitations / [placed on discovering and exploring the possible] / can be [explicit, / {like in the case of living under harsh totalitarian governments}], / or [implicit, / {exemplified by the pervasive power of discourses and social representations / to shape our thinking / without us realizing it}]. //

(관계절: that are ~ / not only ~ but also ...: ~뿐만 아니라 …도 / 분사구: placed on ~ / on의 목적어 1 / on의 목적어 2 / ~을 고려할 때: given / from ~ to ...: ~에서 …까지 / not only ~ but also ...: ~뿐만 아니라 …도 / 주어와 동사 도치 / 분사구문(주절에 부수적으로 이어짐) / 분사구 / 주격 보어 1 / 전치사구 / 주격 보어 2 / 분사구문)

우리는 세계에 살고 있다 / 가능성으로 가득 차 있을 뿐만 아니라 / 가능성이 다양한 자아를 형성하는 // 이 개념을 사용할 때 / 우리는 상당한 제약을 인식해야 한다 / 가능한 것을 실현하는 데 놓인 / 그리고 때로는 심지어 그것을 상상할 수 있는 데 (놓인) // 이러한 한계는 ~이다 / 한편으로는 / 물리적이고 생물학적이다 / 왜냐하면 예컨대 / 우리는 정말로 날 수 있기를 원하지만 / 이것은 가능하지 않기 때문이다 / 우리의 해부학적 구조와 지구의 중력을 고려할 때 // 그러한 제약은 우리의 상상 속에서 초월된다 / 그리고 실제로 / 물리적으로 불가능한 것에 대한 상상은 / 여러 세대에 영감을 주었다 / 수 세기에 걸쳐 / 고대 그리스인들의 이카로스 이야기부터 / 레오나르도 다빈치의 비행선 스케치까지 // 결국 / 불가능한 것이 적어도 부분적으로 가능해졌다 / 그리고 인류는 오늘날 ~할 수도 있다 / 항공 여행을 할 수 있을 뿐만 아니라 우주에 도달할 // 그러나 / 물리적 제약보다 훨씬 더 중요한 것은 / 사회적, 문화적 제약이다 / 다른 사람이 부과하기도 하고 스스로 부과하기도 하는 // 이러한 한계는 / 가능한 것을 발견하고 탐구하는 데 놓인 / 명시적일 수도 있다 / 무자비한 전체주의 정부에서 사는 경우처럼 / 또는 암시적일 수도 있다 / 담론과 사회적 표상이라는 만연해 있는 힘에 의해 예시되듯이 / 우리의 생각을 형성하는 / 우리가 인식하지 못한 채 //

* anatomy: 해부학적 구조, 해부학 ** transcend: 초월하다 *** exemplify: ~을 예시하다

어휘

- □ foster 형성하다, 기르다
- □ constraint 제약
- □ envision 상상하다, 마음속에 그리다
- □ impose 부과하다, 강요하다
- □ explicit 명시적인
- □ implicit 암시적인, 내포된
- □ pervasive 만연해 있는

글의 흐름 파악

도입(❶~❷)		전개(❸~❺)		결론(❻~❼)
가능성의 세계와 제약		물리적, 생물학적 한계		사회적, 문화적 제약
• 우리는 가능성으로 가득 찬 세계에 살고 있음 • 가능한 것의 실현과 상상에 놓인 상당한 제약을 인식해야 함	➡	• 한계가 물리적이고 생물학적임 • 그러한 제약은 상상 속에서 초월됨 • 불가능한 것이 적어도 부분적으로 가능해짐	➡	• 물리적 제약보다 훨씬 더 중요한 것은 사회적, 문화적 제약임 • 이러한 한계는 명시적일 수도 있고 암시적일 수도 있음

전문 해석

❶우리는 가능성으로 가득 차 있을 뿐만 아니라 가능성이 다양한 자아를 형성하는 세계에 살고 있다. ❷이 개념을 사용할 때, 우리는 가능한 것을 실현하는 데, 그리고 때로는 심지어 그것을 상상할 수 있는 데 놓인 상당한 제약을 인식해야 한다. ❸이러한 한계는, 한편으로는, 물리적이고 생물학적이다. 왜냐하면 예컨대 우리는 정말로 날 수 있기를 원하지만, 우리의 해부학적 구조와 지구의 중력을 고려할 때 이것은 가능하지 않기 때문이다. ❹그러한 제약은 우리의 상상 속에서 초월되며, 실제로, 물리적으로 불가능한 것에 대한 상상은 고대 그리스인들의 이카로스 이야기부터 레오나르도 다빈치의 비행선 스케치까지 수 세기에 걸쳐 여러 세대에 영감을 주었다. ❺결국, 불가능한 것이 적어도 부분적으로 가능해졌고, 인류는 오늘날 항공 여행을 할 수 있을 뿐만 아니라 우주에 도달할 수도 있다. ❻그러나 물리적 제약보다 훨씬 더 중요한 것은 다른 사람이 부과하기도 하고 스스로 부과하기도 하는 사회적, 문화적 제약이다. ❼가능한 것을 발견하고 탐구하는 데 놓인 이러한 한계는 무자비한 전체주의 정부에서 사는 경우처럼 명시적일 수도 있고, 또는 우리가 인식하지 못한 채 우리의 생각을 형성하는 담론과 사회적 표상이라는 만연해 있는 힘에 의해 예시되듯이 암시적일 수도 있다.

배경지식

이카로스(Icarus)

이카로스는 그리스 신화에 나오는 발명가 다이달로스의 아들로 아버지가 밀랍으로 만든 날개를 달고 태양에 너무 가까이 날아갔기 때문에 날개가 녹아 떨어져 죽었다.

구문 해설

❶ We inhabit worlds [that are **not only** full of possibility **but also** foster a variety of possible selves].

[ ]는 worlds를 수식하는 관계절이고, 그 안에 「not only ~ but also ...」의 표현이 사용되었다.

❻ But, even more significant than physical constraints [are the social and cultural ones], [both imposed by others and self-imposed].

even more ~ constraints가 문두로 나오면서 첫 번째 [ ]에는 주어와 동사가 도치되었다. 두 번째 [ ]는 주절에 부수적으로 이어지는 분사구문이다.

Quick Check 적절한 말 고르기

1. We should recognize the considerable constraints placing / placed on realizing the possible and, at times, even being able to envision it.

2. These limitations placed on discovering and exploring the possible can be explicit, exemplifying / exemplified by the pervasive power of discourses and social representations to shape our thinking without us realizing it.

정답 1. placed 2. exemplified

3번 지나친 자신감의 영향

11강

| Keywords | performance, evaluation error, overconfidence, overestimation

suggest의 목적어(명사절) / 부사절(양보)
❶Some researchers suggest / [that {although successful performance leads to
일부 연구자들은 말한다 / 비록 성공적인 수행이 효능의 증가로 이어지기는 하지만 /

~로 인해
increased efficacy}, / subsequent levels of performance may decrease / due to
그다음 수행 수준이 감소할 수 있다고 / 평가 오류로

shown의 목적어(명사절)
evaluation errors]. // ❷More specifically, / research has shown / [that overconfidence
인해 // 더 구체적으로 말하면 / 연구에서 밝혀졌다 / 지나친 자신감이 수행을 방해할 수

may impede performance / due to the overestimation of the accuracy of one's
있다고 / 사람들이 가지고 있는 지식의 정확성에 대한 과대평가 때문에 //

knowledge]. // ❸For example, / highly confident individuals are found / to [overestimate
예를 들어 / 매우 자신감 있는 사람들은 ~(라)고 밝혀져 있다 / 자기 대답의 정확성을

병렬 구조(and로 연결되어 are found to에 이어짐)
the precision of their answers] / and thus [underestimate the potential consequences
과대평가하여 / 그래서 자기 결정의 잠재적인 결과를 과소평가한다 //

관계절
of their decisions]. // ❹This is particularly relevant / for those [who possess the power
이것은 특히 관련이 있는데 / 많은 사람들에게 영향을 미칠 수 있는 힘을 가진 사람들에게 /

부사절(이유)
to impact many], / such as executives, / [as the relationship between power and
경영진과 같이 / 권력과 자신감의 관계는 /

understanding의 목적어(명사절)
confidence / is particularly relevant to understanding / {how overconfidence may
이해하는 것과 특히 관련이 있기 때문이다 / 지나친 자신감이 경영진의 의사 결정에 어떻게

형식상의 주어 / 내용상의 주어
impact executive decision making}]. // ❺More specifically, / it was found / [that the
영향을 미칠 수 있는지를 // 더 구체적으로 말하면 / 밝혀졌다 / 권력의 심리적

psychological experience of power / is related to overconfidence in decision making, /
경험이 / 의사 결정에 대한 지나친 자신감과 관련이 있으며 /

관계절(overconfidence in decision making을 부가적으로 설명)
{which in turn may lead to adverse consequences / for the organization and its
이는 결국 해로운 영향을 미치는 결과를 초래할 수 있다는 것이 / 조직과 그것의 환경에 //

environment}]. //

* efficacy: 효능 ** impede: 방해하다

어휘

- □ subsequent 그다음의
- □ evaluation 평가
- □ overconfidence 지나친 자신감
- □ overestimation 과대평가
- □ accuracy 정확성
- □ precision 정확성, 정밀성
- □ underestimate 과소평가하다
- □ relevant 관련 있는, 관련된
- □ executive 경영진; 경영진의
- □ adverse 해로운, 역의

글의 흐름 파악

도입(❶~❷)	예시(❸~❹)	결론(❺)
평가 오류로 인한 수행 수준 감소	매우 자신감 있는 사람들의 예	권력의 심리적 경험과 의사 결정에 대한 지나친 자신감의 관계
• 성공적인 수행이 효능의 증가로 이어지기는 하지만, 평가 오류로 인해 그다음 수행 수준이 감소할 수 있음 • 지식의 정확성에 대한 과대평가 때문에 지나친 자신감이 수행을 방해할 수 있음	• 매우 자신감 있는 사람들은 자기 대답의 정확성을 과대평가하여 자기 결정의 잠재적인 결과를 과소평가함 • 많은 사람들에게 영향을 미칠 수 있는 힘을 가진 사람들에게 특히 해당함	권력의 심리적 경험이 의사 결정에 대한 지나친 자신감과 관련이 있으며, 이는 결국 조직과 그것의 환경에 해로운 영향을 미치는 결과를 초래할 수 있다는 것이 밝혀짐

전문 해석

❶일부 연구자들은 비록 성공적인 수행이 효능의 증가로 이어지기는 하지만, 평가 오류로 인해 그다음 수행 수준이 감소할 수 있다고 말한다. ❷더 구체적으로 말하면, 연구에서 밝혀진 것은 사람들이 가지고 있는 지식의 정확성에 대한 과대평가 때문에 지나친 자신감이 수행을 방해할 수 있다는 것이다. ❸예를 들어, 매우 자신감 있는 사람들은 자기 대답의 정확성을 과대평가하여 자기 결정의 잠재적인 결과를 과소평가한다고 밝혀져 있다. ❹이것은 경영진과 같이 많은 사람들에게 영향을 미칠 수 있는 힘을 가진 사람들에게 특히 관련이 있는데, 권력과 자신감의 관계는 지나친 자신감이 경영진의 의사 결정에 어떻게 영향을 미칠 수 있는지를 이해하는 것과 특히 관련이 있기 때문이다. ❺더 구체적으로 말하면, 권력의 심리적 경험이 의사 결정에 대한 지나친 자신감과 관련이 있으며, 이는 결국 조직과 그것의 환경에 해로운 영향을 미치는 결과를 초래할 수 있다는 것이 밝혀졌다.

구문 해설

❶ Some researchers suggest [that {although successful performance leads to increased efficacy}, subsequent levels of performance may decrease due to evaluation errors].

[ ]는 suggest의 목적어 역할을 하는 명사절이고, { }는 양보의 뜻을 갖는 부사절이다.

❷ More specifically, research has shown [that overconfidence may impede performance due to the overestimation of the accuracy of one's knowledge].

[ ]는 shown의 목적어 역할을 하는 명사절이다.

Quick Check 빈칸 완성하기

1. This is particularly relevant for those w__________ possess the power to impact many.
2. The psychological experience of power is related to overconfidence in decision making, w__________ in turn may lead to adverse consequences for the organization and its environment.

정답 1. (w)ho 2. (w)hich

4번 변화를 중시하는 현대의 실용적인 태도

| Keywords | constant change, replaced, rapid, simplify, latest model

→ 전치사구
❶Modern philosophies / [since the rise of evolutionary theory / in the 19th century] / have
현대 철학은 / 진화론이 부상한 이후의 / 19세기에 / 변화에

→ = Modern philosophies
come to give change / a more central place. // ❷They see constant change / in the
부여하게 되었다 / 더 중심적인 지위를 // 그것(현대 철학)은 끊임없는 변화를 본다 / 우주, 동물계,

universe, in the animal world, in populations and social forms. // ❸Even the most
인구와 사회 형태에서 // 가장 추상적인 철학조차도 /

병렬 구조(and로 연결되어 have begun to think에 이어짐)
abstract philosophies / have begun to think / [more in terms of process and time and the
생각하기 시작했다 / 과정과 시간, 사건의 흐름 측면에서 더 많이 /

flow of events], / and [less in terms of a fixed essence and a rational nature] / to the
그리고 변치 않는 본질과 이성적인 본성의 측면에서는 덜 / 세상과

관계절
world and man. // ❹Modern practical attitudes / reflect the actual change / [that a
인간에 대해 // 현대의 실용적인 태도는 / 실제 변화를 반영한다 / 끊임없이

→ 전치사구
constantly revolutionized technology / brings in human living]. // ❺[Unlike the medieval
혁신되는 기술이 / 인간의 삶에 가져오는 // 중세 대성당과는 달리 /

→ 분사구(부가적 설명)
cathedral], / [built to last beyond the memories of men], / a modern skyscraper is built
사람들이 기억하는 것보다 더 오래 남아 있도록 지어진 / 현대의 고층 건물은 머지않아 교체되게 지어진다 //

→ 머지않아 → not A but B: A가 아니라 B
to be replaced in due time. // ❻A home is not an ancestral dwelling, / but a rapid
집은 조상 대대로 살던 주거지가 아니라 / 빠른(짧은 시간 내에

관계절 → 부사절
construction / [that may not survive the last mortgage payment] / — [if you have not
이뤄지고 오래 가지 않는) 건축물이다 / 마지막 주택 담보 대출금을 지불하기 전에 없어질 수도 있는 / 만약 여러분이 그때까지

관계절 관계절
moved away by then]. // ❼The number of people [who live today in the house / {in
이사하지 않았다면 // 오늘날 집에 사는 사람들의 수는 /

관계절
which they were born}] / is small, / and the number of those [who glory in the fact] / is
자신이 태어난 / 적다 / 그리고 그 사실을 대단히 기뻐하는 사람들의 수는 /

→ 술어부 1 → 술어부 2
smaller still. // ❽We [simplify everything] / and [turn to the latest model]. //
훨씬 더 적다 // 우리는 모든 것을 간소화한다 / 그리고 최신 모델로 (관심을) 돌린다 //

* skyscraper: 고층 건물 ** mortgage: (담보) 대출(금), 융자(금)

어휘

□ philosophy 철학	□ evolutionary 진화의	□ population 인구
□ abstract 추상적인	□ essence 본질	□ rational 이성적인
□ practical 실용적인	□ revolutionize (~에) 혁신[대변혁]을 일으키다, (~을) 근본적으로 바꾸다	
□ medieval 중세의	□ cathedral 대성당	□ replace 교체하다
□ in due time 머지않아, 때가 되면	□ ancestral 조상 대대로의, 조상의	□ dwelling 주거지, 주택
□ construction 건축물	□ payment 지불금, 지불	□ glory in ~을 대단히 기뻐하다

글의 흐름 파악

도입(❶~❸)	전개(❹)	결론(❺~❼)	마무리(❽)
중심이 된 변화	현대의 실용적인 태도	현대의 건축물	간소화와 최신 모델
• 진화론의 부상 → 현대 철학은 변화에 더 중심적인 지위를 부여함 • 추상적인 철학도 과정과 시간, 사건의 흐름 측면에서 더 생각하기 시작함	끊임없이 혁신되는 기술이 삶에 가져오는 변화를 반영함	• 중세 성당과는 달리, 현대의 고층 건물은 곧 교체되게 지어짐 • 집은 주택 담보 대출금을 지불하기 전에 없어질 수 있음 • 태어난 집에 사는 사람들의 수는 적고, 그 사실을 기뻐하는 수는 더 적음	모든 것을 간소화하고 최신 모델로 관심을 돌림

전문 해석

❶19세기에 진화론이 부상한 이후의 현대 철학은 변화에 더 중심적인 지위를 부여하게 되었다. ❷그것(현대 철학)은 우주, 동물계, 인구와 사회 형태에서 끊임없는 변화를 본다. ❸가장 추상적인 철학조차도 세상과 인간에 대해, 과정과 시간, 사건의 흐름 측면에서 더 많이, 그리고 변치 않는 본질과 이성적인 본성의 측면에서는 덜 생각하기 시작했다. ❹현대의 실용적인 태도는 끊임없이 혁신되는 기술이 인간의 삶에 가져오는 실제 변화를 반영한다. ❺사람들이 기억하는 것보다 더 오래 남아 있도록 지어진 중세 대성당과는 달리, 현대의 고층 건물은 머지않아 교체되게 지어진다. ❻집은 조상 대대로 살던 주거지가 아니라 — 만약 여러분이 그때까지 이사하지 않았다면 — 마지막 주택 담보 대출금을 지불하기 전에 없어질 수도 있는 빠른(짧은 시간 내에 이뤄지고 오래 가지 않는) 건축물이다. ❼오늘날 자신이 태어난 집에 사는 사람들의 수는 적고, 그 사실을 대단히 기뻐하는 사람들의 수는 훨씬 더 적다. ❽우리는 모든 것을 간소화하고 최신 모델로 (관심을) 돌린다.

구문 해설

❹ **Modern practical attitudes reflect the actual change [that a constantly revolutionized technology brings in human living].**

[ ]는 the actual change를 수식하는 관계절이다.

❼ **The number of people [who live today in the house {in which they were born}] is small, and the number of those [who glory in the fact] is smaller still.**

첫 번째 [ ]는 people을 수식하는 관계절이며, { }는 the house를 수식하는 관계절로 in which는 where로 바꾸어 쓸 수 있다. 두 번째 [ ]는 those를 수식하는 관계절이다.

Quick Check 빈칸 완성하기

1. Unlike the medieval cathedral, built to last beyond the memories of men, a modern s______________ is built to be replaced in due time.
2. A home is not an ancestral dwelling, but a rapid construction that may not s______________ the last mortgage payment — if you have not moved away by then.

정답 1. (s)kyscraper 2. (s)urvive

11강

8번 유기체의 경향 평가

| Keywords | assess, trends, memory

주어 / use의 목적어 / 분사구

❶[Simple organisms like bacteria] / use [general algorithms / {built into their genomes} /

박테리아와 같은 단순한 유기체는 / 일반적인 알고리즘을 사용한다 / 게놈에 내장된 /

to부정사구(목적) / 관계절 / 형식상의 주어

{to assess trends}]. // ❷For example, / *E. coli* have algorithms / [that say / {it is wasteful /

경향을 평가하기 위해 // 예를 들어 / '대장균'은 알고리즘을 가지고 있다 / 말하는 / 낭비적이라고 /

내용상의 주어 / 명사절

⟨to produce the enzymes / for processing lactose / when there isn't much lactose

효소를 생산하는 것이 / 젖당을 처리하기 위한 / 주변에 젖당이 많지 않을 때 //

술어부 1 / 현재완료 수동태 / 부사구

about⟩}]. // ❸These rules / [have been installed / {in the organism's genome / over

이러한 규칙들은 / 설치되었다 / 유기체의 게놈에 / 수백만

술어부 2 / 부사절(이유)

millions of generations / by natural selection}] / and [have persisted] / [because

세대에 걸쳐 / 자연 선택으로 / 그리고 지속되어 왔다 / 개체들이

관계절 / be likely to *do*: ~할 가능성이 있다

individuals / {that inherited this algorithm} / were more likely to survive and reproduce]. //

~ 때문에 / 이 알고리즘을 물려받은 / 생존하고 번식할 가능성이 더 높았기 (때문에) //

~하려면 / 의문사구

❹But in order to know / [when to apply / the rules], / bacteria also need knowledge / of

하지만 알려면 / 언제 적용해야 하는지 / 그 규칙을 / 박테리아는 또한 지식이 필요하다 / 지금

의문사절 / 주어(동명사구)

[what is going on right now]. // ❺Are lactose levels rising or falling? // ❻[Identifying

무슨 일이 일어나고 있는지에 대한 // 젖당 수치가 상승하고 있나 아니면 하락하고 있나 // 경향을 파악하는

=identifying trends / requires의 목적어

trends] requires sensors. // ❼But it also requires / [some form of memory] / so you can

것에는 센서가 필요하다 // 하지만 그것은 또한 필요로 한다 / 어떠한 종류의 기억을 / 비교할 수 있도록 /

compare A with B: A와 B를 비교하다 / A / B / 형식상의 주어

compare / [the situation now] / with [the situation a moment ago]. // ❽Indeed, it may be /

지금의 상황과 / 조금 전의 상황을 // 실은 ~지도 모른다 /

내용상의 주어 / to부정사구(목적)

[that memory exists / primarily {to enable future thinking}]. // ❾Recent neurological

기억이 존재하는 / 주로 미래의 사고를 가능하게 하려고 // 최근의 신경학 분야의 연구들은 /

현재완료 / have shown의 목적어(명사절) / 부사구

studies / have shown / [that {in organisms with nervous systems}, / memory and future

보여 주었다 / 신경계를 가진 유기체에서 / 기억과 미래의 사고는 /

전치사 by의 목적어 / 관계절(앞 절의 내용을 부가적으로 설명)

thinking / are handled / by {the same parts / of the brain}, / {which may explain why /

처리된다는 것을 / 같은 부위에 의해 / 뇌의 / 이것은 이유를 설명할 수도 있을 것이다 /

관계절

people ⟨who lose the ability / to remember vividly⟩ / also lose the ability / to imagine

능력을 잃은 사람들이 / 생생하게 기억하는 / 능력 또한 잃는다 / 대안의 미래를

alternative futures}]. //

상상하는 //

* E. coli: 대장균 ** enzyme: 효소 *** lactose: 젖당

어휘

- □ organism 유기체
- □ assess 평가하다
- □ natural selection 자연 선택
- □ reproduce 번식하다
- □ nervous system 신경계
- □ genome 게놈(세포나 생명체의 유전자 총체)
- □ trend 경향, 동향
- □ persist 지속되다, 잔존하다
- □ primarily 주로, 본래
- □ vividly 생생하게
- □ install 설치하다
- □ inherit 물려받다
- □ neurological 신경(학)의
- □ alternative 대안의

글의 흐름 파악

도입(❶~❸)		전개(❹~❼)		결론(❽~❾)
		경향 파악을 위한 기억의 필요성		미래의 사고를 가능케 하는 기억
박테리아와 같은 단순한 유기체는 경향을 평가하기 위해 게놈에 내장된 일반적인 알고리즘을 사용함	➜	알고리즘 규칙을 적용하기 위해서는 지금 무슨 일이 일어나고 있는지 알아야 하는데, 이 경향 파악에는 센서뿐 아니라 지금의 상황과 조금 전의 상황을 비교할 수 있도록 어떠한 종류의 기억이 필요함	➜	기억이 주로 미래의 사고를 가능하게 하려고 존재하는지도 모르는데, 최근의 연구들은 신경계를 가진 유기체에서 기억과 미래의 사고는 뇌의 같은 부분에 의해 처리된다는 것을 보여 줌

전문 해석

❶박테리아와 같은 단순한 유기체는 경향을 평가하기 위해 게놈에 내장된 일반적인 알고리즘을 사용한다. ❷예를 들어, '대장균'은 주변에 젖당이 많지 않을 때 젖당을 처리하기 위한 효소를 생산하는 것이 낭비적이라고 말하는 알고리즘을 가지고 있다. ❸이 알고리즘을 물려받은 개체들이 생존하고 번식할 가능성이 더 높았기 때문에, 이러한 규칙들은 자연 선택으로 수백만 세대에 걸쳐 유기체의 게놈에 설치되었고 지속되어 왔다. ❹하지만 언제 그 규칙을 적용해야 하는지 알려면 박테리아는 또한 지금 무슨 일이 일어나고 있는지에 대한 지식이 필요하다. ❺젖당 수치가 상승하고 있나, 하락하고 있나? ❻경향을 파악하는 것에는 센서가 필요하다. ❼하지만 그것은 또한 지금의 상황과 조금 전의 상황을 비교할 수 있도록 어떠한 종류의 기억을 필요로 한다. ❽실은 기억이 주로 미래의 사고를 가능하게 하려고 존재하는지도 모른다. ❾최근의 신경학 분야의 연구들은 신경계를 가진 유기체에서 기억과 미래의 사고는 뇌의 같은 부위에 의해 처리된다는 것을 보여 주었는데, 이것은 생생하게 기억하는 능력을 잃은 사람들이 대안의 미래를 상상하는 능력 또한 잃는 이유를 설명할 수도 있을 것이다.

배경지식

게놈(genome)

게놈은 한 생물체가 생명 현상을 영위하는 데 필요한 유전 물질(DNA)의 집합체를 뜻하며, 1게놈은 생물체를 형성하는 유전자의 최소 단위가 된다. 유전체가 생명 현상을 결정짓기 때문에 흔히 '생명의 설계도'라고 부른다.

구문 해설

❸ **These rules [have been installed in the organism's genome over millions of generations by natural selection] and [have persisted] [because individuals {that inherited this algorithm} were more likely to survive and reproduce].**

첫 번째와 두 번째 [ ]는 주어인 These rules의 술어부로, and로 연결되어 있다. 세 번째 [ ]는 이유의 부사절이며, { }는 individuals를 수식하는 관계절이다.

❹ **But [in order to know {when to apply the rules}], bacteria also need knowledge of [what is going on right now].**

첫 번째 [ ]에서 in order to는 '~하기 위해서'의 의미를 나타내고, { }는 to부정사구가 포함된 의문사구이다. 두 번째 [ ]는 전치사 of의 목적어 역할을 하는 의문사절이다.

Quick Check 적절한 말 고르기

1. Simple organisms like bacteria use general algorithms built into their genomes to [assess / ignore] trends.

2. Recent neurological studies have shown that in organisms with nervous systems, memory and future thinking are handled by the same parts of the brain, which may explain why people who lose the ability to remember vividly also [gain / lose] the ability to imagine alternative futures.

정답 1. assess 2. lose

9번 길거리 시장을 향한 부정적 시선

11강

| Keywords | marketplaces, urban, renewal

→ Despite(~에도 불구하고)가 이끄는 부사구

❶[Despite the significant importance / of marketplaces / as the core / of economic and
현저한 중요성에도 불구하고 / 시장들의 / 핵심으로서 / 경제적, 사회 문화적 거래의 /

socio-cultural transactions / in the city], / local authorities often tend to problematise
도시에서 / 지방 정부 당국은 흔히 그것들을 문제 삼는 경향이 있다 /

→ =marketplaces　　　　→ 주어　　앞 문장의 상황

them / as unhygienic and unhealthy urban environments. // ❷[Early examples of this
비위생적이고 건강에 좋지 않은 도시 환경으로 // 이러한 상황의 초기 사례는 /

관계절(the major ~ century를 부가적으로 설명)

situation] / were in the major European cities in the mid-19th century, / [where
19세기 중반의 주요 유럽 도시들에 있었다 / 거기에서는

병렬 구조　　　　→ 보어

{poverty}, {overpopulation} and {pollution} / were {the main problems / in inner-city
가난, 인구 과잉 및 오염이 / 주요 문제였다 / 도심 지역의 //

→ 보어

areas}]. // ❸For example, in London, / street markets were / [a part of the vivid urban
예를 들어 런던에서 / 길거리 시장들은 ~이었다 / 생생한 도시 풍경의 일부 /

=street markets

scene / in the 19th century / supplying cheap food and products]. // ❹However, they /
19세기의 / 값싼 음식과 상품을 공급하는 // 하지만 그것들은 /

→ 보어　　　　view A as B: A를 B로 여기다　→ A

were [unorganised and naturally growing]. // ❺The city authorities / have viewed [these
체계적이지 않았고 자연 발생적으로 성장하고 있었다 // 시 당국은 / 이 시장들을 여겨 왔다 /

→ B　　　　→ of의 목적어　　　　=The city authorities

markets] / as [components of / {the city's degraded living conditions}]. // ❻They
구성 요소로 / 도시의 낙후된 생활 환경의 // 그들은

→ 목적어　　　　→ to부정사구(목적)　　　　→ 전치사

introduced / [structural spatial changes] / [to address this problem], / including /
도입했다 / 구조적인 공간 변화를 / 이 문제를 해결하기 위해 / 포함하여 /

→ including의 목적어 1(동명사구)　　→ including의 목적어 2(동명사구)

[removing street markets] / and [developing new and enlarged indoor marketplaces]. //
길거리 시장을 없애는 것 / 그리고 새롭고 확대된 실내 시장을 개발하는 것을 //

→ 전치사(~로서)　　　　접속사(~이기 때문에)

❼These new indoor markets functioned / as an urban renewal tool as well, / as their
이 새로운 실내 시장들은 기능하기도 했다 / 또한 도시 재개발의 도구로서 / 또한 / 그것들의

→ required의 목적어 1　　　　→ required의 목적어 2

construction required / [the demolition of existing building blocks] / and [reorganisation
건설에는 필요했기 때문이었다 / 기존 건물 단지 철거 / 그리고 길거리 재정비가 //

병렬 구조

of streets]. //

* unhygienic: 비위생적인 ** demolition: 철거

어휘

- □ core 핵심
- □ urban 도시의
- □ degraded 낙후된, 질이 떨어진
- □ address 해결하다, 다루다
- □ construction 건설, 구성
- □ transaction 거래
- □ supply 공급하다
- □ structural 구조적인
- □ enlarged 확대된
- □ existing 기존의
- □ local authority 지방 정부 당국
- □ unorganised 체계적이지 않은
- □ spatial 공간의
- □ renewal 재개발

글의 흐름 파악

주제(❶)		부연 1(❷~❺)		부연 2(❻~❼)
시장을 향한 지방 정부 당국의 부정적 시선		19세기 런던의 사례		시 당국의 대응
지방 정부 당국은 흔히 시장을 비위생적이고 건강하지 못한 도시 환경으로 문제 삼는 경향이 있음	→	런던에서 길거리 시장은 19세기의 생생한 도시 풍경의 일부였으나, 시 당국은 도시의 낙후된 생활 환경의 구성 요소로 여겨 왔음	→	시 당국은 길거리 시장을 없애고, 실내 시장을 개발하는 것을 포함하여 구조적인 공간 변화를 도입했고, 이 새로운 실내 시장들은 도시 재개발의 도구로서 기능하기도 했음

전문 해석

❶도시에서 경제적, 사회 문화적 거래의 핵심으로서 시장들의 현저한 중요성에도 불구하고, 지방 정부 당국은 흔히 그것들을 비위생적이고 건강에 좋지 않은 도시 환경으로 문제 삼는 경향이 있다. ❷이러한 상황의 초기 사례는 19세기 중반의 주요 유럽 도시들에 있었는데, 거기에서는 가난, 인구 과잉 및 오염이 도심 지역의 주요 문제였다. ❸예를 들어 런던에서 길거리 시장들은 값싼 음식과 상품을 공급하는 19세기의 생생한 도시 풍경의 일부였다. ❹하지만 그것들은 체계적이지 않았고 자연 발생적으로 성장하고 있었다. ❺시 당국은 이 시장들을 도시의 낙후된 생활 환경의 구성 요소로 여겨 왔다. ❻그들은 길거리 시장을 없애고, 새롭고 확대된 실내 시장을 개발하는 것을 포함하여, 이 문제를 해결하기 위해 구조적인 공간 변화를 도입했다. ❼이 새로운 실내 시장들은 또한 도시 재개발의 도구로서 기능하기도 했는데, 그것들의 건설에는 기존 건물 단지 철거와 길거리 재정비가 필요했기 때문이었다.

구문 해설

❶ [Despite the significant importance of marketplaces as the core of economic and socio-cultural transactions in the city], local authorities often tend to problematise **them** as unhygienic and unhealthy urban environments.

[ ]는 전치사 Despite가 이끄는 부사구이고, them은 marketplaces를 대신한다.

❷ [**Early examples** of this situation] **were** in the major European cities in the mid-19th century, [where poverty, overpopulation and pollution were the main problems in inner-city areas].

첫 번째 [ ]는 주어이고 주어의 핵심 어구가 Early examples이므로 복수형 동사 were가 사용되었다. 두 번째 [ ]는 the major European cities in the mid-19th century를 부가적으로 설명하는 관계절이다.

Quick Check 빈칸 완성하기

1. The city authorities have viewed these markets as components of the city's d____________ living conditions.
2. They introduced structural spatial changes to address this problem, including r____________ street markets and developing new and enlarged indoor marketplaces.

정답 1. (d)egraded 2. (r)emoving

10번 11강

복잡한 지능을 지닌 생물 종의 유일함

| Keywords | complex intelligence, species, evolved

❶ It is interesting / [to note / {that out of all of the species / 〈that have ever existed / on the Earth〉, / only one has had / complex intelligence}]. // ❷ One could argue / [that this is naturally the case, / {〈since only one species could be the first / to develop intelligence〉 / and 〈the existence of that species / might preclude another intelligent species / from ever developing〉}]. // ❸ This is a false argument, however. // ❹ A better comparison comes about / from noting / [that, {through the last few hundred million years}, / there have been / a large number of species / {that 〈might have evolved / into intelligent creatures〉 / but 〈did not〉}]. // ❺ [If intelligence is such a beneficial trait, / {allowing a species to compete / more effectively / in its environment}], / then one might expect / [that many different species / would develop intelligence]. // ❻ Birds have existed / longer than mammals, / and they did not develop intelligence. // ❼ Dinosaurs reigned / for over 100 million years / and there is no evidence / [to suggest / {that they might have developed intelligence}]. // ❽ Out of all of the species / [that might have developed intelligence], / only one did. //

흥미롭다 / 주목하는 것은 / 모든 종 중에서 / 지금껏 존재했던 / 지구상에 / 한 종만이 가졌다 / 복잡한 지능을 // 주장할 수 있을 것이다 / 이것이 당연히 사실이라고 / 한 종만이 최초로 ~할 수 있었으므로 / 지능을 발달시킬 수 (있었다) / 그리고 그 종의 존재가 / 지능을 지닌 또 다른 종이 못하게 할 수도 있었다 / 지금껏 발달하는 것을 // 하지만 이것은 잘못된 주장이다 // 더 나은 비교가 나온다 / 주목하는 것으로부터 / 지난 수억 년 동안 / 있었다는 점을 / 많은 수의 종이 / 진화할 수도 있었던 / 지적인 생물로 / 하지만 진화하지 않은 // 지능이 그렇게도 유익한 특성이라면 / 종이 경쟁할 수 있게 해 주는 / 더 효과적으로 / 종의 환경 속에서 / 예상할 수도 있을 것이다 / 많은 다양한 종들이 / 지능을 발달시킬 거라고 // 조류는 존재했다 / 포유류보다 더 오랫동안 / 그리고 그것들은 지능을 발달시키지 않았다 // 공룡은 군림했다 / 1억 년 넘는 기간 동안 / 그리고 증거는 없다 / 암시하는 / 그것들이 지능을 발달시켰을 수도 있다는 것을 // 모든 종 중에서 / 지능을 발달시켰을 수도 있는 / 오직 한 종만이 그것을 발달시켰다 //

(Annotations: It — 형식상의 주어; to note — 내용상의 주어; that out of… — note의 목적어(명사절); that have ever existed — 관계절; one — (species); that this is — argue의 목적어(명사절); since — 부사절(이유), 절 1; the existence of that species — 절 2, 주어; preclude A from -ing: A가 ~하지 못하게 하다; comes about — 나오다, 발생하다; that — noting의 목적어 (명사절); through the last few hundred million years — 삽입구; have been — 현재완료; that — 관계절; might have evolved — 술어부 1; did not — 술어부 2; If — 부사절(조건); allowing — 분사구문; its — = a species'; that many different species — expect의 목적어(명사절); have existed — 현재완료; they — = birds; reigned — 멸종했으므로 과거시제; to suggest — to부정사구; that they might — suggest의 목적어(명사절); might have p.p: ~했을 수도 있다; Out of — 전치사(~ 중에서); that might have developed — 관계절; did — developed intelligence를 대신함)

* preclude: 못하게 하다 ** reign: 군림하다

어휘

- □ species (생물의) 종
- □ evolve 진화하다
- □ trait 특성
- □ intelligence 지능
- □ creature 생물
- □ mammal 포유류, 포유동물
- □ comparison 비교
- □ beneficial 유익한
- □ dinosaur 공룡

글의 흐름 파악

도입(❶~❷)	전환(❸~❺)	결론(❻~❽)
지구상에 복잡한 지능을 가진 한 종	지능을 발달시키지 않은 다양한 종들	생존 경쟁에 꼭 필요한 특성은 아닌 복잡한 지능
한 종만이 최초로 지능을 발달시킬 수 있었고 그 종의 존재가 또 다른 지능을 지닌 종이 지금껏 발달하지 못하게 할 수도 있었으므로, 지구상에 한 종만이 복잡한 지능을 가졌다는 사실에 주목하는 것은 흥미로움	지능이 종의 환경 속에서 종이 더 효과적으로 경쟁할 수 있게 해 주는 유익한 특성이라면, 많은 다양한 종들이 지능을 발달시킬 것이라고 예상할 수 있음	하지만 오랜 기간 지구에 존재했던 새도, 공룡도 지능을 발달시키지 않았고, 지능을 발달시켰을 수도 있는 모든 종 중에서 오직 한 종만이 그것을 발달시켰음

전문 해석

❶지구상에 지금껏 존재했던 모든 종 중에서 한 종만이 복잡한 지능을 가졌다는 사실에 주목하는 것은 흥미롭다. ❷한 종만이 최초로 지능을 발달시킬 수 있었고 그 종의 존재가 지능을 지닌 또 다른 종이 지금껏 발달하지 못하게 할 수도 있었으므로, 이것이 당연히 사실이라고 주장할 수 있을 것이다. ❸하지만 이것은 잘못된 주장이다. ❹지난 수억 년 동안 지적인 생물로 진화할 수도 있었으나 진화하지 않은 많은 수의 종이 있었다는 점을 주목하는 것으로부터 더 나은 비교가 나온다. ❺지능이 종의 환경 속에서 종이 더 효과적으로 경쟁할 수 있게 해 주는, 그렇게도 유익한 특성이라면, 많은 다양한 종들이 지능을 발달시킬 거라고 예상할 수도 있을 것이다. ❻조류는 포유류보다 더 오랫동안 존재했지만, 그것들은 지능을 발달시키지 않았다. ❼공룡은 1억 년 넘는 기간 동안 군림했지만, 그것들이 지능을 발달시켰을 수도 있다는 것을 암시하는 증거는 없다. ❽지능을 발달시켰을 수도 있는 모든 종 중에서 오직 한 종만이 그것을 발달시켰다.

구문 해설

❷ One could argue [that this is naturally the case, {since 〈only one species could be the first to develop intelligence〉 and 〈the existence of that species might preclude another intelligent species from ever developing〉}].

[ ]는 동사 argue의 목적어 역할을 하는 명사절이다. { }는 이유를 나타내는 부사절이고, 두 개의 〈 〉가 and로 대등하게 연결되어 있다.

❺ If intelligence is such a beneficial trait, **allowing a species to compete more effectively in its environment,** then one might expect [that many different species would develop intelligence].

「allow+목적어(a species)+목적격 보어(to compete more effectively in its environment)」 구문이 사용되어 '~이 …할 수 있게 하다'라는 의미를 나타낸다. [ ]는 동사 expect의 목적어 역할을 하는 명사절이다.

Quick Check 적절한 말 고르기

1. It is interesting to note that out of all of the species [that / what] have ever existed on the Earth, only one has had complex intelligence.
2. A better comparison comes about from noting that, through the last few hundred million years, there [has / have] been a large number of species that might have evolved into intelligent creatures but did not.

정답 1. that 2. have

11번 암컷을 위한 수컷 베짜기 새의 집짓기

11강

| Keywords | weaver bird, nests, tenant

주어 / 술어 동사 / 부사구

❶ Among vertebrates, / birds are / among the most accomplished of architects. // ❷ [In some cases, / as in several African weaver bird species], / males / [alone build the nest] /

척추동물 중에서 / 새는 ~이다 / 가장 뛰어난 건축가 중 하나 // 일부 경우에는 / 아프리카 베짜기 새 몇 종에서처럼 / 수컷은 / 혼자 둥지를 짓는다 /

병렬 구조 / to부정사구(목적) / 부사절 / ~할 의사가 있다

and [use the finished product / {to advertise for a female}], / and [when one is willing to approach], / she will [examine it in detail] / and then [decide / {whether to take the male / as her partner}]. //

그리고 완성된 결과를 이용한다 / 암컷에게 광고하기 위해 / 그리고 암컷은 접근할 의사가 있을 때 / 그것을 자세히 검토할 것이다 / 그리고 그런 다음 결정할 것이다 / 수컷을 삼을 것인지를 / 자신의 짝으로 //

병렬 구조 / decide의 목적어 / not A but B: A가 아니라 B / A / B / 관계절

❸ Weaver nests are not [tied to branches] / but [free-hanging intricate structures / {that have only a small opening}]. // ❹ The male first has to pass the test / regarding the quality of / the nest site, / and [if she is satisfied], / the partner / [comes as part of the package]. //

베짜기 새 둥지는 나뭇가지에 묶이는 것이 아니라 / 자유롭게 매달려 있는 복잡한 구조물이다 / 작은 입구만을 가진 // 수컷은 먼저 시험을 통과해야 하며 / ~의 질에 관하여 / 둥지가 위치한 장소 / 그리고 암컷이 만족한다면 / 그 짝은 / 패키지의 일부가 된다 //

전치사(~에 관하여) / 부사절(조건) / 술어부 / 술어부 1 / 술어부 2 / 술어부 3 / 다른 무엇보다 우선

❺ The female / [behaves more like a tenant] / and [does not even look at him] / but [will inspect the nest / very thoroughly]. // ❻ Consideration is first and foremost given / to [the nest site] / and [its quality] / and [the territory (where applicable)]. //

암컷은 / 세입자에 가깝게 행동한다 / 그리고 심지어 그를 보지도 않는다 / 하지만 둥지를 조사할 것이다 / 매우 철저하게 // 다른 무엇보다 우선 고려한다 / 둥지가 위치한 장소 / 그리고 그것의 질 / 그리고 영역을 (해당되는 경우) //

병렬 구조 / 주어 / 동격 관계 / 병렬 구조 / 술어 동사(the fact에 수 일치) / 보어

❼ This may seem a little callous, / but [the fact / {that the male is able to / 〈build such a nest〉 / or 〈have a good territory〉}] / is / [a statement of / desirable qualities, / experience / and assets]. //

이것은 다소 냉담하게 보일지 모른다 / 하지만 사실은 / 수컷이 ~할 수 있다는 / 그러한 둥지를 짓거나 / 혹은 좋은 영역을 가질 / ~이다 / ~에 대한 표현 / 바람직한 자질 / 경험 / 그리고 자산 //

* vertebrate: 척추동물 ** weaver: 베짜기 새 *** callous: 냉담한

어휘

- □ architect 건축가
- □ species (분류상의) 종, 계열, 계통
- □ nest 둥지
- □ branch 나뭇가지
- □ intricate 복잡한
- □ structure 구조물
- □ tenant 세입자
- □ territory (자기 소유로 여기는) 영역, (동물의) 세력권
- □ desirable 바람직한
- □ asset 자산

글의 흐름 파악

주제(❶~❷)	→	부연(❸~❻)	→	결론(❼)
아프리카 베짜기 새의 둥지 짓기		수컷의 둥지를 조사하는 암컷		수컷의 둥지가 의미하는 바
아프리카 베짜기 새 몇 종에서처럼 일부의 경우에는, 수컷 혼자 둥지를 짓고 암컷에게 광고하기 위해 완성된 결과를 이용하며, 암컷은 그것을 자세히 검토한 뒤 수컷을 짝으로 삼을 것인지를 결정함	→	암컷은 세입자에 가깝게 행동하고 수컷의 둥지를 매우 철저하게 조사함	→	수컷이 질 좋은 둥지를 지을 수 있거나 좋은 영역을 가질 수 있다는 사실은 바람직한 자질, 경험, 그리고 자산에 대한 표현임

전문 해석

❶척추동물 중에서 새는 가장 뛰어난 건축가 중 하나이다. ❷아프리카 베짜기 새 몇 종에서처럼 일부 경우에는, 수컷 혼자 둥지를 짓고 암컷에게 광고하기 위해 완성된 결과를 이용하며, 암컷은 접근할 의사가 있을 때 그것을 자세히 검토한 뒤 수컷을 자신의 짝으로 삼을 것인지를 결정할 것이다. ❸베짜기 새 둥지는 나뭇가지에 묶이는 것이 아니라 작은 입구만을 가진 자유롭게 매달려 있는 복잡한 구조물이다. ❹수컷은 먼저 둥지가 위치한 장소의 질에 관하여 시험을 통과해야 하며, 암컷이 만족한다면, 그 짝은 패키지의 일부가 된다. ❺암컷은 세입자에 가깝게 행동하고 심지어 그를 보지도 않지만, 둥지를 매우 철저하게 조사할 것이다. ❻다른 무엇보다 우선 둥지가 위치한 장소와 그것의 질, 그리고 (해당되는 경우) 영역을 고려한다. ❼이것은 다소 냉담하게 보일지 모르지만, 수컷이 그러한 둥지를 지을 수 있거나 좋은 영역을 가질 수 있다는 사실은 바람직한 자질, 경험, 그리고 자산에 대한 표현이다.

구문 해설

❷ In some cases, as in several African weaver bird species, males [alone build the nest] and [use the finished product {to advertise for a female}], and when one is willing to approach, she will [examine it in detail] and then [decide {whether to take the male as her partner}].

첫 번째와 두 번째 [ ]는 males를 공통의 주어로 가지며, 첫 번째 { }는 목적의 의미를 나타내는 to부정사구이다. 세 번째와 네 번째 [ ]는 she를 공통의 주어를 가지면서 조동사 will에 이어지며, 두 번째 { }는 decide의 목적어 역할을 한다.

❸ Weaver nests are **not** [tied to branches] **but** [free-hanging intricate structures {that have only a small opening}].

두 개의 [ ]는 모두 주어 Weaver nests의 보어 역할을 하며 「not A but B」라는 표현으로 연결되어 있다. { }는 free-hanging intricate structures를 수식하는 관계절이다.

Quick Check 빈칸 완성하기

1. Among vertebrates, birds are among the most accomplished of a______________.
2. The male first has to pass the test regarding the quality of the n______________ site, and if she is satisfied, the partner comes as part of the package.

정답 1. (a)rchitects 2. (n)est

1번 공급망 사이의 외부 효과 처리 비용의 전가

12강

| Keywords | supply networks, connections, conflicts, expenses

❶ [Because supply networks do not operate / in isolation from each other], / they may generate / connections, synergies, and conflicts. //
(부사절(이유))
공급망은 작동하지 않기 때문에 / 서로 고립되어 / 그것은 발생시킬 수 있다 / 관계, 동반 상승 효과, 그리고 충돌을 //

❷ [Almond growers in Southern California, / {where little water is available}], / inevitably find themselves clashing with other food industries / [to secure water rights]. //
(주어부 / 관계절(Southern California를 부가적으로 설명) / find+재귀대명사+-ing: ~하는 상황에 놓였음을 알게 되다 / to부정사구(목적))
남부 캘리포니아의 아몬드 재배자들은 / 사용할 수 있는 물이 적은 / 필연적으로 다른 식품 산업과 충돌하는 상황에 놓이게 된다 / 용수권(用水權) 확보를 위해 //

❸ [The runoff of fertilizers from agricultural fields / {that flows into rivers and eventually to the sea}] / may create / [sustainability issues for industries / such as fish farming or fishing]. //
(주어 / 관계절 / create의 목적어)
농경지에서 나오는 비료의 유입물이 / 강으로 그리고 결국 바다로 흘러 들어가는 / 발생시킬 수도 있다 / 산업의 지속 가능성 문제를 / 물고기 양식업이나 어업과 같은 //

❹ However, farmers / [who use fertilizers / {to increase their yields and improve their incomes}] / do not cover / [the expenses / {necessary to clean polluted waters}]. //
(관계절 / to부정사구(목적) / cover의 목적어 / 형용사구)
그러나 농부들은 / 비료를 사용하는 / 수확량을 늘리고 소득을 증가시키기 위해 / 지불하지 않는다 / 비용을 / 강이나 바다의 오염된 물을 정화하는 데 필요한 //

❺ These examples show / [how {productive factors in one supply network} / can easily turn into / negative externalities in others]. //
(show의 목적어(명사절) / 명사절의 주어 / ~로 바뀌다)
이러한 사례는 보여 준다 / 한 공급망의 생산적인 요소가 어떻게 / 쉽게 바뀔 수 있는지를 / 다른 공급망에서 부정적 외부 효과로 //

❻ By *negative externalities*, / economists and environmental experts mean / [the side effects / {caused by one industry} / {that are not taken into account / in determining its costs of operation}, / such as pollution and public health issues / {generated / by the production or consumption of certain goods}]. //
(mean의 목적어 / 분사구 / 관계절 / 분사구)
'부정적 외부 효과'라는 말로써 / 경제학자와 환경 전문가가 의미하는 바는 / 부작용이다 / 한 산업에 의해 초래된 / 고려되지 않은 / 운영 비용을 결정할 때 / 오염 및 공중 보건 문제와 같이 / 발생하는 / 특정 재화의 생산 또는 소비로 인해 //

❼ By not having to pay / [to take care of these side effects], / an industry can keep its prices low, / [transferring costs to other actors or industries / {that unwillingly find themselves / 〈dealing with the externalities〉 and, often, 〈picking up the tab〉}]. //
(By -ing: ~함으로써 / to부정사구(목적) / keep+목적어+목적격 보어: ~을 …으로 유지하다 / 분사구문(an industry가 의미상 주어) / 관계절 / 병렬 구조(find의 목적격 보어))
비용을 지불할 필요가 없게 됨으로써 / 이러한 부작용을 처리하기 위해 / 한 산업은 가격을 낮게 유지할 수 있으며 / 다른 행위자나 산업에 비용을 전가한다 / 마지못해 ~이라는 상황에 놓이는 / 외부 효과를 처리하고, 많은 경우, 그 비용을 지불하는 //

* runoff: 유입(물), 유거수 ** externality: 외부 효과 *** pick up the tab: 비용을 지불하다

어휘

- ☐ **synergy** 동반 상승 효과
- ☐ **clash with** ~과 충돌하다
- ☐ **secure** 확보하다
- ☐ **fertilizer** 비료
- ☐ **sustainability** 지속 가능성
- ☐ **yield** 수확량, 산출물
- ☐ **determine** 결정하다, 알아내다
- ☐ **unwillingly** 마지못해

글의 흐름 파악

주제(❶)	예시 1(❷)	예시 2(❸~❺)	부연(❻~❼)
공급망 사이의 관계	공급망 간의 충돌 1	공급망 간의 충돌 2	부정적 외부 효과 처리 비용 전가
서로 고립되어 있지 않고 연결되어 있어서 동반 상승 효과와 충돌이 발생함	물이 부족한 상황에서 아몬드 재배자와 다른 식품 산업 간의 용수권을 둘러싼 충돌이 발생함	농업으로 발생하는 비료의 유입물이 바다로 흘러 들어가 양식업과 어업에 부정적 영향을 미침 → 그러나 비료를 사용하는 농부들은 오염된 물에 대한 정화 비용을 지불하지 않음	한 산업이 운영 비용을 결정할 때 고려되지 않은 부작용인 부정적 외부 효과 → 부정적 외부 효과로 발생하는 비용을 직접 처리하지 않고 다른 곳에 전가하는 상황이 발생함

전문 해석

❶공급망은 서로 고립되어 작동하지 않기 때문에 관계, 동반 상승 효과, 그리고 충돌을 발생시킬 수 있다. ❷사용할 수 있는 물이 적은 남부 캘리포니아의 아몬드 재배자들은 필연적으로 용수권(用水權) 확보를 위해 다른 식품 산업과 충돌하는 상황에 놓이게 된다. ❸농경지에서 나와 강으로 그리고 결국 바다로 흘러 들어가는 비료의 유입물이 물고기 양식업이나 어업과 같은 산업의 지속 가능성 문제를 발생시킬 수도 있다. ❹그러나 수확량을 늘리고 소득을 증가시키기 위해 비료를 사용하는 농부들은 강이나 바다의 오염된 물을 정화하는 데 필요한 비용을 지불하지 않는다. ❺이러한 사례는 한 공급망의 생산적인 요소가 다른 공급망에서 어떻게 부정적 외부 효과로 쉽게 바뀔 수 있는지를 보여 준다. ❻'부정적 외부 효과'라는 말로써 경제학자와 환경 전문가가 의미하는 바는 특정 재화의 생산 또는 소비로 인해 발생하는 오염 및 공중 보건 문제와 같이, 운영 비용을 결정할 때 고려되지 않은 한 산업에 의해 초래된 부작용이다. ❼이러한 부작용을 처리하기 위해 비용을 지불할 필요가 없게 됨으로써 한 산업은 가격을 낮게 유지할 수 있으며, 마지못해 외부 효과를 처리하고, 많은 경우, 그 비용을 지불하는 상황에 놓이는 다른 행위자나 산업에 비용을 전가한다.

구문 해설

❷ [Almond growers in Southern California, {where little water is available}], inevitably **find themselves clashing** with other food industries [to secure water rights].

첫 번째 [ ]는 문장의 주어부이고, { }는 Southern California를 부가적으로 설명하는 관계절이다. 「find+재귀대명사+-ing」 구문은 '~하는 상황에 놓였음을 알게 되다'라는 뜻을 나타내며, 두 번째 [ ]는 목적의 의미를 나타내는 to부정사구이다.

❻ By *negative externalities*, economists and environmental experts mean [the side effects {caused by one industry} {that are not taken into account in determining its costs of operation}, such as pollution and public health issues {generated by the production or consumption of certain goods}].

[ ]는 mean의 목적어이다. 첫 번째 { }는 the side effects를 수식하는 분사구이며, 두 번째 { }는 the side effects caused by one industry를 수식하는 관계절이다. 세 번째 { }는 pollution and public health issues를 수식하는 분사구이다.

Quick Check 적절한 말 고르기

1. The runoff of fertilizers from agricultural fields that [flow / flows] into rivers and eventually to the sea may create sustainability issues for industries such as fish farming or fishing.
2. By not having to pay to take care of the side effects of operation, an industry can keep its prices low, transferring costs to other actors or industries that are [eager / unwilling] to deal with the externalities and pay for their costs.

정답 1. flows 2. unwilling

2번 행성 탐사차에 대한 자율성 부여

| Keywords | rovers, Mars, communication, autonomy, flexibility, human intervention

병렬 구조(have에 이어짐)

1 Rovers have [made important discoveries on] / and [increased our understanding of] /
행성 탐사차는 ~에서 중요한 발견을 했다 / 그리고 ~에 대한 우리의 이해를 높였다 /

전치사 on과 of의 공통 목적어 / 주어

Mars. // 2 However, / [a major obstacle to scientific exploration] / has been the
화성 // 그러나 / 과학 탐사에 중대한 장애는 / 통신 연결이었다 /

It takes+시간 표현+to *do*: ~하는 데 …의 시간이 걸리다

communication link / between the rover and the operations team on Earth. // 3 It can
탐사차와 지구의 운용팀 간의 // 30분이나

의미상의 주어

take as much as half an hour / [for sensor information to be sent from Mars to Earth] /
걸릴 수 있다 / 센서 정보가 화성에서 지구로 전송되는 데 /

병렬 구조(and로 연결) / 의미상의 주어

and [for commands to be sent from Earth to Mars]. // 4 In addition, / guidance to rovers /
그리고 명령이 지구에서 화성으로 전송되는 데 // 게다가 / 탐사차에 대한 유도는 /

사전에 / 부사절(이유)

needs to be planned in advance / [because there are limited upload and download
사전에 계획해야 한다 / 화성과의 (정보) 업로드 및 다운로드 시간대가 제한되어 있어서 /

부사구(이유) / 분사구

windows with Mars / {due to the positions of orbiters / ⟨serving as information relays
궤도 선회 우주선의 위치로 인해 / 행성 간 정보 중계 역할을 하는 //

suggested의 목적어(명사절)

between the planets⟩}]. // 5 Recent research has suggested / [that {the efficiency of
최근 연구는 시사했다 / 과학 탐사 임무 비행의 효율성은 /

명사절의 주어 / (증감 규모가) ~ 배

science exploration missions} / can be improved / by a factor of five / through the
향상될 수 있다는 것을 / 다섯 배 / 더 높은 수준의 자율성

introduction of greater levels of autonomy]. // 6 Human operators would still provide /
도입을 통해 // 인간 운용자는 여전히 제공할 것이다 /

provide의 목적어

[high-level guidance on mission objectives], / but the rover would have the flexibility /
임무 비행 목표에 대한 높은 수준의 유도를 / 하지만 탐사차는 유연성을 갖게 될 것이다 /

to부정사구(형용사적 용법) / 분사구문(the rover가 의미상 주어)

[to select its own science targets / {using the most up-to-date information}]. // 7 In
자체적으로 과학 (탐사) 목표물을 선택할 수 있는 / 가장 최신의 정보를 사용하여 //

형식상의 주어 / 내용상의 주어 / to부정사구의 의미상의 주어

addition, / it would be desirable / [for rovers / to respond appropriately / to various
게다가 / 바람직할 것이다 / 탐사차가 / 적절히 대응하는 것이 / 다양한 위험과

hazards and system failures / without human intervention]. //
시스템 고장에 대해 / 인간의 개입 없이도 //

* rover: (행성) 탐사차 ** window: (한정) 시간대, (잠깐의) 기회 *** orbiter: 궤도 선회 우주선

어휘

- □ obstacle 장애(물)
- □ operation 운용, 작동
- □ in advance 사전에, 미리
- □ relay 중계
- □ efficiency 효율성
- □ exploration 탐사, 탐험
- □ mission 임무 (비행)
- □ by a factor of (증감 규모가) ~ 배(倍)
- □ introduction 도입
- □ autonomy 자율성
- □ objective 목표
- □ flexibility 유연성
- □ up-to-date 최신의
- □ hazard 위험
- □ intervention 개입

글의 흐름 파악

도입 및 문제 제기(❶~❷)		부연(❸~❹)		해결책(❺~❼)
화성 행성 탐사차		통신 연결에서의 장애		더 높은 수준의 자율성을 탐사차에 도입
화성에서 중요한 발견을 하고 화성에 대한 이해를 높이는 데 도움이 되었으나 탐사차와 지구의 운용팀 간의 통신 연결에 있어서 중대한 장애가 있었음	➡	화성과 지구 간에 정보와 명령을 보내고 받는 데 30분이나 소요됨 → (정보의) 업로드 및 다운로드 시간대가 제한되어 있어서 탐사차에 대한 유도는 사전에 계획해야 함	➡	효율성을 다섯 배 향상할 수 있음 → 탐사차가 최신 정보를 사용하여 탐사 목표물을 자체적으로 선택하고, 위험과 시스템 고장에 인간의 개입 없이도 적절히 대응함

전문 해석

❶행성 탐사차는 화성에서 중요한 발견을 하고 화성에 대한 우리의 이해를 높였다. ❷그러나 과학 탐사에 중대한 장애는 탐사차와 지구의 운용팀 간의 통신 연결이었다. ❸센서 정보가 화성에서 지구로 전송되고 명령이 지구에서 화성으로 전송되는 데 30분이나 걸릴 수 있다. ❹게다가 행성 간 정보 중계 역할을 하는 궤도 선회 우주선의 위치로 인해 화성과의 (정보) 업로드 및 다운로드 시간대가 제한되어 있어서 탐사차에 대한 유도는 사전에 계획해야 한다. ❺최근 연구는 더 높은 수준의 자율성 도입을 통해 과학 탐사 임무 비행의 효율성을 다섯 배 향상할 수 있다는 점을 시사했다. ❻인간 운용자는 여전히 임무 비행 목표에 대한 높은 수준의 유도를 제공하겠지만, 탐사차는 가장 최신의 정보를 사용하여 자체적으로 과학 (탐사) 목표물을 선택할 수 있는 유연성을 갖게 될 것이다. ❼게다가 인간의 개입 없이도 다양한 위험과 시스템 고장에 대해 탐사차가 적절히 대응하는 것이 바람직할 것이다.

배경 지식

궤도 선회 우주선(orbiter)

궤도 선회 우주선은 행성이나 위성의 주위를 공전하는 우주선으로, 주로 행성이나 위성의 표면, 대기, 자기장 등을 관측하거나, 행성이나 위성에 착륙하는 탐사선을 지원하기 위한 목적으로 사용된다. 궤도 선회 우주선은 일반적으로 대형 탐사선에 비해 상대적으로 작고 가벼우며, 장기간의 임무 수행이 가능하다.

구문 해설

❹ In addition, guidance to rovers needs to be planned in advance [because there are limited upload and download windows with Mars {due to the positions of orbiters 〈serving as information relays between the planets〉}].

[ ]는 이유의 의미를 나타내는 부사절이다. { }는 이유의 의미를 나타내는 부사구이고, 〈 〉는 orbiters를 수식하는 분사구이다.

❻ Human operators would still provide [high-level guidance on mission objectives], but the rover would have the flexibility [to select its own science targets {using the most up-to-date information}].

첫 번째 [ ]는 provide의 목적어 역할을 하는 명사구이다. 두 번째 [ ]는 the flexibility를 수식하는 to부정사구이고, { }는 the rover를 의미상 주어로 하는 분사구문이다.

Quick Check 적절한 말 고르기 / T, F 고르기

1. It can take as much as half an hour for sensor information to [send / be sent] from Mars to Earth.
2. The efficiency of space exploration missions using rovers can be greatly improved by handing over the control of the rovers to humans. [T / F]

정답 1. be sent 2. F

3번 12강

토착 집단이 직면한 기후 불평등

| Keywords | climate injustice, framing, indigenous peoples, marginalization

[1] [One form of climate injustice] / arises from / the way / [that {scientists and other climate activists} / have tried to motivate / personal action or policy change / {to reduce climate-forcing emissions}]. // [2] The call to action on climate / is almost always sounded / as an appeal / [to save the world from environmental disaster]. // [3] [This way of framing the ethical issues] / ignores / [the fact / {that for many poor and indigenous peoples around the world, / the disaster has already occurred}]. // [4] They are currently involved in / [{picking up the pieces} / and {adapting to a world / ⟨in which their traditional ways of life / are no longer possible⟩}]. // [5] In presenting climate justice / as the attempt / [to avoid some future disaster], / climate activists fail to recognize / [the plight of people / {who are suffering today}]. // [6] This is a failure of justice in recognition / [that ignores and even conceals / injustices / {currently being suffered by indigenous groups}]. // [7] It continues / a pattern of marginalization / [that such groups have experienced / {since the early days of colonization}]. //

기후 불평등의 한 형태는 / ~에서 발생한다 / 방식 / 과학자들과 다른 기후 운동가들이 / 유도하려고 노력해 온 / 개인의 행동이나 정책 변화를 / 지구 기후에 영향을 미치는 배출물을 줄이기 위해 // 기후에 대한 행동을 하라는 외침은 / 거의 항상 들린다 / 호소로서 / 환경 재앙으로부터 세상을 구해 달라는 // 이러한 방식으로 윤리적 문제를 표현하는 것은 / 무시한다 / 사실을 / 전 세계의 많은 빈곤한 토착민들에게는 / 재앙이 이미 발생했다는 // 현재 그들은 ~에 휘말려 있다 / 상황을 수습하는 것 / 그리고 세상에 적응하는 것 / 자신들의 전통적인 삶의 방식이 / 더 이상 실현 가능하지 않은 // 기후 정의를 제시할 때 / 시도로 / 미래의 어떤 재앙을 피하려는 / 기후 운동가들은 인식하지 못한다 / 사람들의 곤경을 / 현재 고통받는 // 이것은 인식 차원에서의 정의의 실패이다 / 무시하고 심지어 은폐하는 / 불평등을 / 현재 토착 집단이 겪고 있는 // 그것은 지속시킨다 / 소외의 패턴을 / 이러한 집단들이 겪어 온 / 식민화 초기부터 //

(문법 주석: [1] 주어 / 관계절 / 관계절의 주어 / to부정사구(목적) — [2] to부정사구(형용사적 용법) — [3] 주어 / ignores의 목적어 / 동격 관계 / 술어 동사(way와 수 일치) — [4] in의 목적어 / 병렬 구조(and로 연결) / 관계절 / 관계절의 술어 동사(ways와 수 일치) — [5] to부정사구(형용사적 용법) / recognize의 목적어 / 관계절 — [6] 관계절 / 분사구 / 진행형 수동(being p.p.) — [7] 관계절 / 부사구(시간))

* indigenous: 토착의 ** plight: 곤경, 역경 *** marginalization: 소외

어휘

- □ injustice 불평등, 부당함
- □ motivate 유도하다, 동기를 부여하다
- □ climate-forcing 지구 기후에 영향을 미치는
- □ appeal 호소
- □ frame 표현하다
- □ pick up the pieces 상황을 수습하다, 정상으로 돌아가도록 하다
- □ adapt 적응하다
- □ recognition 인식
- □ conceal 은폐하다, 감추다
- □ colonization 식민화

글의 흐름 파악

문제 제기(❶~❷)		부연 1(❸~❹)		부연 2(❺~❼)
기후 불평등의 한 형태		기후 변화가 현재 토착민에게 미치는 영향		기후 정의를 제시하는 방법의 문제점
과학자나 기후 운동가들이 개인의 행동이나 정책 변화를 유도하는 방식에서 발생함 → 미래에 아직 발생하지 않은 재앙으로부터 세상을 구해 달라는 호소로 들림	➜	• 전 세계의 많은 빈곤한 토착민은 이미 기후 변화로 인한 재앙을 겪고 있음 • 토착민들은 이미 전통적인 삶의 방식을 실현할 수 없는 세상에 살고 있음	➜	기후 정의를 미래의 재앙을 피하려는 시도로 제시하는 과정에서 현재 고통받는 사람들의 곤경을 인식하지 못함 → 토착 집단이 겪는 불평등을 무시하고 이러한 집단이 겪어 온 소외를 지속시킴

전문 해석

❶기후 불평등의 한 형태는 과학자들과 다른 기후 운동가들이 지구 기후에 영향을 미치는 배출물을 줄이기 위해 개인의 행동이나 정책 변화를 유도하려고 노력해 온 방식에서 발생한다. ❷기후에 대한 행동을 하라는 외침은 거의 항상 환경 재앙으로부터 세상을 구해 달라는 호소로서 들린다. ❸이러한 방식으로 윤리적 문제를 표현하는 것은 전 세계의 많은 빈곤한 토착민들에게는 재앙이 이미 발생했다는 사실을 무시한다. ❹현재 그들은 상황을 수습하고 자신들의 전통적인 삶의 방식이 더 이상 실현 가능하지 않은 세상에 적응하는 데 휘말려 있다. ❺기후 정의를 미래의 어떤 재앙을 피하려는 시도로 제시할 때, 기후 운동가들은 현재 고통받는 사람들의 곤경을 인식하지 못한다. ❻이는 현재 토착 집단이 겪고 있는 불평등을 무시하고 심지어 은폐하는 인식 차원에서의 정의의 실패이다. ❼그것은 식민화 초기부터 이러한 집단들이 겪어 온 소외의 패턴을 지속시킨다.

구문 해설

❸ [This **way** of framing the ethical issues] **ignores** [the fact {that for many poor and indigenous peoples around the world, the disaster has already occurred}].

첫 번째 [ ]는 문장의 주어로 주어의 핵심어가 way이므로 단수 동사 ignores가 사용되었다. 두 번째 [ ]는 ignores의 목적어 역할을 하는 명사구이고, { }는 the fact의 구체적인 내용을 설명하는 동격절이다.

❻ This is a failure of justice in recognition [that ignores and even conceals {injustices 〈currently **being suffered** by indigenous groups〉}].

[ ]는 a failure of justice in recognition을 수식하는 관계절이고, { }는 ignores와 conceals의 공통 목적어이다. 〈 〉는 injustices를 수식하는 분사구인데, injustice가 suffer의 주체가 아닌 대상이고 현재에도 불평등을 겪고 있는 상황이 계속되고 있으므로 진행형 수동의 의미를 나타내는 being p.p.가 사용되었다.

Quick Check T, F 고르기 / 적절한 말 고르기

1. The description of the climate crisis as a future possibility neglects the reality that numerous indigenous people are currently facing the negative consequences of climate change. T / F

2. It continues a pattern of marginalization that / what such groups have experienced since the early days of colonization.

정답 1. T 2. that

4번 12강

자기 조절과 자유 의지

| Keywords | self-regulation, free will, impulse, overriding, survive and reproduce

→ qualify as: ~로서의 자격을 가지다

❶Self-regulation / should qualify almost by definition as / at least a limited form of free

자기 조절은 / 거의 당연히 ~로서의 자격을 가져야 한다 / 적어도 제한된 형태의 자유 의지 //

→ ~할 수밖에 없다

will. // ❷That is, / without self-regulation, / the organism cannot help but act on / the

즉 / 자기 조절이 없으면 / 유기체는 ~에 따라 행동할 수밖에 없다 / 첫 번째

관계절 → ~에 대한 반응으로

first or strongest impulse / [that arises in response to a situation]. // ❸With self-

또는 가장 강한 충동 / 상황에 대한 반응으로 발생하는 // 자기 조절이

분사구문 ← → allow+목적어+to *do*: ~이 …하도록 하다

regulation, / the organism can override that response, / [allowing a different impulse or

있으면 / 유기체는 그 반응을 중단할 수 있다 / 다른 충동이나 반응이 대신하도록 할 수 있다 //

→ 주어(동명사구)

response to take over]. // ❹[Overriding the first response] / [frees the person from /

첫 번째 반응을 중단시키는 것은 / 그 사람이 ~로부터 자유롭게 한다 /

→ from의 목적어(동명사구) 병렬 구조(and로 연결되는 술어부)

{having to respond / in that particular way}] / and, [if only briefly, / creates a gap or

대응해야 하는 것 / 그런 특정 방식으로 / 그리고 잠깐만이라도 / 틈이나 불확실성을 만들어

관계절

uncertainty / {that opens the door for other possibilities}]. // ❺This is not to say / [that

준다 / 다른 가능성을 열어 주는 // 그렇다고 해서 ~이라는 것은 아니다 /

병렬 구조(or로 연결되는 say의 목적어)

the eventual response is necessarily better than the first] / or [that it is itself not the

최종적인 반응이 반드시 첫 번째 반응보다 낫다는 것 / 또는 그 자체가 ~의 산물이 아니라는 /

→ 주어 → of의 목적어

product of / an inner causal sequence of responses]. // ❻But [the fact of / {changing

일련의 연속적인 내적 인과 관계 반응 // 그러나 사실은 / 첫 번째 반응으로부터

away from the first / to enable the second}] / should constitute a kind of freedom, / and

벗어나 변화해 / 두 번째 반응을 가능하게 한다는 / 일종의 자유가 되는 것으로 여겨져야 하며 그리고

→ 그런 것으로서 관계절

it would almost certainly be recognized as such. // ❼And humans / [who could exert

그것은 거의 확실하게 그런 것으로서 인정될 것이다 // 그리고 인간은 / 그 정도의 자유 의지를

관계절 → in order to *do*: ~하기 위해

that much free will], / [who could override one response / in order to permit another], /

발휘할 수 있는 / 하나의 반응을 중단할 수 있는 / 다른 반응을 허용하기 위해 /

관계절

would probably survive and reproduce / better than their rivals / [who couldn't]. //

아마도 생존하고 번식할 것이다 / 경쟁자보다 더 잘 / 그렇지 못한 //

* override: 중단시키다, 무시하다

어휘

- □ qualify as ~로서의 자격을 가지다
- □ free will 자유 의지
- □ briefly 잠깐
- □ necessarily 반드시
- □ sequence (일련의) 연속적인 사건들, 귀결
- □ as such 그런 것으로서
- □ permit 허용하다
- □ by definition 당연히, 정의상
- □ impulse 충동
- □ eventual 최종적인
- □ causal 인과 관계의
- □ constitute ~이 되는 것으로 여겨지다, 구성하다
- □ exert 발휘하다
- □ reproduce 번식하다, 생식하다

글의 흐름 파악

도입(❶~❷)		부연 1(❸~❹)		부연 2(❺~❼)
자기 조절과 자유 의지		충동 반응을 중단시키는 자기 조절		반응을 중단시키고 다른 반응을 허용할 수 있음의 의미
자기 조절은 제한된 형태의 자유 의지의 자격을 가짐 → 자기 조절이 없으면 첫 번째 또는 가장 강한 충동에 따라 행동할 수밖에 없음	➜	• 자기 조절은 충동적 반응을 중단시키고 다른 충동이나 반응이 대신하도록 함 • 특정 방식으로만 대응하는 것으로부터 자유롭게 하고 다른 가능성을 열어 줌	➜	최종적인 반응이 반드시 첫 번째 반응보다 낫지 않을 수도 있음 → 하지만 변화가 가능하다는 것 자체가 일종의 자유이며, 자유 의지를 발휘하여 하나의 반응을 중단하고 다른 반응을 허용할 수 있는 인간이 생존과 번식에 더 유리함

전문 해석

❶자기 조절은 거의 당연히 적어도 제한된 형태의 자유 의지로서의 자격을 가져야 한다. ❷즉, 자기 조절이 없으면 유기체는 상황에 대한 반응으로 발생하는 첫 번째 또는 가장 강한 충동에 따라 행동할 수밖에 없다. ❸자기 조절이 있으면 유기체는 그 반응을 중단하고 다른 충동이나 반응이 대신하도록 할 수 있다. ❹첫 번째 반응을 중단시키는 것은 그 사람이 그런 특정 방식으로 대응해야 하는 것으로부터 자유롭게 하고, 그리고 잠깐만이라도 다른 가능성을 열어 주는 틈이나 불확실성을 만들어 준다. ❺그렇다고 해서 최종적인 반응이 반드시 첫 번째 반응보다 낫다거나, 그 자체가 일련의 연속적인 내적 인과 관계 반응의 산물이 아니라는 것은 아니다. ❻그러나 첫 번째 반응으로부터 벗어나 변화해 두 번째 반응을 가능하게 한다는 사실은 일종의 자유가 되는 것으로 여겨져야 하며, 그것은 거의 확실하게 그런 것으로서 인정될 것이다. ❼그리고 그 정도의 자유 의지를 발휘할 수 있고, 다른 반응을 허용하기 위해 하나의 반응을 중단할 수 있는 인간은 그렇지 못한 경쟁자보다 아마도 더 잘 생존하고 번식할 것이다.

구문 해설

❷ That is, without self-regulation, the organism **cannot help but act on** the first or strongest impulse [that arises in response to a situation].

'~할 수밖에 없다'라는 의미를 나타내는 「cannot help but+동사원형」이 사용되고 있다. [ ]는 the first or strongest impulse를 수식하는 관계절이다.

❹ [Overriding the first response] [**frees** the person from {having to respond in that particular way}] and, [if only briefly, **creates** a gap or uncertainty {that opens the door for other possibilities}].

첫 번째 [ ]는 문장의 주어 역할을 하는 동명사구이다. 두 번째와 세 번째 [ ]는 and로 연결되어 첫 번째 [ ]에 이어지는데, 동명사구로 사용된 주어에 호응하여 각각 단수 동사 frees와 creates가 사용되었다. 첫 번째 { }는 전치사 from의 목적어 역할을 하는 동명사구이고, 두 번째 { }는 a gap or uncertainty를 수식하는 관계절이다.

Quick Check T, F 고르기 / 적절한 말 고르기

1. Self-regulation allows us to make choices that are contrary to the strongest impulse that would result from a given situation. T / F
2. This is not to say that the eventual response is necessarily better than the first or that / what it is itself not the product of an inner causal sequence of responses.

정답 1. T 2. that

8번 12강

협상에서 상대를 이해해야 할 필요성

| Keywords | negotiation, tactics, adversary

about의 목적어 1 / 관계절

[1]Before you even think / about [the ploys / {you may encounter / in a negotiation}] /
여러분이 생각하기도 전에 / 책략에 관해 / 여러분이 맞닥뜨릴 수도 있는 / 협상에서 /

관계절 / 병렬 구조(to부정사구(목적))

and [the tactics / {you may need to use / ⟨to counter those ploys⟩ / and ⟨to achieve your
그리고 전략(에 관해) / 여러분이 사용해야 할 수도 있는 / 그러한 책략에 대응하기 위해 / 그리고 여러분의 협상 목표를 달성

about의 목적어 2 / know의 목적어(명사절)

negotiation objectives⟩}], / you need to know / [who and what you're up against]. //
하기 위해 / 여러분은 알아야 한다 / 누구를 그리고 무엇을 상대하고 있는지 //

[2]Negotiations are / 60% planning and preparation, / 20% negotiating, / and 20% timing, /
협상은 이루어진다 / 60퍼센트의 계획과 준비 / 20퍼센트의 협상 / 그리고 20퍼센트의 타이밍으로 /

주어(동명사구) / 동격 관계

so [making the investment / in understanding {your worthy adversary}, / {the vendor}], /
그러므로 투자하는 것은 / 여러분의 훌륭한 적수를 이해하는 데 / 매도인 /

부사절(양보) / 조동사(추측)

is a clear choice. // [3][While "adversary" may be a strong term / in this era of "win-win," /
분명한 선택이다 // '적수'는 강한 용어일 수도 있지만 / 현재의 '윈윈' 시대에서는 /

아무리 ~하더라도

— no matter how much you spin it] / — vendors definitely have competing objectives /
아무리 그럴듯하게 표현하더라도 / 매도인은 확실히 상충하는 목표를 갖고 있다 /

with contract professionals / such as yourself. // [4][Vendors want to maximize revenue], /
계약 전문가들과 / 여러분과 같은 // 매도인은 수익을 극대화하기를 원한다 /

병렬 구조

and [you only want to pay / a fair price]. // [5][Vendors want to minimize their risk / under
그리고 여러분은 다만 지불하기를 원한다 / 정당한 가격을 // 매도인은 자신의 위험을 최소화하기를 원한다 / 계약서에

병렬 구조 / want+목적어+to *do*: ~이 …하기를 원하다

a contract], / and [you want the vendor / to bear a reasonable amount of the risk]. //
따라 / 그리고 여러분은 매도인이 ~하기를 원한다 / 합당한 양의 위험을 부담하기 //

병렬 구조 / 주어(대명사)

[6][Vendors want to be flexible] / and [you want commitments / in writing]. // [7]And that's
매도인은 융통성이 있기를 원한다 / 그리고 여러분은 약속을 원한다 / 서면으로 된 // 그리고 그것은 단지

just a few / of the conflicting goals. //
몇 가지에 불과하다 / 상충하는 목표 중 //

* ploy: 책략 ** vendor: 매도인 *** spin: 그럴듯하게 표현하다

어휘

- □ encounter 맞닥뜨리다, 부딪히다
- □ negotiation 협상
- □ tactic 전략, 전술
- □ objective 목표
- □ be up against ~을 상대하다, ~에 직면하다
- □ investment 투자
- □ adversary 적수, 상대
- □ term 용어
- □ era 시대
- □ contract 계약(서)
- □ revenue 수익
- □ commitment 약속
- □ conflicting 상충하는, 대립하는

글의 흐름 파악

도입(❶~❷)	전개(❸~❻)	마무리(❼)
상대를 알아야 할 필요성	매도인의 목표	서로 상충하는 목표
협상에서 가장 우선적으로 상대를 알아야 할 필요가 있음	매도인은 계약 전문가들과 상충하는 목표를 갖고 있음	그것은 일부에 불과함

전문 해석

❶협상에서 맞닥뜨릴 수도 있는 책략과 그러한 책략에 대응하고 여러분의 협상 목표를 달성하기 위해 사용해야 할 수도 있는 전략에 관해 생각하기도 전에, 여러분은 누구를 그리고 무엇을 상대하고 있는지 알아야 한다. ❷협상은 60퍼센트의 계획과 준비, 20퍼센트의 협상, 그리고 20퍼센트의 타이밍으로 이루어지므로, 여러분의 훌륭한 적수인 매도인을 이해하는 데 투자하는 것은 분명한 선택이다. ❸'적수'는 — 아무리 그럴듯하게 표현하더라도 — 현재의 '윈윈' 시대에서는 강한 용어일 수도 있지만, 매도인은 확실히 여러분과 같은 계약 전문가들과 상충하는 목표를 갖고 있다. ❹매도인은 수익을 극대화하기를 원하며, 여러분은 다만 정당한 가격을 지불하기를 원한다. ❺매도인은 계약서에 따라 자신의 위험을 최소화하기를 원하고, 여러분은 매도인이 합당한 양의 위험을 부담하기를 원한다. ❻매도인은 융통성이 있기를 원하고 여러분은 서면으로 된 약속을 원한다. ❼그리고 그것은 상충하는 목표 중 단지 몇 가지에 불과하다.

구문 해설

❸ While "adversary" may be a strong term in this era of "win-win," — [**no matter how** much you spin it] — vendors definitely have competing objectives with contract professionals such as yourself.

[ ]는 문장에 삽입된 양보의 부사절이며, 「no matter how ~」는 '아무리 ~하더라도'로 해석된다.

❹ [Vendors want to maximize revenue], and [you only want to pay a fair price].

두 개의 [ ]는 의미상 대조를 이룬다.

Quick Check 세부 내용 파악하기

1. To achieve your negotiation objectives, you need to understand your ____________.

① goals ② adversary ③ contract ④ character

2. Vendors and contract professionals have ____________ objectives.

① negotiable ② risky ③ conflicting ④ reasonable

정답 1. ② 2. ③

9번 인간의 비타민 C 섭취

12강

| Keywords | vitamin, component, diet, enzyme, synthesize, mutation

[1] Ascorbic acid, or vitamin C, / is an essential component of the human diet. // [2] Yet [your cat, your dog or your sheep, goat, or pet rat] / doesn't have the same need to consume it in their food. // [3] They can make it themselves, / [having the necessary enzymes to synthesize it]. // [4] The reason [why it is a vitamin for humans] is [that, / sometime in our primate past, / our ancestors lost the enzyme / {required to synthesize ascorbic acid}]. // [5] This ancestor wasn't careless; / it didn't actually *lose* the enzyme. // [6] Rather, / there was a mutation / in the gene for the particular enzyme, / and this change in the gene altered the enzyme's structure, / such that it was no longer able to do its job / of [making ascorbic acid molecules]. // [7] However, / [although it could no longer make ascorbic acid molecules], / there was no disadvantage to this ancestor / because it was already consuming / plenty of ascorbic acid in its food. // [8] At that particular time, / ascorbic acid went / from [being an optional component of this animal's diet] to [being an essential component]. // [9] This was the moment / [that ascorbic acid became vitamin C]. //

아스코르브산, 즉 비타민 C는 / 인간 식단의 필수적인 구성 요소이다 // 하지만 여러분의 고양이, 여러분의 개 혹은 여러분의 양이나 염소나 애완용 쥐는 / 똑같이 자기 먹이에서 그것을 섭취할 필요가 없다 // 그것들은 스스로 그것을 만들 수 있다 / 그것을 합성하기 위한 필수적 효소를 가지고 있으므로 // 그것이 인간에게 하나의 비타민인 이유는 ~ 때문이다 / 우리의 영장류 과거의 어느 때에 / 우리의 조상들이 효소를 상실했다 / 아스코르브산을 합성하기 위해 필요한 // 이 조상은 부주의한 것은 아니었는데 / 그는 실제로 그 효소를 '상실한' 것이 아니었다 // 오히려 / 돌연변이가 있었다 / 그 특정 효소를 만드는 유전자에 / 그리고 이 유전자 변화는 그 효소의 구조를 바꾸었다 / 그래서 그것은 자신의 일을 더 이상 할 수 없었다 / 아스코르브산 분자를 만드는 // 그러나 / 비록 그것이 더 이상 아스코르브산 분자를 만들 수는 없었지만 / 이 조상에게 불리한 점은 없었다 / 그는 이미 섭취하고 있었기 때문에 / 그의 음식에 들어 있는 많은 아스코르브산을 // 그 특정한 시기에 / 아스코르브산은 바뀌었다 / 이 동물 식단의 선택적인 구성 요소에서 필수적인 구성 요소로 // 이때가 순간이었다 / 아스코르브산이 비타민 C가 되는 //

Annotations: or → 즉; [your cat ... rat] → 주어; themselves → 재귀대명사(강조); [having ...] → 분사구문(이유); [why ...] → 관계절; [that, ...] → 주격 보어(명사절); {required ...} → 분사구; such that → 그래서(as a result of which), ~할 정도까지(to the extent that); [making ...] → of의 목적어(its job의 내용을 설명); [although ...] → 부사절(양보); from A to B: A에서 B로; [that ascorbic acid ...] → 관계절

* enzyme: 효소 ** synthesize: 합성하다 *** mutation: 돌연변이

어휘

- □ acid 산
- □ component 구성 요소
- □ diet 식단, 식사
- □ goat 염소
- □ consume 섭취하다, 먹다
- □ primate 영장류
- □ alter 바꾸다, 변경하다
- □ molecule 분자
- □ disadvantage 불리한 점
- □ optional 선택적인

글의 흐름 파악

요지(❶)	비교(❷~❸)	유래(❹~❾)
비타민 C 섭취	일부 동물과의 비교	인간의 비타민 C 필수 섭취의 유래
비타민 C는 인간 식단의 필수 요소임	고양이, 개, 양, 염소, 쥐는 체내 효소로 아스코르브산을 만들어 내므로 먹이로 섭취할 필요가 없음	• 영장류 조상이 아스코르브산 합성 효소를 상실함 • 유전자 돌연변이로 효소의 구조가 바뀌어서 아스코르브산 분자를 못 만들게 됨 • 음식에서 아스코르브산을 섭취하고 있었기에 불리한 점은 없었음 • 아스코르브산 섭취가 필수적 구성 요소로 됨

전문 해석

❶아스코르브산, 즉 비타민 C는 인간 식단의 필수적인 구성 요소이다. ❷하지만 여러분의 고양이, 여러분의 개 혹은 여러분의 양이나 염소나 애완용 쥐는 똑같이 자기 먹이에서 그것을 섭취할 필요가 없다. ❸그것들은 그것을 합성하기 위한 필수적 효소를 가지고 있으므로 스스로 그것을 만들 수 있다. ❹그것이 인간에게 하나의 비타민인 이유는, 우리의 영장류 과거의 어느 때에, 우리의 조상들이 아스코르브산을 합성하기 위해 필요한 효소를 상실했기 때문이다. ❺이 조상은 부주의한 것은 아니었는데, 그는 실제로 그 효소를 '상실한' 것이 아니었다. ❻오히려 그 특정 효소를 만드는 유전자에 돌연변이가 있었고, 이 유전자 변화는 그 효소의 구조를 바꾸어서, 그것은 아스코르브산 분자를 만드는 자신의 일을 더 이상 할 수 없었다. ❼그러나 비록 그것이 더 이상 아스코르브산 분자를 만들 수는 없었지만, 이 조상은 이미 그의 음식에 들어 있는 많은 아스코르브산을 섭취하고 있었기 때문에 그에게 불리한 점은 없었다. ❽그 특정한 시기에 아스코르브산은 이 동물 식단의 선택적인 구성 요소에서 필수적인 구성 요소로 바뀌었다. ❾이때가 아스코르브산이 비타민 C가 되는 순간이었다.

배경 지식

비타민 C(vitamin C)

비타민 C는 L-아스코르브산(L-ascorbic acid)이라고 부르기도 하는데, 거의 모든 과일과 채소에 들어 있다. 비타민 C 합성 효소를 가지고 있는 육식 동물은 자체적으로 체내에서 이것을 합성하기 때문에 채소와 과일을 먹지 않아도 되지만, 인간 등 비타민 C의 합성 효소가 없는 동물은 반드시 음식으로 섭취해야 한다. 비타민 C가 결핍되면 괴혈병을 일으키는데, 과거에 신선한 과일과 채소를 먹지 못하고 장기간 항해한 선원들이 괴혈병으로 사망한 사례가 많았다.

구문 해설

❸ They can make it **themselves,** [having the necessary enzymes to synthesize it].

themselves는 강조를 위해 쓰인 재귀대명사이다. [ ]는 분사구문으로 이유를 나타낸다.

❽ At that particular time, ascorbic acid went **from** [being an optional component of this animal's diet] **to** [being an essential component].

동명사구인 두 개의 [ ]는 「from A to B」의 구조에서 A, B의 역할을 하고 있다.

Quick Check T, F 고르기

1. Human beings need to consume vitamin C as an essential component of their diet. T / F

2. At some point in our primate past, our ancestors lost the enzyme needed to synthesize ascorbic acid. T / F

정답 1. T 2. T

10번 범주 지식에 대한 아이들의 사후 확신 편향

12강

| Keywords | novel, hindsight bias, category knowledge

taught의 간접목적어 / taught의 직접목적어 / novel facts about animals의 예시

❶One study taught / [four- and five-year-olds] / [novel facts about animals], / [such as
한 연구는 가르쳤다 / 네 살과 다섯 살짜리 아이들에게 / 동물에 대한 새로운 사실들을 / 호랑이 줄무늬가

that tiger stripes provide "camouflage."] // ❷Most of the children / did not know / any of
'위장'을 제공한다는 것과 같은 // 그 아이들의 대부분은 / 알지 못했다 / 그 사실들

(they were) / (were) asked의 목적어(명사절)

the facts, / yet [when^later asked / {how long they had known / the just-learned
중에서 아무것도 / 그러나 나중에 질문을 받았을 때 / 그들이 얼마나 오랫동안 알고 있었느냐는 / 막 배운 정보를 /

claimed의 목적어(명사절) / 병렬 구조 / ~하는 한

information}], / they often claimed / [they {had always known it} / or {had known / for as
그들은 흔히 주장했다 / 자신들이 그것을 항상 알고 있었다거나 / 혹은 알고 있었다고 / 기억할 수

부사구

long as they could remember}]. // ❸Adults can make similar mistakes / [through
있는 한 오랫동안 // 성인은 비슷한 실수를 할 수 있다 / '사후 확신 편향'을

실수하다 / 부사절

hindsight bias], / but children err / much more frequently. // ❹However, [even when
통해 / 하지만 아이들이 실수한다 / 훨씬 더 자주 // 그러나 아이들은 실패할 때도 /

reveal의 목적어

children fail], / they reveal / [sophisticated assumptions / about the nature of knowledge
그들은 드러낸다 / 정교한 가정을 / 지식 그 자체의 본질에 대한 //

재귀대명사(knowledge 강조) / commit의 목적어 / 비교 대상 1

itself]. // ❺They commit / [the "knew it all along" effect] / more often / [for statements /
그들은 저지른다 / '그럴 줄 알았어' 효과를 / 더 자주 / 진술에 대해 /

비교 대상 2 / statements about categories of things의 예시 문장

about categories of things] / than [for statements / about individuals] / ([Dogs get sick /
사물의 범주에 대한 / 진술보다 / 개체에 대한 / 개는 병에 걸린다 /

statements about individuals의 예시 문장

after eating carbamates] / vs. / [Last night, / this dog got sick / after eating carbamates]). //
카르밤산염을 먹고 나면 / 비교해 보라 / 어젯밤 / 이 개는 병에 걸렸다 / 카르밤산염을 먹은 후 //

reflects의 목적어 / 동격 관계 / be likely to *do*: ~할 가능성이 높다

❻This category effect reflects / [an early belief / {that category knowledge is more likely
이러한 범주 효과는 반영한다 / 초기 믿음을 / 범주 지식이 ~할 가능성이 더 높다는 /

부사절(조건) / think의 목적어(명사절)

to / be common knowledge}]. // ❼[If you think / {a certain kind of knowledge is more
일반적인 지식일 // 만약 여러분이 생각한다면 / 어떤 종류의 지식이 널리 공유될 가능성이 더 높다고 /

to부정사의 수동형(to be p.p) / assume의 목적어(명사절)

likely to be widely shared}], / you tend to assume / [you have always known it as well]. //
여러분은 가정하는 경향이 있다 / 또한 그것을 항상 알고 있었다고 //

=a certain kind of knowledge

* camouflage: 위장 ** carbamate: 카르밤산염

어휘

- □ **novel** 새로운
- □ **claim** 주장하다, 말하다
- □ **err** 실수하다
- □ **reveal** 드러내다, 밝히다
- □ **sophisticated** 정교한, 세련된
- □ **assumption** 가정
- □ **commit** 저지르다, 범하다

글의 흐름 파악

도입(❶~❸)	전개(❹~❺)	결론(❻~❼)
아이들이 보이는 사후 확신 편향	범주 지식에 더 자주 보이는 효과	범주 지식에 대해 보이는 아이들의 믿음
아이들에게 막 배운 정보를 얼마나 오랫동안 알고 있었느냐고 질문했을 때, 아이들은 자신들이 그것을 항상 알고 있었다거나 기억할 수 있는 한 오랫동안 알고 있었다고 주장함	아이들은 개체에 대한 진술보다 사물의 범주에 대한 진술에 대해 '그럴 줄 알았어' 효과를 더 자주 저지름	이러한 범주 효과는 범주 지식이 일반적인 지식일 가능성이 더 높다는 초기 믿음을 반영함

전문 해석

❶한 연구는 네 살과 다섯 살짜리 아이들에게 호랑이 줄무늬가 '위장'을 제공한다는 것과 같은 동물에 대한 새로운 사실들을 가르쳤다. ❷그 아이들의 대부분은 그 사실들 중에서 아무것도 알지 못했으나, 나중에 그들이 막 배운 정보를 얼마나 오랫동안 알고 있었느냐는 질문을 받았을 때, 그들은 흔히 자신들이 그것을 항상 알고 있었다거나 기억할 수 있는 한 오랫동안 알고 있었다고 주장했다. ❸성인은 '사후 확신 편향'을 통해 비슷한 실수를 할 수 있지만, 아이들이 훨씬 더 자주 실수한다. ❹그러나 아이들은 실패할 때도 지식 그 자체의 본질에 대한 정교한 가정을 드러낸다. ❺그들은 개체에 대한 진술보다 사물의 범주에 대한 진술에 대해 '그럴 줄 알았어' 효과를 더 자주 저지른다('개는 카르밤산염을 먹고 나면 병에 걸린다'와 '어젯밤 이 개는 카르밤산염을 먹은 후 병에 걸렸다'를 비교해 보라). ❻이러한 범주 효과는 범주 지식이 일반적인 지식일 가능성이 더 높다는 초기 믿음을 반영한다. ❼만약 여러분이 어떤 종류의 지식이 널리 공유될 가능성이 더 높다고 생각한다면, 여러분은 또한 그것을 항상 알고 있었다고 가정하는 경향이 있다.

구문 해설

❹ However, [even when children fail], [they reveal {sophisticated assumptions about the nature of knowledge itself}].

첫 번째 [ ]는 시간의 부사절이고, 두 번째 [ ]는 주절이다. { }는 reveal의 목적어 역할을 한다.

❼ If you think [a certain kind of knowledge is more likely to be widely shared], you tend to assume [you have always known it as well].

두 개의 [ ]는 모두 접속사 that이 생략된 명사절로, 각각 동사 think와 assume의 목적어 역할을 한다.

Quick Check 빈칸 완성하기

1. They commit the "knew it all along" effect more often for statements about c______________ of things than for statements about individuals (Dogs get sick after eating carbamates vs. Last night, this dog got sick after eating carbamates).
2. This category effect reflects an early belief that category knowledge is more likely to be c______________ knowledge.

정답 1. (c)ategories 2. (c)ommon

자신의 성격을 이해하는 것의 이점

| Keywords | personality, introverts, extroverts

❶[A key to social achievement, / {both personally and professionally}], / is someone understanding their own personality / before they attempt to analyze others'. //
사회적 성취의 비결은 / 개인적으로뿐만 아니라 직업적으로도 / 어떤 사람이 자기 자신의 성격을 이해하는 것이다 / 그들이 다른 사람들의 성격을 분석하려고 시도하기 전에 //
(주어 / 삽입구 / 술어 동사 / attempt to *do*: ~하려고 시도하다 / =others' personality)

❷[Assessing personality] can help someone / learn [where they can push themselves] / and [where their absolute limits are]. //
성격을 평가하는 것은 어떤 사람에게 도움을 줄 수 있다 / 스스로를 채찍질할 수 있는 부분이 어디인지 아는 데 / 그리고 자신의 절대적인 한계가 어디인지를 (아는 데) //
(주어(동명사구) / help+목적어+동사원형: ~이 …하는 데 도움을 주다 / learn의 목적어 1 / learn의 목적어 2)

❸For example, / introverts tend to thrive / on quiet, alone time. //
예를 들어 / 내향적인 사람은 즐기는 경향이 있다 / 조용히 혼자 있는 시간을 //
(연결사(예시) / tend to *do*: ~하는 경향이 있다)

❹They often need time / [to process the day / and think through upcoming tasks]. //
그들은 흔히 시간이 필요하다 / 그날의 하루를 이해할 / 그리고 다가오는 일을 충분히 생각할 //
(to부정사구)

❺[Knowing this], / an introvert can limit their social exposure / so they are never overworked / [when interacting with others]. //
이것을 알기에 / 내향적인 사람은 자신의 사회적 노출을 제한할 수 있다 / 그들이 결코 혹사당하지 않도록 / 다른 사람들과 교류할 때 //
(분사구문 / 접속사 / =introverts / 분사구문(시간))

❻They can schedule times in the day / [to sit in quiet reflection / and gather their thoughts / before going back into the world]. //
그들은 시간을 하루 중에 계획할 수 있다 / 조용히 앉아서 숙고할 / 그리고 생각을 정리할 / 세상에 다시 나가기 전에 //
(=Introverts / to부정사구)

❼Extroverts, / however, / thrive on interacting with others. //
외향적인 사람은 / 그러나 / 다른 사람들과 교류하는 것을 즐긴다 //
(연결사(역접))

❽[If they were stuck in the house / alone / all day], / it would likely be a horrible day / for them. //
만약 그들이 집에 갇혀 있다면 / 혼자 / 하루 종일 / 아마 끔찍한 날이 될 것이다 / 그들에게는 //
(부사절(조건))

❾Even extroverts / [who are shy in conversations] / can meet their social needs / by [going to public places]. //
심지어 외향적인 사람도 / 대화를 꺼리는 / 자신의 사회적 욕구를 충족시킬 수 있다 / 공개적인 장소에 가는 것으로 //
(관계절 / by의 목적어(동명사구))

❿[{Sitting in a coffee shop} / or {walking around a mall}] / [can simulate the interactive experience] / and [might quell the extrovert's need / for other people]. //
커피숍에 앉아 있는 것 / 혹은 쇼핑몰을 돌아다니는 것은 / 교류의 경험을 흉내 낼 수 있다 / 그래서 (그것으로) 외향적인 사람의 욕구를 가라앉힐 수도 있다 / 다른 사람들에 대한 //
(주어 / 병렬 구조(동명사구) / 술어부 1 / 술어부 2)

* introvert: 내향적인 사람 ** extrovert: 외향적인 사람 *** quell: 가라앉히다

어휘

- □ **professionally** 직업적으로
- □ **attempt** 시도하다
- □ **absolute** 절대적인
- □ **thrive on** ~을 즐기다, ~을 잘하다
- □ **upcoming** 다가오는
- □ **exposure** 노출
- □ **overwork** 혹사하다
- □ **reflection** 숙고, 생각
- □ **simulate** 흉내 내다, ~인 체하다

글의 흐름 파악

도입(❶~❷)		예시 1(❸~❻)		예시 2(❼~❿)
성격 이해의 이점	➜	내향적인 사람	➜	외향적인 사람
자기의 성격을 이해하는 것은 성취에 도움이 됨		혼자의 시간을 필요로 하므로, 사회적 교류를 스스로 제한할 수 있음		타인과 교류하는 것을 즐기므로, 사회적 욕구를 충족시키려고 함

전문 해석

❶개인적으로뿐만 아니라 직업적으로도 사회적 성취의 비결은 어떤 사람이 다른 사람들의 성격을 분석하려고 시도하기 전에 자기 자신의 성격을 이해하는 것이다. ❷성격을 평가하는 것은 어떤 사람이 스스로를 채찍질할 수 있는 부분이 어디인지 그리고 자신의 절대적인 한계가 어디인지를 아는 데 도움을 줄 수 있다. ❸예를 들어, 내향적인 사람은 조용히 혼자 있는 시간을 즐기는 경향이 있다. ❹그들은 흔히 그날의 하루를 이해하고 다가오는 일을 충분히 생각할 시간이 필요하다. ❺이것을 알기에, 내향적인 사람은 다른 사람들과 교류할 때 결코 혹사당하지 않도록 자신의 사회적 노출을 제한할 수 있다. ❻그들은 세상에 다시 나가기 전에 조용히 앉아서 숙고하고 생각을 정리할 시간을 하루 중에 계획할 수 있다. ❼그러나 외향적인 사람은 다른 사람들과 교류하는 것을 즐긴다. ❽만약 그들이 하루 종일 집에 혼자 갇혀 있다면, 그들에게는 아마 끔찍한 날이 될 것이다. ❾심지어 대화를 꺼리는 외향적인 사람도 공개적인 장소에 가는 것으로 자신의 사회적 욕구를 충족시킬 수 있다. ❿커피숍에 앉아 있거나 쇼핑몰을 돌아다니는 것으로 교류의 경험을 흉내 낼 수 있어서 그것으로 다른 사람들에 대한 외향적인 사람의 욕구를 가라앉힐 수도 있다.

배경 지식

외향적인 사람(extroverts)
외향성의 사람들은 주로 외부 세계를 지향하고 인식과 판단에 있어서도 외부의 사람이나 사물에 초점을 맞춘다. 또한 바깥에 나가 활동을 해야 활력을 얻는다. 이들은 행동 지향적이고, 때로는 충동적으로 사람들을 만나며, 솔직하고 사교성이 많고 대화를 즐긴다.

내향적인 사람(introverts)
내향성의 사람들은 내적 세계를 지향하므로 바깥 세계보다는 자기 내부의 생각 또는 이념에 더 관심을 둔다. 관념적 사고를 좋아하고, 자기 내면세계에서 일어나는 것에 의해 에너지를 얻으며 주로 생각을 하는 활동을 좋아한다.

구문 해설

❶ A key to social achievement, both personally and professionally, is someone understanding their own personality before they attempt to analyze **others'**.
others'는 others' personality에서 personality가 생략된 것으로 이해할 수 있다.

❻ They can schedule times in the day [to sit in quiet reflection and gather their thoughts before going back into the world].
[ ]는 times를 수식하는 to부정사구이다.

Quick Check 적절한 말 고르기

1. Introverts / Extroverts tend to thrive on quiet, alone time.
2. Shy extroverts can satisfy their social needs by going to a public / private place.

정답 1. Introverts 2. public

Mini Test

Mini Test 1

Mini Test 2

Mini Test 3

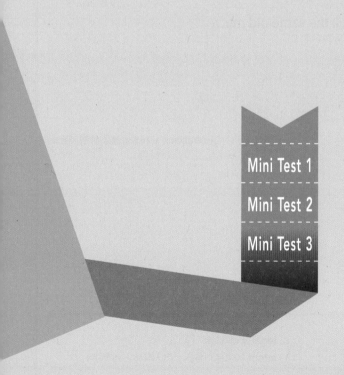

1번 Mini Test 1

개명 사실을 알리는 이메일

| Keywords | name, changed, different

Dear Friends and Family, //
친구와 가족 여러분께 //

❶If you don't recognize the name / at the end of this e-mail, / don't worry. // ❷It's me, /
이름을 알아보지 못하더라도 / 이 이메일의 끝에 있는 / 걱정하지 마세요 // 그건 저 /

Richard Spitznogle — / now I'm Rick Sprint. // ❸That's right / : Last month, / I legally
Richard Spitznogle이고 / 이제 저는 Rick Sprint랍니다 // 맞아요 / 지난달에 / 저는 법적으로

changed my name. // ❹As many of you know, / my agent has been encouraging me /
개명했습니다 // 여러분들 중 많은 분이 아시다시피 / 제 에이전트가 권유해 왔습니다 /

→to부정사구(encouraging의 목적격 보어) →to부정사구(목적) →make의 목적격 보어

[to either adopt a stage name or change my name]. // ❺[To make things {less confusing
예명을 쓰기 시작하거나 이름을 바꾸라고 // 장기적으로 혼란을 줄이기 위해 /

→either A or B: A 또는 B →=change my name

in the long run}], / I chose the latter. // ❻And wouldn't you know, / I've already gotten
저는 후자를 선택했습니다 // 그리고 생각했던 대로 / 이번 달에 벌써 두 번의 (2차

→부사절(조건)

two callbacks this month. // ❼I'll be sure to let you know / [if I end up landing a part in a
면접을 위한) 재통보를 받았습니다 // 꼭 알려 드리겠습니다 / 제가 마침내 영화에서 배역을 얻으면 //

→keep의 목적어 →keep의 목적격 보어

movie]. // ❽In the meantime, / please keep [those e-mails and phone calls] [coming]. //
그동안 / 이메일과 전화는 계속 주세요 //

❾The name may be different, / but it's still the same old me. //
이름은 다를지 몰라도 / 여전히 똑같은 예전의 저니까요 //

Yours,

Rick Sprint
Rick Sprint 드림

* callback: (2차 면접 등을 위한) 재통보

어휘

- □ **recognize** 알아보다
- □ **legally** 법적으로
- □ **agent** 에이전트
- □ **adopt** (새로운 이름을) 쓰기 시작하다, 채택하다
- □ **wouldn't you know** 생각했던 대로, 역시
- □ **land** (특히 많은 사람들이 원하는 것을 노력하여) 얻다, 차지하다

글의 흐름 파악

도입(❶~❸)	전개(❹~❺)	결론(❻~❾)
개명 사실 알림	개명의 과정	개명의 결과 및 당부
Richard Spitznogle에서 Rick Sprint로 개명함	• 에이전트가 예명을 쓰기 시작하거나 이름을 바꾸라고 권유해 왔음 • 장기적으로 혼란을 줄이기 위해 이름 바꾸는 것을 선택함	• 이번 달에 벌써 두 번의 (2차 면접을 위한) 재통보를 받았음 • 이메일과 전화는 계속 주길 부탁함

전문 해석

친구와 가족 여러분께

❶이 이메일의 끝에 있는 이름을 알아보지 못하더라도 걱정하지 마세요. ❷그건 저 Richard Spitznogle이고, 이제 저는 Rick Sprint랍니다. ❸맞아요. 지난달에 저는 법적으로 개명했습니다. ❹여러분들 중 많은 분이 아시다시피, 제 에이전트가 예명을 쓰기 시작하거나 이름을 바꾸라고 권유해 왔습니다. ❺장기적으로 혼란을 줄이기 위해, 저는 후자를 선택했습니다. ❻그리고 생각했던 대로, 이번 달에 벌써 두 번의 (2차 면접을 위한) 재통보를 받았습니다. ❼제가 마침내 영화에서 배역을 얻으면 꼭 알려 드리겠습니다. ❽그동안 이메일과 전화는 계속 주세요. ❾이름은 다를지 몰라도, 여전히 똑같은 예전의 저니까요.

Rick Sprint 드림

구문 해설

❺ [To make things {less confusing in the long run}], I chose the latter.

[ ]는 목적을 나타내는 to부정사구이고, { }는 make의 목적격 보어이다.

❽ In the meantime, please keep [those e-mails and phone calls] [coming].

첫 번째 [ ]는 keep의 목적어이고, 두 번째 [ ]는 keep의 목적격 보어이다.

Quick Check 적절한 말 고르기

1. As many of you know, my agent has been encouraging me to either adopt a stage name or [change / changing] my name.
2. To make things less [confusing / confused] in the long run, I chose the latter.

정답 1. change 2. confusing

2번 생기를 북돋우는 하루의 시작

Mini Test 1

| Keywords | awaken, restless, alive, happy, peaceful

(1) Today started out / like(→~처럼) so many other days. // (2) Lena awakened in a panic. // (3) Sweat poured from her pores / and soaked her gown. // (4) It clung to her body. // (5) From a restless night of sleep, / her head felt like it would explode. // (6) She stumbled across the room. // (7) The light continued to rebound from the darkness. // (8) The earth came alive. // (9) There were pretty flowers / [swaying in the wind](분사구). // (10) They smelled really good. // (11) Steam rose up from the pavement outside her window. // (12) Together in one place, / all those sights and smells reminded her / of [how much she enjoyed this time of day](of의 목적어(명사절)). // (13) It made her [feel happy](made의 목적격 보어). // (14) She watched the sun / [cast its brilliant rays across the landscape](watched의 목적격 보어). // (15) Its warmth gave her a peaceful feeling. // (16) Finally, a new day stretched forth across the horizon. // (17) She thought [that it would be a good day](thought의 목적어(명사절)). //

remind ~ of ...: ~에게 …을 상기시키다

오늘도 시작되었다 / 다른 아주 많은 날처럼 // Lena는 공포에 질려 잠에서 깼다 // 땀이 그녀의 모공에서 흘러나와 / 가운을 흠뻑 적셨다 // 그것은 그녀의 몸에 달라붙어 있었다 // 밤잠을 설쳐서 / 그녀의 머리는 터질 것만 같았다 // 그녀는 비틀거리며 방을 가로질러 갔다 // 어둠 속에서 빛이 계속 튀어 올랐다 // 대지가 활기를 띠었다 // 예쁜 꽃들이 있었다 / 바람에 흔들리는 // 꽃들은 냄새가 정말 좋았다 // 그녀의 창밖 포장도로에서 김이 올라왔다 // 한곳에 모인 / 그 모든 모습과 향기가 그녀에게 상기시켰다 / 하루 중 이 시간을 자신이 얼마나 즐기는지를 // 그것이 그녀가 행복감을 느끼게 만들었다 // 그녀는 태양이 ~하는 것을 지켜보았다 / 눈부신 광선을 풍경 전체에 드리우는 것을 // 그것의 따스함은 그녀에게 평화로운 느낌을 주었다 // 마침내 새로운 날이 지평선을 가로질러 펼쳐졌다 // 그녀는 좋은 날이 될 것이라고 생각했다 //

* pore: 모공 ** stumble: 비틀거리다 *** sway: 흔들리다

어휘

- □ awaken 잠에서 깨다
- □ in a panic 공포에 질려
- □ soak 흠뻑 적시다
- □ restless 잠을 설친, 제대로 쉬지 못하는
- □ rebound 튀어 오르다
- □ pavement 포장도로
- □ cast 드리우다

글의 흐름 파악

도입(❶~❻)	전개 1(❼~⓭)	전개 2(⓮~⓱)
공포에 질려 잠에서 깬 Lena	봄의 광경을 보고 행복감을 느낀 Lena	좋은 날이 될 것이라는 예감
• Lena는 공포에 질려 잠에서 깸 • 밤잠을 설쳐서 그녀의 머리는 터질 것만 같았음 • 비틀거리며 방을 가로질러 갔음	• 어둠 속에서 빛이 계속 튀어 오름 • 활기 띤 대지, 바람에 흔들리는 예쁜 꽃들, 창밖 포장도로에서 올라오는 김 • Lena는 행복감을 느낌	• 태양이 눈부신 광선을 풍경 전체에 드리우는 것을 지켜봄 • 따스함에서 평화로운 느낌을 받음 • 좋은 날이 될 것이라고 생각함

전문 해석

❶오늘도 다른 아주 많은 날처럼 시작되었다. ❷Lena는 공포에 질려 잠에서 깼다. ❸땀이 그녀의 모공에서 흘러나와 가운을 흠뻑 적셨다. ❹그것은 그녀의 몸에 달라붙어 있었다. ❺밤잠을 설쳐서 그녀의 머리는 터질 것만 같았다. ❻그녀는 비틀거리며 방을 가로질러 갔다. ❼어둠 속에서 빛이 계속 튀어 올랐다. ❽대지가 활기를 띠었다. ❾예쁜 꽃들이 바람에 흔들리고 있었다. ❿꽃들은 냄새가 정말 좋았다. ⓫그녀의 창밖 포장도로에서 김이 올라왔다. ⓬한곳에 모인 그 모든 모습과 향기가 그녀에게 하루 중 이 시간을 자신이 얼마나 즐기는지를 상기시켰다. ⓭그것이 그녀가 행복감을 느끼게 만들었다. ⓮그녀는 태양이 눈부신 광선을 풍경 전체에 드리우는 것을 지켜보았다. ⓯그것의 따스함은 그녀에게 평화로운 느낌을 주었다. ⓰마침내 새로운 날이 지평선을 가로질러 펼쳐졌다. ⓱그녀는 좋은 날이 될 것이라고 생각했다.

구문 해설

❾ **There were pretty flowers [swaying in the wind].**

[ ]는 pretty flowers를 수식하는 분사구이다.

⓱ **She thought [that it would be a good day].**

[ ]는 thought의 목적어 역할을 하는 명사절이다.

Quick Check T, F 고르기

1. Lena awakened peacefully. T / F
2. Lena predicted that she would have a hard day. T / F

정답 1. F 2. F

3번 행복하게 해 주는 일을 하는 것을 삶의 목표로 삼기

Mini Test 1

| Keywords | smaller purposes, everything, happy, morality, pursue

관계절 / may ~ but ...: ~일지는 모르지만 ...이다

❶Everything [you do] / is a part of your life. // ❷You may not have any bigger plans or
여러분이 하는 모든 일은 / 여러분 삶의 일부이다 // 여러분은 인생에서 어떤 더 큰 계획이나 목적을 가지고 있지 않을

관계절

purpose in life / but you sure have many smaller purposes / [which you keep building
지도 모른다 / 하지만 틀림없이 많은 더 작은 목적을 가지고 있다 / 계속해서 차곡차곡 쌓아 가고 있는 //

문장을 구성하는 절 1

on]. // ❸If you are happy painting, / just do it. // ❹[You might get bored on some days] /
그림을 그리면서 행복하다면 / 그냥 그렇게 하라 // 어떤 날에는 지루해질 수 있다 /

문장을 구성하는 절 2 / 관계절

and [that is the time {when you stop doing it}]. // ❺You might want to learn golf now. //
그리고 그때가 바로 여러분이 그것을 그만할 때이다 // 이제 골프를 배우고 싶을지도 모른다 //

❻No one is stopping you. // ❼Life doesn't have anything / destined for you. // ❽If you
아무도 여러분을 말리고 있지 않다 // 인생에는 아무것도 없다 / 여러분에게 운명적으로 하게 되어 있는 //

feel happy doing something, / just go ahead with it / and disassociate yourself with all
만약 여러분이 무언가를 하면서 행복하다고 느낀다면 / 그냥 그것을 하라 / 그리고 자신을 모든 불행과 분리하라 //

관계절

miseries. // ❾These smaller things [you do] / help you make the most of your lives. //
여러분이 하는 이 작은 일들은 / 여러분이 삶을 최대한 활용하는 데 도움을 준다 //

관계절 / make sure의 목적어(명사절)

❿Do everything [that makes you happy] / ; just make sure [it falls into the definition
여러분을 행복하게 만들어 주는 모든 것을 하라 / 다만 그것이 반드시 도덕의 정의에 들어가게 하라 //

주어(동명사구)

of morality]. // ⓫That is your purpose. // ⓬Can you see it? // ⓭[Being happy] / is the only
그것이 여러분의 목적이다 // 그것을 이해하겠는가 // 행복해지는 것은 / 우리가 인생에서

관계절 / let의 목적격 보어

thing [we go after in our lives]. // ⓮Don't let any hindrances and doubts [come /
목표로 하는 유일한 것이다 // 어떠한 장애물과 의심도 끼어들지 않게 하라 /

between you and that goal]. // ⓯Just pursue it. //
여러분과 그 목표 사이에 // 그냥 그것을 추구하라 //

* hindrance: 장애물

어휘

- □ destined 운명적으로 ~을 하게 되어 있는
- □ disassociate 분리하다
- □ misery 불행
- □ make the most of ~을 최대한 활용하다
- □ definition 정의
- □ morality 도덕
- □ pursue 추구하다

글의 흐름 파악

도입(❶~❻)	전개(❼~❽)	결론(❾~⓯)
인생의 작은 목적들	행복하다고 느끼는 일	작은 일들의 가치
• 계속해서 차곡차곡 쌓아 가고 있는 많은 더 작은 목적을 가지고 있음 • 그림이나 골프가 행복하다면 하고 지루해지면 그만하면 됨	• 인생에는 운명적으로 하게 되어 있는 것은 아무것도 없음 • 무언가를 하면서 행복하다고 느낀다면 그냥 그것을 하고 자신을 불행과 분리하면 됨	• 작은 일들은 여러분이 삶을 최대한 활용하는 데 도움을 줌 • 행복해지는 것은 인생의 목표이고 그것을 그냥 추구하면 됨

전문 해석

❶여러분이 하는 모든 일은 여러분 삶의 일부이다. ❷여러분은 인생에서 어떤 더 큰 계획이나 목적을 가지고 있지 않을지도 모르지만, 틀림없이 계속해서 차곡차곡 쌓아 가고 있는 많은 더 작은 목적을 가지고 있다. ❸그림을 그리면서 행복하다면, 그냥 그렇게 하라. ❹어떤 날에는 지루해질 수 있는데 그때가 바로 여러분이 그것을 그만할 때이다. ❺이제 골프를 배우고 싶을지도 모른다. ❻아무도 여러분을 말리고 있지 않다. ❼인생에는 여러분에게 운명적으로 하게 되어 있는 것은 아무것도 없다. ❽만약 여러분이 무언가를 하면서 행복하다고 느낀다면, 그냥 그것을 하고 자신을 모든 불행과 분리하라. ❾여러분이 하는 이 작은 일들은 여러분이 삶을 최대한 활용하는 데 도움을 준다. ❿여러분을 행복하게 만들어 주는 모든 것을 하되, 다만 그것이 반드시 도덕의 정의에 들어가게 하라. ⓫그것이 여러분의 목적이다. ⓬그것을 이해하겠는가? ⓭행복해지는 것은 우리가 인생에서 목표로 하는 유일한 것이다. ⓮여러분과 그 목표 사이에 어떠한 장애물과 의심도 끼어들지 않게 하라. ⓯그냥 그것을 추구하라.

구문 해설

❹ [You might get bored on some days] and [that is the time {when you stop doing it}].

두 개의 [ ]가 and로 연결되어 문장을 구성한다. { }는 the time을 수식하는 관계절이다.

⓭ [Being happy] is the only thing [we go after in our lives].

첫 번째 [ ]는 주어 역할을 하는 동명사구이고, 두 번째 [ ]는 the only thing을 수식하는 관계절이다.

Quick Check 틀린 부분 고치기

1. Life doesn't have anything <u>destine</u> for you.
2. Don't let any hindrances and doubts <u>to come</u> between you and that goal.

정답 1. destined 2. come

4번 Mini Test 1

조직의 규율

| Keywords | discipline, group activities, integrity

❶ Discipline is an indispensable part / of group activities / [like team sports, math class, or glee club]. // ❷ You certainly couldn't run [an army] without discipline, / or [a restaurant], or [a cardiology department]. // ❸ Discipline is a wonderful thing. // ❹ [What it provides] / is an impersonal framework / for coordinating the efforts / of many unrelated individuals / [to maximize the integrity of the product] / — [whether the product is {singing on key}, / {providing medical care}, / or {learning algebra}]. // ❺ The individual quirks of the participants / need to be submerged and kept in line / by those in administrative authority. // ❻ Unfortunately, / the rare individual / [who just won't fly right] / needs to be disciplined. // ❼ Not every army recruit, math student, or horn player / is going to make the grade. // ❽ A decent-hearted band leader, math teacher, or department chairperson / will do his best / [to respond to the problem individual / with fair-mindedness], / but eventually the show must go on. //

(전치사구(예시): like team sports, math class, or glee club / 병렬 구조(or로 연결되어 run에 이어짐): an army, a restaurant, a cardiology department / 주어(명사절): What it provides / to부정사구(목적): to maximize the integrity of the product / the product를 구체적으로 설명: whether ... / 병렬 구조: singing on key, providing medical care, learning algebra / keep ~ in line: ~을 통제하다 / 관계절: who just won't fly right / 부분 부정: Not every / 필요한 수준에 이르다: make the grade / to부정사구(목적): to respond to ...)

규율은 필수적인 부분이다 / 집단 활동의 / 팀 스포츠, 수학 수업, 또는 학생 합창단과 같은 // 확실히 규율 없이 군대를 운영할 수는 없을 것이다 / 음식점이나 심장 내과도 (그럴 수 없을 것이다) // 규율은 멋진 것이다 // 그것이 제공하는 것은 / 특정 개인과 상관없는 구조이다 / 노력을 조정하기 위한 / 관련성이 없는 많은 개인의 / 결과물의 완전성을 최대화하기 위해 / 그 결과물이 올바른 음조로 노래하는 것이든 / 의료 서비스를 제공하는 것이든 / 대수학을 배우는 것이든 // 참가자의 개인적인 별난 점들은 / 억눌러지고 통제될 필요가 있다 / 관리 담당자들에 의해 // 안타깝게도 / 드문 개인은 / 도무지 바르게 행동하지 않으려 하는 / 징계를 받을 필요가 있다 // 군대의 모든 신병, 수학을 배우는 모든 학생, 혹은 모든 호른 연주자가 (~하지는) 않을 / 필요한 수준에 이를 것이다 // 훌륭한 정신을 가진 밴드 리더, 수학 교사 혹은 부서장은 / 최선을 다할 것이다 / 문제가 되는 개인에게 대응하려고 / 공정하게 / 하지만 결국 쇼는 계속되어야 한다 //

* glee club: 학생 합창단 ** cardiology department: 심장 내과 *** quirk: (사람의 성격에서) 별난 점

어휘

- □ discipline 규율, 징계, 훈련; 징계하다
- □ run 운영하다
- □ framework 구조, 틀
- □ maximize 최대화하다
- □ product 결과물
- □ algebra 대수학
- □ keep ~ in line ~을 통제하다
- □ fly right 바르게 행동을 하다
- □ make the grade 필요한 수준에 이르다
- □ band leader 밴드 리더
- □ fair-mindedness 공정함, 편견이 없음
- □ indispensable 필수적인, 없어서는 안 되는
- □ impersonal 특정 개인과 상관없는
- □ coordinate 조정하다
- □ integrity 완전함
- □ on key 올바른 음조로
- □ submerge 억누르다, 깊이 감추다
- □ administrative authority 관리 권한
- □ recruit 신병
- □ decent-hearted 훌륭한 정신을 가진
- □ department chairperson 부서장
- □ eventually 결국

글의 흐름 파악

도입 및 주장(❶~❸)	부연 1(❹~❺)	부연 2(❻~❼)	결론(❽)
필수적인 부분인 규율	특정 개인과 상관없는 구조	규율의 필요성과 현실	규율의 지속
집단 활동에서 규율은 필수적이며 멋진 것임	• 결과물의 완전성을 최대화하기 위해 관련성이 없는 많은 개인의 노력을 조정함 • 개인적인 별난 점들 → 억눌러지고 통제될 필요가 있음	• 바른 행동을 하지 않는 드문 개인은 징계가 필요함 • 모든 사람이 필요한 수준에 이르지는 못함	쇼(집단 활동의 목표를 이루기)는 계속되어야 함

전문 해석

❶규율은 팀 스포츠, 수학 수업, 또는 학생 합창단과 같은 집단 활동의 필수적인 부분이다. ❷확실히 규율 없이 군대를 운영할 수는 없을 것이고, 음식점이나 심장 내과도 그럴 수 없을 것이다. ❸규율은 멋진 것이다. ❹그것이 제공하는 것은 결과물 — 그 결과물이 올바른 음조로 노래하는 것이든, 의료 서비스를 제공하는 것이든, 대수학을 배우는 것이든 — 의 완전성을 최대화하기 위해 관련성이 없는 많은 개인의 노력을 조정하기 위한 특정 개인과 상관없는 구조이다. ❺참가자의 개인적인 별난 점들은 관리 담당자들에 의해 억눌러지고 통제될 필요가 있다. ❻안타깝게도 도무지 바르게 행동하지 않으려 하는, 드문 개인은 징계를 받을 필요가 있다. ❼군대의 모든 신병, 수학을 배우는 모든 학생, 혹은 모든 호른 연주자가 필요한 수준에 이르지는 않을 것이다. ❽훌륭한 정신을 가진 밴드 리더, 수학 교사 혹은 부서장은 문제가 되는 개인에게 공정하게 대응하려고 최선을 다할 것이지만 결국 쇼는 계속되어야 한다.

구문 해설

❺ **The individual quirks of the participants need to be [submerged] and [kept in line] by those in administrative authority.**

두 개의 [ ]가 and에 연결되어 need to be에 이어진다.

❻ **Unfortunately, the rare individual [who just won't fly right] needs to be disciplined.**

[ ]는 the rare individual을 수식하는 관계절이다.

Quick Check 빈칸 완성하기

1. Discipline is an i____________ part of group activities like team sports, math class, or glee club.
2. What it provides is an impersonal framework for coordinating the efforts of many unrelated individuals to m____________ the integrity of the product — whether the product is singing on key, providing medical care, or learning algebra.

정답 1. (i)ndispensable 2. (m)aximize

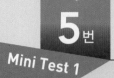

5번 시골 지역에서 권력의 이동이 느린 이유

Mini Test 1

| Keywords | village, dominant, power structure, change, rural area

주어 / 형식상의 목적어 / 의미상의 주어

❶ [The lack of anonymity and distance in the village] / makes it difficult / [for people to dissent] / [because they can be easily identified and 'taught a lesson' / by the dominant sections]. // ❷ Moreover, / the relative power of the dominant sections / is much more / [because they control / most avenues of employment, / and most resources of all kinds]. // ❸ So / the poor have to depend on the dominant sections / [since there are no alternative sources of employment or support]. // ❹ Given the small population, / it is also very difficult / [to gather large numbers], / [particularly since efforts towards this / {cannot be hidden from the powerful} / and {are very quickly suppressed}]. // ❺ So, / if there is a strong power structure / already in place in a village, / it is very difficult [to remove it]. // ❻ Changes in the sense of shifts in power / are thus slow and late to arrive in rural areas / [because the social order is stronger and more resilient]. //

마을에서 익명성과 거리감이 없는 것은 / 어렵게 만든다 / 사람들이 이의를 제기하는 것을 / 왜냐하면 그들은 쉽게 식별되어 '훈계받을' 수 있기 때문이다 / 유력한 집단에 의해 // 게다가 / 유력한 집단의 상대적인 힘이 / 훨씬 더 크다 / 왜냐하면 그들이 통제하기 때문이다 / 고용 수단 대부분을 / 그리고 모든 종류의 자원 대부분을 // 그래서 / 가난한 사람들은 유력한 집단에 의존해야 한다 / 고용이나 지원의 대안적 원천이 없기 때문에 // 적은 인구를 고려할 때 / 또한 매우 어려운 일이다 / 많은 수를 모으는 것은 / 특히 이를 위한 노력이 ~이기 때문이다 / 권력이 있는 사람들로부터 숨겨질 수 없고 / 그리고 매우 빠르게 억압되기 (때문이다) // 그래서 / 강력한 권력 구조가 있다면 / 마을에 이미 자리 잡고 / 그것을 제거하기가 매우 어렵다 // 권력의 이동이라는 의미에서의 변화는 / 따라서 시골 지역에서 서서히 그리고 늦게 도달한다 / 사회 질서가 더 강하고 더 회복력이 있기 때문이다 //

(Annotations: 내용상의 목적어 → for people to dissent; 부사절(이유) → because…, since…, particularly since…; ~을 고려할 때 → Given; 형식상의 주어 → it; 내용상의 주어 → to gather large numbers, to remove it; 술어부 1, 술어부 2; 술어 동사 → are)

* anonymity: 익명성 ** dissent: 이의를 제기하다 *** resilient: 회복력이 있는

어휘

- □ distance 거리감
- □ section 집단
- □ identify 식별하다, 확인하다
- □ avenue 수단
- □ dominant 유력한, 우세한
- □ suppress 억압하다, 억누르다

글의 흐름 파악

도입(❶~❷)		전개(❸~❹)		결론(❺~❻)
마을의 특징		마을의 특징과 그 영향		시골 지역에서 권력의 이동 특징
• 마을에서 익명성과 거리감이 없는 것은 사람들이 이의를 제기하는 것을 어렵게 만듦 • 유력한 집단의 상대적인 힘이 훨씬 더 큼	➡	• 가난한 사람들은 고용이나 지원의 대안적 원천이 없기 때문에 유력한 집단에 의존해야 함 • 적은 인구를 고려할 때, 많은 수를 모으는 것 또한 매우 어려운 일임	➡	• 마을에 강력한 권력 구조가 이미 자리 잡고 있다면 그것을 제거하기가 매우 어려움 • 권력의 이동이라는 의미에서의 변화는 시골 지역에서 서서히 그리고 늦게 도달함

전문 해석

❶마을에서 익명성과 거리감이 없는 것은 사람들이 이의를 제기하는 것을 어렵게 만드는데, 왜냐하면 그들은 유력한 집단에 의해 쉽게 식별되어 '훈계받을' 수 있기 때문이다. ❷게다가, 유력한 집단의 상대적인 힘이 훨씬 더 큰데 그들이 고용 수단 대부분과 모든 종류의 자원 대부분을 통제하기 때문이다. ❸그래서 가난한 사람들은 고용이나 지원의 대안적 원천이 없기 때문에 유력한 집단에 의존해야 한다. ❹적은 인구를 고려할 때, 많은 수를 모으는 것 또한 매우 어려운 일인데, 특히 이를 위한 노력이 권력이 있는 사람들로부터 숨겨질 수 없고 매우 빠르게 억압되기 때문이다. ❺그래서 마을에 강력한 권력 구조가 이미 자리 잡고 있다면 그것을 제거하기가 매우 어렵다. ❻권력의 이동이라는 의미에서의 변화는 따라서 시골 지역에서 서서히 그리고 늦게 도달하는데, 사회 질서가 더 강하고 더 회복력이 있기 때문이다.

구문 해설

❹ Given the small population, **it** is also very difficult [to gather large numbers], [particularly since efforts towards this {cannot be hidden from the powerful} and {are very quickly suppressed}].

it은 형식상의 주어이고 첫 번째 [ ]가 내용상의 주어이다. 두 번째 [ ]는 이유를 나타내는 부사절이고, 두 개의 { }가 and로 연결되어 술어부를 구성한다.

❺ So, if there is a strong power structure already in place in a village, **it** is very difficult [to remove it].

it은 형식상의 주어이고 [ ]가 내용상의 주어이다.

Quick Check 적절한 말 고르기

1. The lack of anonymity and distance in the village makes it difficult for people [dissent / to dissent].
2. Changes in the sense of shifts in power [is / are] thus slow and late to arrive in rural areas.

정답 1. to dissent 2. are

6번 문제 해결에 도움이 되는 은유

Mini Test 1

| Keywords | metaphor, seeing-as, innovation

→보어(동명사구)

❶ "*The essence of metaphor*," / say Lakoff and Johnson, / "*is* [*understanding and*
은유의 본질은 / Lakoff와 Johnson은 말한다 / 이해하고 경험하는 것이다 /

→~의 관점에서 →술어부 1

experiencing / *one kind of thing* / *in terms of another*]." // ❷ Donald Schön / [calls this
한 종류의 것을 / 다른 종류의 것의 관점에서 // Donald Schön은 / 이것을 '~로

→술어부 2 관계절

"seeing-as"] / and [draws our attention / to the way / {in which some metaphors / —
보기'라고 부른다 / 그리고 우리의 관심을 이끈다 / 방식으로 / 일부 은유 /

→보어

generative metaphor, in his terminology — / can be ⟨essential aids / to innovation and
그의 용어로는 생성적 은유가 / 필수적인 도움이 될 수 있는 / 혁신과 문제 해결에 //

→describes의 목적어 분사구

problem-solving⟩}]. // ❸ He describes / [a group of product engineers / {puzzling over a
그는 묘사한다 / 제품 엔지니어 집단을 / 새로운 화필을 두고 골똘히

전치사구

new paintbrush / ⟨with synthetic bristles⟩}]. // ❹ The synthetic paintbrush / was not
생각하는 / 인조 강모를 가진 // 인조 화필은 / 성능이 좋지

분사구 →describe의 목적어(명사절)

performing well / — "gloppy" was one word / [used to describe / {how it delivered
않아 / '찐득거리는'이라는 말이 하나의 단어였고 / 묘사하는 데 사용되는 / 그것으로 물감을 찍어서 칠하는

to부정사구(목적) →make+목적어+목적격 보어

paint}] — / and the engineers had tried / various strategies / [to make the new brush's
방식을 / 그리고 엔지니어들은 시도했다 / 다양한 전략을 / 새로운 화필의 성능을 ~에 비해 손색이 없게

to의 목적어 →=the performance

performance comparable to / {that of natural bristle brushes}]. // ❺ The breakthrough
만들기 위해 / 천연 강모 화필의 그것 // 그 돌파구가 생겼다 /

→부사절 →보어

came / [when one engineer reflected, / "You know, / a paintbrush is / {a kind of
한 엔지니어가 곰곰이 생각했을 때 / 그렇지 / 화필은 ~이다 / 일종의 펌프야 //

→By -ing: ~함으로써

pump}!"] // ❻ By seeing / a paintbrush as a pump, / the engineers moved their focus /
봄으로써 / 화필을 펌프로 / 엔지니어들은 자신들의 초점을 이동시켰다 /

→from A to B 구조 →재귀대명사(the bristles 강조) to의 목적어 1 →to의 목적어 2

from the bristles themselves / to [the channels between the bristles] / and [how the
강모 자체에서 / 강모 사이의 경로로 / 그리고 물감이 흐르는

→주어

paint flowed / through the channels]. // ❼ [The paintbrush-as-pump metaphor] / was
방식으로 / 그 경로를 통해 // 화필을 펌프로 보는 은유는 /

동격 관계 →lead to: ~로 이어지다

generative / in the sense / [that it led to a new way / of seeing the problem], / and this
생성적이었다 / ~이라는 점에서 / 그것이 새로운 방법으로 이어졌다는 / 문제를 보는 / 그리고 이

→generated의 목적어 →보어

new framing / generated / [a new and successful solution]. // ❽ This is / [one very
새로운 프레이밍은 / 생성했다 / 새롭고 성공적인 해결책을 // 이것은 ~이다 / 매우 강력한

powerful form / of human meaning-making]. //
한 가지 형태 / 인간의 의미 창출의 //

* synthetic: 인조의 ** bristle: 강모(剛毛), 뻣뻣한 털 *** gloppy: 찐득거리는

어휘

- □ metaphor 은유, 비유
- □ puzzle over ~을 두고 골똘히 생각하다, 고민하다
- □ generative 생성적인
- □ channel 경로

글의 흐름 파악

도입(❶~❷)	전개(❸~❻)	결론(❼~❽)
은유의 힘	은유를 통해 돌파구를 찾은 엔지니어	문제 해결에 성공한 은유
생성적 은유는 혁신과 문제 해결에 필수적인 도움이 될 수 있음	인조 강모를 가진 새로운 화필의 성능이 좋지 않아, 다양한 전략을 시도하던 중, 한 엔지니어가 화필을 펌프로 봄으로써 돌파구를 찾아냄	펌프로서의 화필 은유는 그것이 문제를 보는 새로운 방법으로 이어졌다는 점에서 생성적이었고, 이 새로운 틀은 새롭고 성공적인 해결책을 생성함

전문 해석

❶Lakoff와 Johnson의 말에 따르면, "은유의 본질은 한 종류의 것을 다른 종류의 것의 관점에서 이해하고 경험하는 것이다." ❷Donald Schön은 이것을 '~로 보기'라고 부르며 일부 은유, 그의 용어로는 생성적 은유가 혁신과 문제 해결에 필수적인 도움이 될 수 있는 방식으로 우리의 관심을 이끈다. ❸그는 인조 강모를 가진 새로운 화필을 두고 골똘히 생각하는 제품 엔지니어 집단을 묘사한다. ❹인조 화필은 성능이 좋지 않아, '찐득거리는'이라는 말이 그것으로 물감을 찍어서 칠하는 방식을 묘사하는 데 사용되는 하나의 단어였고, 엔지니어들은 새로운 화필의 성능을 천연 강모 화필의 그것에 비해 손색이 없게 만들기 위해 다양한 전략을 시도했다. ❺그 돌파구가 생긴 것은 한 엔지니어가 "그렇지, 화필은 일종의 펌프야!"라고 곰곰이 생각했을 때였다. ❻화필을 펌프로 봄으로써, 엔지니어들은 자신들의 초점을 강모 자체에서 강모 사이의 경로와 물감이 그 경로를 통해 흐르는 방식으로 이동시켰다. ❼화필을 펌프로 보는 은유는 그것이 문제를 보는 새로운 방법으로 이어졌다는 점에서 생성적이었고, 이 새로운 프레이밍은 새롭고 성공적인 해결책을 생성했다. ❽이것은 인간의 의미 창출의 매우 강력한 한 가지 형태이다.

구문 해설

❻ [By seeing a paintbrush as a pump], the engineers moved their focus from the bristles themselves to [the channels between the bristles] and [how the paint flowed through the channels].

첫 번째 [ ]는 부사구이고, 두 번째와 세 번째 [ ]는 and로 연결되어 전치사 to의 목적어 역할을 한다.

❼ The paintbrush-as-pump metaphor was generative in the sense [that **it** led to a new way of {seeing the problem}], and this new framing generated a new and successful solution.

[ ]는 the sense와 동격 관계의 절이고, it은 the paintbrush-as-pump metaphor를 대신한다. { }는 전치사 of의 목적어 역할을 하는 동명사구이다.

Quick Check 적절한 말 고르기

1. Donald Schön calls this "seeing-as" and draws our attention to the way which / in which some metaphors — generative metaphor, in his terminology — can be essential aids to innovation and problem-solving.
2. The synthetic paintbrush was not performing well — "gloppy" was one word used to describe how it delivered paint — and the engineers had tried various strategies to make the new brush's performance comparable to that / those of natural bristle brushes.

정답 1. in which 2. that

7번 어린 시절의 환경에 따른 스트레스 대응 성향

Mini Test 1

| Keywords | tendencies, childhood, stress, respond, environment

부사절 / ~하더라도 / not always: 항상 ~하지는 않다 / 주어
❶[Even if you're not a rock star / and don't always live on the edge], / [your own fast or
여러분이 록스타가 아니더라도 / 그리고 항상 모험적인 삶을 살지는 않더라도 / 여러분 자신의 빠르거나

술어부
slow tendencies] / [are likely etched deep into your psychology]. // ❷Animal research
느린 성향은 / 심리 깊숙이 새겨져 있을 것이다 // 동물 연구에 따르면 밝혀졌다 /

found의 목적어(명사절) / 분사구 / be likely to *do*: ~할 가능성이 크다
has found / [that tendencies {formed during childhood} / are most likely to surface /
어린 시절에 형성된 성향은 / 나타날 가능성이 가장 큰 것으로 /

부사구 / 부사구
{in times of stress and uncertainty}]. // ❸[In studies with Bonnet macaques], /
스트레스와 불확실성의 시기에 // 보닛원숭이를 대상으로 한 연구에서 /

~에 따라
for example, / adult monkeys respond to stress very differently / depending on their
예를 들어 / 성체 원숭이는 스트레스에 매우 다르게 대응한다 / 자신들의 어린 시절 환경에 따라 //

부사절
childhood environment. // ❹[After the monkeys were born], / researchers had placed
원숭이가 태어난 후 / 연구자들은 그것들을 배치했다 /

부사구 / 수동태 / 부사구
them / [in different environments]. // ❺Some were raised / [in stable and predictable
서로 다른 환경에 // 어떤 원숭이는 자랐다 / 안정적이고 예측할 수 있는 환경에서 /

부사구
environments] / (their mothers could obtain food / every day [in the same place] / [in a
그것들의 어미 원숭이는 먹이를 얻을 수 있었다 / 매일 같은 장소에서 /

부사구 / 수동태 / 부사구
predictable manner]). // ❻Other monkeys were placed / [in fluctuating environments] /
예측할 수 있는 방식으로 // 다른 원숭이들은 배치되었다 / 변동하는 환경에 /

keep -ing: 계속 ~하다 / 부사절(결과) / 그래서
(the researchers kept switching / the locations of their food supply, / [so that the mothers
연구자들은 계속 바꿨다 / 그것들의 먹이 공급 위치를 / 그래서 어미 원숭이가 알지

know의 목적어(명사절) / 부사절
didn't know / {how, where, or when they were going to find food each day}]). // ❼[When
못했다 / 매일 어떻게, 어디서, 혹은 언제 먹이를 구할지를 //

수동태 / 주어 / 분사구 / 부사구
the monkeys grew up / and were exposed to stress as adults], / [those {reared ⟨in a
원숭이가 성장하면 / 그리고 성체가 되었을 때 스트레스에 접하게 되(면) / 일관되고 예측할 수 있는 환경에서

술어 동사 1 / 술어 동사 2
consistent and predictable environment⟩}] / coped well and explored multiple ways /
길러진 원숭이는 / 잘 대처하고 다양한 방법을 탐구했다 /

to부정사구(목적) / =the monkeys / 분사구 / 부사구
[to deal with the situation] / ; [those {reared ⟨in fluctuating and unpredictable
그 상황을 처리하기 위해 / 주어 / 변동하고 예측할 수 없는 환경에서 길러진 원숭이는 /

술어 동사
environments⟩}] / panicked. //
허둥댔다 //

* etch: 새기다 ** Bonnet macaque: 보닛원숭이(인도산의 작은 원숭이) *** fluctuating: 변동하는

어휘

- □ live on the edge 모험적인 삶을 살다
- □ tendency 성향, 경향
- □ surface 나타나다, 수면으로 올라오다
- □ expose 접하게 하다, 노출하다
- □ rear 기르다
- □ consistent 일관된, 일치하는
- □ cope 대처하다
- □ explore 탐구하다, 탐험하다
- □ multiple 다양한, 다수의
- □ panic 허둥대다, 공포에 질리다

글의 흐름 파악

도입 및 요지(❶~❷)		연구 사례(❸~❼)
성향의 특징		성향 형성에 대한 성체 보닛원숭이 연구
어린 시절에 형성된 심리에 깊이 새겨진 성향은 스트레스가 생길 때 나타날 가능성이 큼	→	어린 시절 환경에 따라 스트레스에 매우 다르게 대응함 – 안정적이고 예측할 수 있는 환경에서 자란 원숭이 → 스트레스에 잘 대처하고 그 상황을 처리하기 위해 다양한 방법을 탐구함 – 변동하고 예측할 수 없는 환경에서 길러진 원숭이 → 스트레스에 대처하지 못하고 허둥댐

전문 해석

❶여러분이 록스타가 아니고 항상 모험적인 삶을 살지는 않더라도 여러분 자신의 빠르거나 느린 성향은 심리 깊숙이 새겨져 있을 것이다. ❷동물 연구에 따르면 어린 시절에 형성된 성향은 스트레스와 불확실성의 시기에 나타날 가능성이 가장 큰 것으로 밝혀졌다. ❸예를 들어, 보닛원숭이를 대상으로 한 연구에서 성체 원숭이는 자신들의 어린 시절 환경에 따라 스트레스에 매우 다르게 대응한다. ❹원숭이가 태어난 후 연구자들은 그것들을 서로 다른 환경에 배치했다. ❺어떤 원숭이는 안정적이고 예측할 수 있는 환경에서 자랐다(그것들의 어미 원숭이는 매일 같은 장소에서 예측할 수 있는 방식으로 먹이를 얻을 수 있었다). ❻다른 원숭이들은 변동하는 환경에 배치되었다(연구자들은 그것들의 먹이 공급 위치를 계속 바꿔서 어미 원숭이가 매일 어떻게, 어디서, 혹은 언제 먹이를 구할지를 알지 못했다). ❼원숭이가 성장하여 성체가 되었을 때 스트레스에 접하게 되면, 일관되고 예측할 수 있는 환경에서 길러진 원숭이는 잘 대처하고 그 상황을 처리하기 위해 다양한 방법을 탐구했지만, 변동하고 예측할 수 없는 환경에서 길러진 원숭이는 허둥댔다.

구문 해설

❻ Other monkeys were placed in fluctuating environments ([the researchers kept switching the locations of their food supply, **so that** the mothers didn't know {how, where, or when they were going to find food each day}]).

[ ]는 「~,(콤마) + so that ...」의 구문으로 결과를 나타내어 '~해서, …하다'의 의미이고, { }는 know의 목적어 역할을 하는 명사절이다.

❼ When the monkeys grew up and were exposed to stress as adults, those [reared in a consistent and predictable environment] coped well and explored multiple ways [to deal with the situation]; those [reared in fluctuating and unpredictable environments] panicked.

첫 번째와 세 번째 [ ]는 각각 those를 수식하는 분사구이고, 두 번째 [ ]는 목적의 의미를 나타내는 to부정사구이다.

Quick Check 어순 배열하기 / 적절한 말 고르기

1. Animal research has found that (are, childhood, during, formed, tendencies) most likely to surface in times of stress and uncertainty.
2. In studies with Bonnet macaques, for example, adult monkeys respond to stress very [different / differently] depending on their childhood environment.

정답 1. tendencies formed during childhood are 2. differently

8번 Mini Test 1

VR, AR, MV에 대한 국가별 친숙도

| Keywords | Virtual Reality, Augmented Reality, Metaverse

Familiarity with VR, AR, and the MV by Country, in 2022

	VR	AR	The MV
Global Average	80%	61%	52%
India	89%	79%	80%
China	88%	73%	73%
United States	86%	63%	59%
South Korea	77%	70%	71%
Germany	47%	38%	30%
France	46%	38%	28%

* VR: Virtual Reality / AR: Augmented Reality / MV: Metaverse

❶ [The table above]_{주어} shows_{술어 동사} / [the percentages of familiarity / with the concepts of VR, AR, and the MV / by country, / in 2022]_{shows의 목적어}. //
위의 표는 보여 준다 / 친숙도의 비율을 / VR, AR, MV라는 개념에 대한 / 국가별 / 2022년 //

❷ [Despite / {the global average familiarity / with VR}_{동명사구의 의미상의 주어} / being 80%]_{전치사구(부사구)}, / France had / [a familiarity rate with VR]_{목적어} / {that was 34 percentage points lower / than the global average}_{관계절}. //
~에도 불구하고 / 전 세계 평균 친숙도가 / VR에 대한 / 80%임 / 프랑스는 가졌다 / VR 친숙률을 / 34퍼센트포인트 더 낮은 / 전 세계 평균보다 //

❸ India_{주어} had_{술어 동사} [the highest familiarity / with all three technologies, / with VR at 89%, / AR at 79%, / and the MV at 80%]_{목적어}, / [followed by China, / {which ranked second / among the six countries / in familiarity with all three technologies}_{관계절(China에 대한 부가적 설명)}]_{분사구문}. //
인도는 친숙도가 가장 높았다 / 세 개 기술 모두에 대한 / VR이 89% / AR이 79% / 그리고 MV가 80%로 / 뒤이어 중국이 / 2위를 차지했다 / 여섯 개의 국가 중 / 세 개 기술 모두에 대한 친숙도에서 //
(among: 전치사(~ 중(에서)))

❹ [Germany had / {lower levels of familiarity / with all three technologies}_{had의 목적어} / compared to the global average]_{절 1}, / and [{for the familiarity with the MV}_{전치사구(부사구)}, / {the gap / between the global average and Germany}_{주어} / was_{단수형 동사} {less than 30 percentage points}_{보어}]_{절 2}. //
독일은 가졌다 / 더 낮은 수준의 친숙도를 / 세 개 기술 모두에 대해 / 세계 평균에 비해 / 그리고 MV에 대한 친숙도의 경우 / 격차가 / 세계 평균과 독일 간의 / 30퍼센트포인트보다 더 작았다 //
(compared to: ~에 비해)

❺ Regarding_{전치사(~에 관해서는)} the global average, / [familiarity with AR]_{주어} / was_{술어 동사} higher / than that_{=familiarity} with the MV, / but [in India and South Korea]_{전치사구(부사구)}, / [familiarity with the MV]_{주어} exceeded_{술어 동사} / that_{=familiarity} with AR. //
전 세계 평균에 관해서는 / AR에 대한 친숙도가 / 더 높았다 / MV에 대한 그것보다 / 하지만 인도와 한국에서는 / MV에 대한 친숙도가 넘어섰다 / AR에 대한 그것을 //

❻ [While the United States showed / {higher familiarity
미국은 보여 주었지만 / VR에 대한 더 높은 친숙도를 /
(부사절(대조); {…}: showed의 목적어)

with VR} / compared to South Korea], / South Korea had [higher familiarity / with both
한국에 비해 / 한국은 친숙도가 더 높았다 / AR과 MV 둘 다에
(had의 목적어)

AR and the MV / than the United States]. //
대한 / 미국보다 //

어휘

- □ **familiarity** 친숙도
- □ **virtual reality** 가상 현실
- □ **augmented reality** 증강 현실
- □ **average** 평균
- □ **gap** 격차

글의 흐름 파악

도입(①)		전개(②~⑥)
VR, AR, MV에 대한 국가별 친숙도	→	표에서 제시하는 주요 수치에 대한 해석
표는 VR, AR, MV라는 개념에 대한 2022년 국가별 친숙도의 비율을 보여 줌	→	• VR에 대한 전 세계 평균 친숙도와 프랑스의 친숙도의 차이 • 인도와 중국의 세 개 기술 모두에 대한 친숙도 • MV에 대한 세계 평균과 독일의 친숙도의 차이 • AR과 MV에 대한 전 세계 평균 친숙도 및 인도와 한국의 비교 • 미국과 한국의 비교

전문 해석

❶위의 표는 VR, AR, MV라는 개념에 대한 2022년 국가별 친숙도의 비율을 보여 준다. ❷VR에 대한 전 세계 평균 친숙도가 80%임에도 불구하고, 프랑스는 전 세계 평균보다 34퍼센트포인트 더 낮은 VR 친숙률을 가졌다. ❸인도는 VR이 89%, AR이 79%, MV가 80%로 세 개 기술 모두에 대한 친숙도가 가장 높았고, 뒤이어 중국이 세 개 기술 모두에 대한 친숙도에서 여섯 개의 국가 중 2위를 차지했다. ❹독일은 세계 평균에 비해 세 개 기술 모두에 대해 더 낮은 수준의 친숙도를 가졌고, MV에 대한 친숙도의 경우 세계 평균과 독일 간의 격차가 30퍼센트포인트보다 더 작았다. ❺전 세계 평균에 관해서는, AR에 대한 친숙도가 MV에 대한 그것보다 더 높았으나, 인도와 한국에서는 MV에 대한 친숙도가 AR에 대한 그것을 넘어섰다. ❻미국은 한국에 비해 VR에 대한 더 높은 친숙도를 보여 주었지만, 한국은 미국보다 AR과 MV 둘 다에 대한 친숙도가 더 높았다.

배경 지식

증강 현실(Augmented Reality)

증강 현실은 사용자 눈에 보이는 현실 세계에 실시간으로 3차원 가상의 물체나 그래픽을 겹쳐 보여 주는 기술이다. 현실 세계를 보완해 주는 개념으로, 보다 증강된 현실을 표현하기 위해서 컴퓨터 그래픽을 이용한 가상 환경을 주로 이용하지만, 중심이 되는 것은 어디까지나 현실 환경이다.

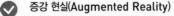

구문 해설

❸ India had the highest familiarity with all three technologies, with VR at 89%, AR at 79%, and the MV at 80%, [followed by China, {which ranked second among the six countries in familiarity with all three technologies}].

[ ]는 India를 의미상의 주어로 하며, 이를 부가적으로 설명하는 분사구문이다. { }는 China를 부가적으로 설명하는 관계절이다.

❹ [Germany had lower levels of familiarity with all three technologies **compared to** the global average], and [for the familiarity with the MV, {the gap between the global average and Germany} was less than 30 percentage points].

두 개의 [ ]가 and로 대등하게 연결되어 있고, compared to는 '~에 비해'라는 뜻이다. { }는 두 번째 절의 주어이다.

Quick Check T, F 고르기

1. Despite the global average familiarity with VR being 80%, France had a familiarity rate with VR that was 34 percentage points higher than the global average. T / F

2. Regarding the global average, familiarity with AR was higher than that with the MV, but in India and South Korea, familiarity with the MV exceeded that with AR. T / F

정답 1. F 2. T

9번 Mini Test 1

John Goodricke의 생애

| Keywords | astronomer, astronomy, Algol, brightness, periodic variations

❶English astronomer John Goodricke was born / in the Netherlands / in 1764. // ❷He was
영국의 천문학자 John Goodricke는 태어났다 / 네덜란드에서 / 1764년에 // 그는 귀가

관계절(목적격 관계대명사 생략)
deaf and mute, / probably because of a serious illness / [he had contracted in
들리지 않고 말을 못 했다 / 아마도 심각한 병 때문에 / 그가 어린 시절에 걸렸던 //

childhood]. // ❸He nevertheless proved to be a bright student. // ❹In 1778, / he entered
그럼에도 불구하고 그는 똑똑한 학생인 것으로 드러났다 // 1778년에 / 그는 Warrington

관계절(Warrington Academy에 대한 부가적 설명) 병렬 구조
Warrington Academy, / [where {he excelled in mathematics}, / and {his interest in
아카데미에 입학했는데 / 그곳에서 그는 수학을 뛰어나게 잘했다 / 그리고 천문학에 대한 그의 관심이

분사구문
astronomy was awakened}]. // ❺[After leaving the academy in 1781], / he started
깨어났다 // 1781년에 아카데미를 떠난 후 / 그는 자신만의 천문

making his own astronomical observations. // ❻In November 1782, / he was regularly
관측을 하기 시작했다 // 1782년 11월에 / 그는 별을 정기적으로 관찰하고

분사구 realized의 목적어(명사절)
observing the star / [known as Algol] / and soon realized / [that its brightness varies
있었다 / Algol로 알려진 / 그리고 곧 깨달았다 / 그것의 밝기가 규칙적으로 변화한다는 것을 /

술어부 1
regularly / over a period of a few days]. // ❼By further observations, / he [confirmed these
며칠을 주기로 // 추가 관측을 통해 / 그는 이러한 주기적인 변화를

술어부 2
periodic variations] / and [accurately estimated the period / at a bit less than 2 days and
확인하였다 / 그리고 그 주기를 정확하게 추정했다 / 2일 21시간보다 약간 더 짧은 것으로 //

과거완료 수동태
21 hours]. // ❽Variations in brightness of Algol, Mira, and other stars / had been noted
Algol, Mira, 그리고 다른 별들의 밝기 변화는 / 앞선 천문학자들에 의해

establish의 목적어(명사절)
by earlier astronomers, / but Goodricke was the first / to establish [that some variables
주목받았다 / 하지만 Goodricke가 처음이었다 / 몇몇 변광성(變光星)이 본래 정말 주기적이라는 것을

are truly periodic in nature]. // ❾Goodricke reported his findings / to the Royal Society
규명한 것은 // Goodricke는 그의 연구 결과를 보고했다 / 런던 왕립 학회에 /

간접목적어 직접목적어
of London, / and the Royal Society awarded him a Copley Medal / in 1783. //
그리고 왕립 학회는 그에게 Copley 메달을 수여했다 / 1783년에 //

* mute: 말을 못 하는 ** variable[variable star]: 변광성(變光星)

어휘

- □ deaf 귀가 들리지 않는, 청각 장애가 있는
- □ astronomy 천문학
- □ accurately 정확하게
- □ estimate 추정하다
- □ note 주목하다
- □ establish (사실을) 규명하다, 밝히다
- □ truly 정말
- □ in nature 본래
- □ award 수여하다

글의 흐름 파악

도입(❶)	전개 1(❷~❹)	전개 2(❺~❾)
John Goodricke의 출생	어린 시절과 학창 시절	성과 및 업적
1764년 네덜란드에서 태어난 영국의 천문학자	• 아마도 어린 시절 걸렸던 병으로 귀가 들리지 않고 말을 하지 못함 • Warrington 아카데미에서 수학을 뛰어나게 잘함 • 천문학에 대한 관심이 깨어남	• Warrington 아카데미를 떠난 후 자신만의 천문 관측을 시작함 • Algol로 알려진 별의 밝기가 며칠을 주기로 규칙적으로 변화한다는 것을 깨달음 → 주기적인 변화를 정확하게 추정함 • 1783년에 Copley 메달을 받음

전문 해석

❶영국의 천문학자 John Goodricke는 1764년에 네덜란드에서 태어났다. ❷그는 귀가 들리지 않고 말을 못 했는데, 아마도 어린 시절에 걸렸던 심각한 병 때문이었을 것이다. ❸그럼에도 불구하고 그는 똑똑한 학생인 것으로 드러났다. ❹1778년에 그는 Warrington 아카데미에 입학했는데, 그곳에서 그는 수학을 뛰어나게 잘했고 천문학에 대한 그의 관심이 깨어났다. ❺1781년에 아카데미를 떠난 후, 그는 자신만의 천문 관측을 하기 시작했다. ❻1782년 11월에 그는 Algol로 알려진 별을 정기적으로 관찰하고 있었고 곧 그것의 밝기가 며칠을 주기로 규칙적으로 변화한다는 것을 깨달았다. ❼추가 관측을 통해 그는 이러한 주기적인 변화를 확인하였고 그 주기를 2일 21시간보다 약간 더 짧은 것으로 정확하게 추정했다. ❽Algol, Mira, 그리고 다른 별들의 밝기 변화는 앞선 천문학자들에 의해 주목받았지만, 몇몇 변광성(變光星)이 본래 정말 주기적이라는 것을 규명한 것은 Goodricke가 처음이었다. ❾Goodricke는 그의 연구 결과를 런던 왕립 학회에 보고했고, 1783년에 왕립 학회는 그에게 Copley 메달을 수여했다.

배경 지식

별 Algol
별 알골은 가장 처음으로 발견된 식쌍성이자 잘 알려져 있는 변광성 가운데 하나이다. 알골은 실제로 알골 A, B, C 세 개의 별로 이루어진 삼중성계로, 알골 자리의 겉보기 등급은 2.12등급 정도에서 3.5등급 정도이다. 가장 밝을 때는 태양보다 약 180배 더 밝고, 밤하늘에서 전체적으로 61번째로 밝은 별이다. 알골 자리는 '악마의 머리'라고도 불리며, 아랍어에서 그 이름을 따왔다.

구문 해설

❷ He was deaf and mute, probably **because of** a serious illness [he had contracted in childhood].

because of는 '~ 때문에'라는 의미로 뒤에 명사(구)가 온다. [ ]는 a serious illness를 수식하는 관계절로 관계사가 생략되어 있다.

❻ In November 1782, he was regularly observing the star [known as Algol] and soon realized [that its brightness varies regularly over a period of a few days].

첫 번째 [ ]는 the star를 수식하는 분사구이다. 두 번째 [ ]는 realized의 목적어로 접속사 that이 이끄는 명사절이다.

Quick Check 빈칸 완성하기

1. In 1778, he entered Warrington Academy, where he excelled in mathematics, and his interest in astronomy was a______________.
2. Goodricke reported his findings to the Royal Society of London, and the Royal Society a______________ him a Copley Medal in 1783.

정답 1. [a]wakened 2. [a]warded

12번 선박 제작 전통의 다양성을 설명하는 요소들

Mini Test 1

| Keywords | marine fishing, craft, diversity, design, insular

관계대명사+to *do*

❶Most marine fishing / requires the use of a craft / [on which to go to sea], / together
대부분의 해양 어업은 / 선박의 사용이 필요하다 / 바다로 타고 나갈 / 물고기를 잡기

with nets, hooks and traps to catch the fish. // ❷The casual observer / normally sees
위한 그물, 낚싯바늘, 통발과 함께 // 우연히 목격하는 사람에게는 / 보통 해안이나 바다에 뜬

주어(복수) 단수형과 복수형의 형태가 같음

only the craft on the shore or at sea. // ❸[Fishing craft of the small-scale fishing
선박만 보인다 // 세계의 소규모 어업 공동체들의 어선은 /

술어 동사

communities of the world] / are marked by a vast diversity of design. // ❹This is
매우 다양한 디자인이 특징이다 // 이것은 때때로

관계절

sometimes attributed / to the 'insular' nature of many coastal communities / [that have
여겨진다 / 많은 해안 공동체의 '고립된' 특성 때문이라고 / 문화적으로

given rise to culturally conditioned variations / in the construction of traditional fishing
조정된 변형을 일으킨 / 전통적인 어선의 건조에 //

play a role: 역할을 하다

craft]. // ❺Cultural influences / have certainly played an important role / in features such
문화적인 영향은 / 확실히 중요한 역할을 했다 / 색상, 돛의 모양과 같은

as colours and the shape of the sails. // ❻But / two major constraining factors / also
특징들에서 // 그러나 / 두 가지 주요 제약 요인이 / 또한

influence the technical design of fishing craft. // ❼The first is the availability of
어선의 기술적 설계에 영향을 미친다 // 첫 번째는 적절한 목재의 가용성이다 /

appropriate woods / or other construction materials such as reeds or bamboo. // ❽The
또는 갈대나 대나무와 같은 다른 건조 자재의 //

~을 포함하여

second is the set of location-specific physical oceanographic factors, / including the
두 번째는 특정한 위치에 한정된 물리 해양학적 요인들의 집합이다 / 해저의 구조, 조직,

structure, the texture, and the slope of the sea bottom / and the nature of the surf and
기울기를 포함하여 / 그리고 파도와 물결의 특성을 (포함하여) /

분사구 It is ~ that ... 강조 구문 강조되는 부분

waves / [approaching the coast]. // ❾It is [these factors, rather than cultural insularity], /
해안에 접근하는 // 문화적 고립성보다는 바로 이러한 요소들이다 /

that largely explain the diversity of craft-building traditions. //
선박 제작 전통의 다양성을 주로 설명하는 것은 //

* insular: 고립된, 배타적인 ** reed: 갈대 *** oceanographic: 해양학적인

어휘

- □ craft 선박
- □ casual 우연한
- □ observer 목격자
- □ be attributed to ~ 때문이라고 여겨지다
- □ variation 변형
- □ constrain 제약하다
- □ availability 가용성
- □ bamboo 대나무
- □ texture 조직, 구성
- □ insularity 고립성, 배타성

글의 흐름 파악

도입(❶~❷)		전개(❸~❺)		결론(❻~❾)
해양 어업에서 선박의 필요성		어선의 다양한 디자인		어선의 기술적 설계에 영향을 미친 요인
대부분의 해양 어업은 선박의 사용이 필요함	➡	• 세계의 소규모 어업 공동체들의 어선은 디자인이 매우 다양함 • 이는 해안 공동체의 '고립된' 특성 때문이라고 여겨짐 • 문화적인 영향은 확실히 색상, 돛의 모양과 같은 특징들에서 중요한 역할을 했음	➡	• 적절한 목재 또는 갈대나 대나무와 같은 다른 건조 자재의 가용성의 영향 • 특정한 위치에 한정된 물리 해양학적 요인들의 집합의 영향 • 선박 제작 전통의 다양성을 주로 설명하는 것은 문화적 고립성보다는 바로 이러한 요소들임

전문 해석

❶대부분의 해양 어업은 물고기를 잡기 위한 그물, 낚싯바늘, 통발과 함께, 바다로 타고 나갈 선박의 사용이 필요하다. ❷우연히 목격하는 사람에게는 보통 해안이나 바다에 뜬 선박만 보인다. ❸세계의 소규모 어업 공동체들의 어선은 매우 다양한 디자인이 특징이다. ❹이것은 때때로 전통적인 어선의 건조에 문화적으로 조정된 변형을 일으킨 많은 해안 공동체의 '고립된' 특성 때문이라고 여겨진다. ❺문화적인 영향은 확실히 색상, 돛의 모양과 같은 특징들에서 중요한 역할을 했다. ❻그러나 두 가지 주요 제약 요인이 또한 어선의 기술적 설계에 영향을 미친다. ❼첫 번째는 적절한 목재 또는 갈대나 대나무와 같은 다른 건조 자재의 가용성이다. ❽두 번째는 해저의 구조, 조직, 기울기 및 해안에 접근하는 파도와 물결의 특성을 포함하여 특정한 위치에 한정된 물리 해양학적 요인들의 집합이다. ❾선박 제작 전통의 다양성을 주로 설명하는 것은 문화적 고립성보다는 바로 이러한 요소들이다.

구문 해설

❸ [**Fishing craft** of the small-scale fishing communities of the world] **are** marked by a vast diversity of design.

[ ]가 문장의 주어이며 주어의 핵이 Fishing crafts이므로 복수형 동사 are가 쓰였다.

❾ **It is** [these factors, rather than cultural insularity], **that** largely explain the diversity of craft-building traditions.

「It is ~ that ...」 강조 구문에서 [ ]가 강조되고 있다.

Quick Check 적절한 말 고르기

1. Most marine fishing requires the use of a craft [which / on which] to go to sea, together with nets, hooks and traps to catch the fish.
2. This is sometimes attributed to the 'insular' nature of many coastal communities [where / that] have given rise to culturally conditioned variations in the construction of traditional fishing craft.

정답 1. on which 2. that

Mini Test 1

13번 인간의 제한적인 사교성의 문제점

| Keywords | gregarious, associate, include, exclude, similar, distant, limited

병렬 구조(but으로 연결되어 문장을 구성)

❶[Humans are clearly gregarious], / but [they do not associate with one another / in
인간은 분명히 무리를 이루어 산다 / 하지만 서로 어울리지는 않는다 /

관계절

ways {that embrace all the members of the species / in a particular area}]. // ❷Smaller
그 종의 모든 구성원을 포용하는 방식으로 / 특정 지역에 있는 // 더 작은 그룹이

관계절

groups are formed / [which include some members and exclude others]. // ❸People like
형성된다 / 일부 구성원을 포함하고 다른 구성원을 배제하는 // 사람들은 가까운

관계절

to be close / to those [who are similar to themselves / in certain respects], / but they
것을 좋아한다 / 자신과 비슷한 사람들과 / 특정한 면에서 / 하지만 거리를

관계절

prefer to be distant / from those [who are different] / ; human gregariousness is quite
두는 것을 선호한다 / 상이한 사람들과 / 즉, 인간의 군거성은 상당히 심하게 제한적이다 /

severely limited / in its scope. // ❹In a word, / humans *discriminate*. // ❺They prefer
그 범위가 // 한마디로 / 인간은 '차별한다' // 그들은 다른 사람들

association with others / of the same occupation, socioeconomic class or status, /
과의 교제를 선호한다 / 같은 직업, 사회 경제적 계층 또는 지위 /

religion, language, nationality, race, colour, and so on. // ❻This is the source / of some
종교, 언어, 국적, 인종, 피부색 등을 가진 // 이것은 근원이다 / 가장 심각한

분사구

of the most serious problems / [facing human societies]. // ❼Some limited associations /
문제 중 일부의 / 인간 사회가 직면하고 있는 // 일부 제한된 교제는 /

비교급 강조 / 부사절(조건)

are much more important in this respect / than others. // ❽[If the tool-and-die makers
이 점에서 훨씬 더 중요하다 / 다른 것들보다 // 만약 도시의 공구 및 금형 제작자가 /

of a city / form an exclusive recreational association] / it creates few, if any, social
배타적인 레크리에이션 협회를 형성한다(면) / 그것은 사회적인 문제를 만든다 하더라도, 거의

부사절(조건)

problems, / but [if white residents form / white-only residential areas or school
만들지 않는다 / 하지만 백인 거주자들이 형성한다면 / 백인 전용 거주 지역이나 학구를 /

districts] / that is a different matter. // ❾[Man's limited gregariousness is not, in itself,
그것은 다른 문제이다 // 인간의 제한된 군거성은 그 자체로 사회적 문제가 아니다 /

병렬 구조(but으로 연결되어 문장을 구성함)

a social problem], / but [certain kinds of discrimination / are sources of conflict and
하지만 특정한 종류의 차별은 / 갈등과 적대감의 원천이다 /

관계절

hostility / {that are dysfunctional for the collectivity}]. //
집단의 기능을 해치는 //

* gregarious: 무리를 이루어 사는, 군거하는 ** tool-and-die maker: 공구 및 금형 제작자

*** dysfunctional: 기능을 해치는

어휘

- □ embrace 포용하다
- □ discriminate 차별하다
- □ occupation 직업
- □ socioeconomic 사회 경제적인
- □ hostility 적대감
- □ collectivity 집단

글의 흐름 파악

도입(❶~❷)	부연(❸~❺)	결론(❻~❾)
무리를 이루는 인간의 특성	인간의 군거성의 특징	인간의 제한된 군거성의 문제
• 인간은 무리를 이루어 살지만 모든 구성원을 포용하는 방식으로 서로 어울리지는 않음 • 일부 구성원을 포함하고 다른 구성원을 배제하는 더 작은 그룹이 형성됨	• 인간의 군거성은 그 범위가 상당히 심하게 제한적임 • 인간은 차별함 • 같은 직업, 사회 경제적 계층 또는 지위, 종교, 언어, 국적, 인종, 피부색 등을 가진 다른 사람들과의 교제를 선호함	• 인간 사회가 직면하고 있는 가장 심각한 문제 중 일부의 근원임 • 특정한 종류의 차별은 집단의 기능을 해치는 갈등과 적대감의 원천임

전문 해석

❶인간은 분명히 무리를 이루어 살지만, 특정 지역에 있는 그 종의 모든 구성원을 포용하는 방식으로 서로 어울리지는 않는다. ❷일부 구성원을 포함하고 다른 구성원을 배제하는 더 작은 그룹이 형성된다. ❸사람들은 특정한 면에서 자신과 비슷한 사람들과 가까운 것을 좋아하지만, 상이한 사람들과 거리를 두는 것을 선호한다. 즉, 인간의 군거성은 그 범위가 상당히 심하게 제한적이다. ❹한마디로 인간은 '차별한다'. ❺그들은 같은 직업, 사회 경제적 계층 또는 지위, 종교, 언어, 국적, 인종, 피부색 등을 가진 다른 사람들과의 교제를 선호한다. ❻이것은 인간 사회가 직면하고 있는 가장 심각한 문제 중 일부의 근원이다. ❼일부 제한된 교제는 이 점에서 다른 것들보다 훨씬 더 중요하다. ❽도시의 공구 및 금형 제작자가 배타적인 레크리에이션 협회를 형성한다면 그것은 사회적인 문제를 만든다 하더라도 거의 만들지 않지만, 백인 거주자들이 백인 전용 거주 지역이나 학구를 형성한다면 그것은 다른 문제이다. ❾인간의 제한된 군거성은 그 자체로 사회적 문제가 아니지만, 특정한 종류의 차별은 집단의 기능을 해치는 갈등과 적대감의 원천이다.

구문 해설

❶ [Humans are clearly gregarious], but [they do not associate with one another in ways {that embrace all the members of the species in a particular area}].

두 개의 [ ]가 but으로 연결되어 문장을 구성한다. { }는 ways를 수식하는 관계절이다.

❸ People like to be close to those [who are similar to themselves in certain respects], but they prefer to be distant from those [who are different]; ~.

두 개의 [ ]는 각각 those를 수식하는 관계절이다.

Quick Check 적절한 말 고르기

1. Smaller groups are formed [which / what] include some members and exclude others.
2. Some [limiting / limited] associations are much more important in this respect than others.

정답 1. which 2. limited

Mini Test 1

14번 오도하는 아름다운 감각

| Keywords | beauty, ugliness, misleading, dislocating

❶ [In our unrooted and industrialized world], / beauty can be a deceiver. // ❷ We often isolate our senses / from the consequences of our actions, / [creating bubbles of pleasing experience / {built on ugliness elsewhere / 〈that might give us pause / if we could sense it directly〉}]. // ❸ This is most obvious with international trade. // ❹ [The beautiful objects and foods in our lives] / sometimes [come from places of exploitation]. // ❺ Even soundscapes can be misleading. // ❻ In the outer suburbs, / [gentle sounds of insects and birdsong in trees] / [soothe us]. // ❼ Yet this experience is possible / only [because of / the traffic-filled highway / {that brings us and our goods to sonic oases}, / and the noise of mines and factories / {needed to build the extensive infrastructure networks / 〈that enable and sustain low-density suburbia〉}]. // ❽ [In {seeking sensory calm and connection to other species}], / we can paradoxically increase / [the sum of human noise in the world]. // ❾ [The dislocating power of fossil fuels] / drives much of this separation / between our senses and the consequences of our actions. //

(주석: ❶ 부사구 / ❷ isolate ~ from ...: ~을 …으로부터 분리하다; 분사구문(결과); 분사구; 관계절; give ~ pause: ~을 주저하게 하다; 부사절; =ugliness / ❸ =We ~ directly. / ❹ 주어; 술어부 / ❻ 부사구; 주어; 술어부 / ❼ 앞 문장의 내용을 가리킴; 부사구; 관계절; 분사구; 관계절; enable과 sustain의 공통 목적어 / ❽ 부사구; In의 목적어(동명사구); increase의 목적어(명사구); 부사구 / ❾ 주어; 술어 동사)

붙박여 있지 않는 산업화된 우리의 세계에서 / 아름다움은 사기꾼일 수 있다 // 우리는 자주 우리의 감각을 분리하여 / 행동의 결과로부터 / 즐거운 경험의 버블을 만든다 / 다른 곳에서 추악함 위에 세워진 / 우리를 주저하게 할 수도 있는 / 우리가 그것을 직접 감지할 수 있다면 // 이것은 국제 무역에서 가장 명백하다 // 우리 삶의 아름다운 사물들과 음식들은 / 때때로 착취의 장소에서 온다 // 심지어 소리 경관도 오도할 수 있다 // 외곽의 근교에서는 / 부드러운 벌레 소리와 나무에서 나는 새소리가 / 우리를 달랜다 // 하지만 이 경험은 가능하다 / 때문에만 / 차량으로 가득 찬 고속 도로 / 우리와 우리의 상품을 소리의 오아시스로 데려가는 / 그리고 광산 및 공장의 소음 / 광범위한 기반 시설 네트워크를 구축하는 데 필요한 / 저밀도 교외를 가능하게 하고 유지하는 // 감각적 평온과 다른 종과의 연결을 추구하면서 / 우리는 역설적으로 증가시킬 수 있다 / 세상에서 인간의 소음의 합을 // 위치를 바꾸는 화석 연료의 힘이 / 이러한 분리의 대부분을 부추긴다 / 우리의 감각과 행동의 결과 사이에 있는 //

* soundscape: 소리 경관, 소리 환경

어휘

- ☐ unrooted (한곳에) 붙박여 있지 않는, 뿌리박지 않은
- ☐ isolate 분리하다, 격리하다
- ☐ ugliness 추악함, 추함
- ☐ give ~ pause ~을 주저하게 하다
- ☐ obvious 명백한, 분명한
- ☐ exploitation 착취
- ☐ misleading 오도하는, 현혹하는
- ☐ soothe 달래다, 누그러뜨리다
- ☐ sonic 소리의, 음파의
- ☐ oasis 오아시스(*pl.* oases)
- ☐ mine 광산
- ☐ extensive 광범위한
- ☐ infrastructure 기반 시설
- ☐ sustain 유지하다
- ☐ suburbia 교외
- ☐ paradoxically 역설적으로
- ☐ sum 합(계)
- ☐ dislocate 위치를 바꾸다, (뼈를) 탈구시키다

글의 흐름 파악

주제(❶)		설명(❷~❽)		결론(❾)
아름다움의 특징		추악함 위에 세워진 즐거운 경험의 버블		화석 연료
산업화된 세계에서 아름다움은 사기꾼일 수 있음	➜	• 삶의 아름다운 사물과 음식은 착취의 장소에 옴 • 오도할 수 있는 소리 경관 → 부드러운 벌레 소리와 나무에서 나는 새소리는 고속 도로와 광산 및 공장의 소음 때문에 가능함 → 감각적 평온과 다른 종과의 연결 추구가 인간의 소음을 증가시킴	➜	위치를 바꾸는 화석 연료의 힘이 감각과 행동의 결과 사이의 분리를 부추김

전문 해석

❶붙박여 있지 않는 산업화된 우리의 세계에서, 아름다움은 사기꾼일 수 있다. ❷우리는 자주 우리의 감각을 행동의 결과로부터 분리하여, 우리가 그것을 직접 감지할 수 있다면 우리를 주저하게 할 수도 있는 다른 곳에서 추악함 위에 세워진 즐거운 경험의 버블을 만든다. ❸이것은 국제 무역에서 가장 명백하다. ❹우리 삶의 아름다운 사물들과 음식들은 때때로 착취의 장소에서 온다. ❺심지어 소리 경관도 오도할 수 있다. ❻외곽의 근교에서는 부드러운 벌레 소리와 나무에서 나는 새소리가 우리를 달랜다. ❼하지만 이 경험은 우리와 우리의 상품을 소리의 오아시스로 데려가는 차량으로 가득 찬 고속 도로와 저밀도 교외를 가능하게 하고 유지하는 광범위한 기반 시설 네트워크를 구축하는 데 필요한 광산 및 공장의 소음 때문에만 가능하다. ❽감각적 평온과 다른 종과의 연결을 추구하면서, 우리는 역설적으로 세상에서 인간의 소음의 합을 증가시킬 수 있다. ❾위치를 바꾸는 화석 연료의 힘이 우리의 감각과 행동의 결과 사이에 있는 이러한 분리의 대부분을 부추긴다.

배경 지식

기반 시설(infrastructure)

기반 시설은 인프라 혹은 사회 간접 자본이라 부르기도 한다. 크게 도로, 항만, 항공, 철도, 전기, 통신 등의 산업 기반 시설과 상하수도, 병원, 학교 등의 생활 기반 시설로 나뉜다. 기반 시설 투자는 대규모이며 투입한 자본 회수에 오랜 시간이 필요하지만, 그 효과가 사회 전반에 미치기 때문에 주로 공공 기관이나 정부의 투자로 사업이 시행된다.

구문 해설

❷ We often isolate our senses from the consequences of our actions, [creating bubbles of pleasing experience built on ugliness elsewhere {that might give us pause if we could sense it directly}].

[ ]는 결과를 나타내는 분사구문이고, { }는 ugliness elsewhere를 수식하는 관계절이다.

❹ [**The beautiful objects and foods** in our lives] sometimes **come** from places of exploitation.

[ ]는 문장의 주어이고, 주어의 핵심 어구가 복수인 The beautiful objects and foods이므로, 복수형 술어 동사 come이 쓰였다.

Quick Check 적절한 말 고르기

1. Yet this experience is possible only [because / because of] the traffic-filled highway that brings us and our goods to sonic oases, and the noise of mines and factories needed to build the extensive infrastructure networks that enable and sustain low-density suburbia.

2. The dislocating power of fossil fuels [drive / drives] much of this separation between our senses and the consequences of our actions.

정답 1. because of 2. drives

15번 호의를 베푼 사람에 대한 경계선 설정

Mini Test 1

| Keywords | boundaries, favor, overstepped, smooth things over

부사절 / 관계절 / 현재완료

❶[When you try to initiate a conversation / about boundaries with someone / {who has

여러분이 대화를 시작하려고 할 때 / 사람과 경계선에 관한 / 여러분에게

현재진행 / do ~ a favor: ~에게 호의를 베풀다 / 동격 관계 / make+목적어+동사원형

done or is doing you a favor}], / there's a good chance / [that person will try to make

호의를 베풀었거나 베풀고 있는 / 가능성이 크다 / 그 사람이 여러분에게 정말로 양심의 가책을

see ~ as ...: ~을 …으로 보다

you feel really guilty]. // ❷They might be seeing you / as ungrateful, selfish, or a "user." //

느끼도록 만들 // 그 사람은 여러분을 볼지도 모른다 / 감사할 줄 모르거나, 이기적이거나, '이용하는 사람'으로 //

주어 / 관계절

❸Please remember, / [the way {other people choose / to respond to your clear, kind

기억하라 / 다른 사람들이 택하는 방식은 / 여러분의 명확하고 친절한 경계선에 반응하기로 /

술어부 / 부사절(조건) / 주어 / 술어 동사 1 / 술어 동사 2 / =the favor

boundary}] / [is not your business]. // ❹[If you appreciate the favor, / have truly repaid it /

여러분이 관여할 일이 아니다 // 만약 여러분이 그 호의에 감사하고 / 진정으로 그것을 갚았는데도 /

관계절 / ~에 동의하다 / 술어 동사 3 / believe의 목적어(명사절) / 관계절

in the way {you both agreed to}, / and believe / {the favor grantor is dangling strings / ⟨you

여러분 두 사람이 동의한 방식으로 / 그리고 생각된다면 / 호의를 베푼 사람이 조건을 달고 있다고 / 여러분이

명령문(동사원형 ~) / 부사구

never *would* have agreed to⟩}], / [set the boundary]. // ❺[In the best-case scenario], /

동의하지도 않'았을' / 경계선을 설정하라 // 최고의 시나리오에서는 /

understand의 목적어(명사절) / =overstepping / 부사구

they'll understand [they've overstepped] / and it won't continue to happen. // ❻[In the

그 사람이 도를 넘었다는 사실을 깨달을 것이다 / 그래서 그런 일이 계속 일어나지 않을 것이다 // 그럴싸한

=the boundary

likely scenario], / they'll complain about it, / but will reluctantly acquiesce / — and you

시나리오에서는 / 그 사람이 그것에 대해 불평할 것이다 / 하지만 마지못해 묵인할 것이다 / 그리고 여러분은

smooth ~ over: ~을 원활하게 무마하다 / 부사구 / 부사구

might have to actively smooth things over / for a while. // ❼[In the worst-case scenario], /

적극적으로 상황을 원활하게 해야 할 수도 있다 / 당분간 // 최악의 시나리오에서는 /

they're furious at your selfishness, / sever the relationship (likely temporarily), / and

그 사람이 여러분의 이기심에 격노하여 / 관계를 단절한다 (아마 일시적으로) / 그래서

~에 기대다 / 부사구 / =to lean on them again for a favor

you will never lean on them / again for a favor. // ❽(Would you really want to anyway?) //

여러분은 그 사람에게 절대 기대지 않을 것이다 / 호의를 얻기 위해 다시는 // 어쨌든 여러분은 정말로 그렇게 하고 싶겠는가 //

decide의 목적어(명사구) / 부사구

❾Only you can decide / [how much to push back / {for the sake of your mental health

오직 여러분만이 결정할 수 있다 / 어느 정도 밀어낼 것인지는 / 여러분의 정신 건강과 관계를 위하여 //

and relationship}]. //

* dangle strings: 조건을[단서를] 달다 **acquiesce: 묵인하다

어휘

- □ initiate 시작하다, 착수하다
- □ boundary 경계선
- □ guilty 가책을 느끼는
- □ ungrateful 감사할 줄 모르는
- □ appreciate 감사하다, 이해하다
- □ repay 갚다, 보답하다
- □ grantor 베푼 사람, 수여자
- □ best-case scenario 최고의 시나리오
- □ overstep (도를) 넘다
- □ smooth over ~을 원활하게 하다, 매끄럽게 하다
- □ furious 격노한
- □ lean on (도움 · 지지를 바라고) ~에 기대다[의지하다]
- □ for the sake of ~을 위하여

글의 흐름 파악

도입(❶~❷)		전개(❸~❽)		결론(❾)
호의를 베푼 사람과의 경계선 대화		경계선 설정의 시나리오		경계선 설정의 결정
• 호의를 베푼 사람이 여러분에게 양심의 가책을 느끼게 함 • 여러분을 몰염치하다고 볼 가능성이 있음	➜	• 여러분의 경계선과 다른 사람의 반응 • 경계선 설정의 상황 – 최고의 시나리오 → 도를 넘었다고 생각하는 경우 – 그럴싸한 시나리오 → 적극적으로 상황을 원활하게 해야 하는 경우 – 최악의 시나리오 → 이기심에 격노하여 관계가 단절되는 경우	➜	정신 건강과 관계를 위해 여러분이 결정할 일

전문 해석

❶여러분이 여러분에게 호의를 베풀었거나 베풀고 있는 사람과 경계선에 관한 대화를 시작하려고 할 때, 그 사람이 여러분에게 정말로 양심의 가책을 느끼도록 만들 가능성이 크다. ❷그 사람은 여러분을 감사할 줄 모르거나, 이기적이거나, '이용하는 사람'으로 볼지도 모른다. ❸다른 사람들이 여러분의 명확하고 친절한 경계선에 반응하기로 택하는 방식은 여러분이 관여할 일이 아니라는 점을 기억하라. ❹여러분이 그 호의에 감사하고, 여러분 두 사람이 동의한 방식으로 진정으로 그것을 갚았는데도, 호의를 베푼 사람이 여러분이 동의하지도 '않았을' 조건을 달고 있다고 생각되면, 경계선을 설정하라. ❺최고의 시나리오에서는, 그 사람이 도를 넘었다는 사실을 깨닫고 그런 일이 계속 일어나지 않을 것이다. ❻그럴싸한 시나리오에서는, 그 사람이 그것에 대해 불평하겠지만 마지못해 묵인할 것이며, 여러분은 당분간 적극적으로 상황을 원활하게 해야 할 수도 있다. ❼최악의 시나리오에서는, 그 사람이 여러분의 이기심에 격노하여 (아마 일시적으로) 관계를 단절하고, 여러분은 호의를 얻기 위해 다시는 그 사람에게 절대 기대지 않을 것이다. ❽(어쨌든 여러분은 정말로 그렇게 하고 싶겠는가?) ❾여러분의 정신 건강과 관계를 위하여 어느 정도 밀어낼 것인지는 오직 여러분만이 결정할 수 있다.

구문 해설

❶ [When you try to initiate a conversation about boundaries with someone {who has done or is doing you a favor}], there's a good chance [that person will try to make you feel really guilty].

첫 번째 [ ]는 시간의 부사절이고, { }는 someone을 수식하는 관계절이다. 두 번째 [ ]는 a good chance의 구체적인 내용을 설명하는 동격절이다.

❾ Only you can decide [how much to push back for the sake of your mental health and relationship].

[ ]는 decide의 목적어 역할을 하는 to부정사구이다.

Quick Check 적절한 말 고르기

1. Please remember, the way other people choose to respond to your clear, kind boundary [are / is] not your business.
2. If you appreciate the favor, have truly repaid it in the way you both agreed to, and believe the favor grantor is dangling strings you never *would* have agreed to, [set / setting] the boundary.

정답 1. is 2. set

Mini Test 1

16번 상당한 투자에 근거하는 멀티미디어 제품 보호의 필요성

| Keywords | multimedia products, significant investments, umbrella of copyright

❶ Multimedia products, / [irrespective of {whether they are original or not}], / require significant investments / for their production. //
멀티미디어 제품들은 / 그것들이 독창적인지의 여부에 상관없이 / 상당한 투자가 필요하다 / 그것들의 제작에 //

(삽입구: irrespective of ~ / of의 목적어(명사절): whether ~ not)

❷ Sometimes / the amount of money and effort / put into [the design], [accumulation of the various elements] and [realisation of a multimedia product] / ({which is not original})] / [can be extremely substantial] / and [can even surpass / those for the creation of an original work]. //
때로는 / 돈과 노력의 양이 / 멀티미디어 제품을 설계하고, 그것을 위한 다양한 요소를 축적하며, 그리고 그것을 구현하는 데 투입되는 / 독창적이지 않은 / 아주 많을 수 있다 / 그리고 심지어 능가할 수도 있다 / 독창적인 작품 제작에 투입된 것들을 //

(병렬 구조: [the design], [accumulation ~], [realisation ~] / 관계절: which is not original / 술어부 1: can be extremely substantial / 술어부 2: can even surpass ~ / those = the money and effort)

❸ The possibility of copying these works / in perfect quality / at a fraction of the original cost / and the marketing of similar or identical products / [{clearly jeopardises the investment / put into this domain} / and {greatly discourages future projects / in the area}]. //
이러한 작품들을 복제할 가능성은 / 완벽한 품질로 / 최초 비용의 작은 부분으로 / 그리고 비슷하거나 똑같은 제품을 마케팅할 (가능성은) / 분명히 투자를 위태롭게 한다 / 이 분야에 투입되는 / 그리고 미래의 프로젝트를 크게 단념시킨다 / 이 분야에서의 //

(술어부: clearly jeopardises ~ / 병렬 구조: clearly jeopardises ~ / greatly discourages ~)

❹ The multimedia industry / in this respect / runs an important risk / [that is similar to the one {the database industry was confronted / with some years ago}]. //
멀티미디어 산업은 / 이러한 측면에서 / 중대한 위험을 안고 있다 / 데이터베이스 산업이 직면했던 것과 비슷한 / 몇 년 전에 //

(관계절: that is similar to ~ / 관계절: the database industry was confronted with ~)

❺ Therefore, / there is a need for protection / even for those multimedia products / [that do not come under the umbrella of copyright]. //
따라서 / 보호해 주어야 할 필요가 있다 / 그러한 멀티미디어 제품들에 대해서도 / 저작권 보호를 받지 못하는 //

(관계절: that do not come under ~)

❻ This need is not based [on {their creativity} / or {the fact ⟨that they offer society / a new expression of a concept⟩}], / but rather [on the substantial investment in them]. //
이러한 필요는 그것들의 창의성에 근거하는 게 아니다 / 혹은 그것들이 사회에 제공한다는 사실에 / 어떤 개념에 대한 새로운 표현을 / 오히려 그것들에 투입된 상당한 투자에 근거한다 //

(not A but rather B: A가 아니라 오히려 B / 병렬 구조: their creativity / the fact ~ / 동격 관계: the fact ⟨that ~⟩)

* surpass: 능가하다 ** jeopardise: 위태롭게 하다

어휘

- □ significant 상당한
- □ investment 투자
- □ accumulation 축적
- □ fraction 작은 부분, 소량
- □ be confronted with ~에 직면하다
- □ umbrella 보호, 우산

글의 흐름 파악

도입(❶~❷)	부연(❸~❹)	결론(❺~❻)
멀티미디어 제품에 대한 투자	복제의 위험	보호의 필요성
• 독창성과 별개로 멀티미디어 제품들은 제작에 상당한 투자가 필요함 • 독창적인 작품 제작에 투입되는 돈과 노력의 양을 능가할 수 있음	• 적은 비용으로 멀티미디어 작품들을 복제하고 비슷하거나 똑같은 제품을 마케팅할 가능성 → 이 분야의 투자를 위태롭게 하고 향후 프로젝트를 단념시킴 • 데이터베이스 산업이 직면했던 위험과 유사함	멀티미디어 제품들에 투입된 상당한 투자에 근거하여 저작권 보호를 받지 못하는 제품들에 대해서도 보호해 주어야 함

전문 해석

❶멀티미디어 제품들은 그것들이 독창적인지의 여부에 상관없이 그것들의 제작에 상당한 투자가 필요하다. ❷때로는 (독창적이지 않은) 멀티미디어 제품을 설계하고, 그것을 위한 다양한 요소를 축적하며, 그것을 구현하는 데 투입되는 돈과 노력의 양이 아주 많을 수 있으며 심지어 독창적인 작품 제작에 투입된 것들을 능가할 수도 있다. ❸최초 비용의 작은 부분으로 이러한 작품들을 완벽한 품질로 복제하고 비슷하거나 똑같은 제품을 마케팅할 가능성은 분명히 이 분야에 투입되는 투자를 위태롭게 하고 이 분야에서의 미래의 프로젝트를 크게 단념시킨다. ❹이러한 측면에서 멀티미디어 산업은 몇 년 전에 데이터베이스 산업이 직면했던 것과 비슷한 중대한 위험을 안고 있다. ❺따라서 저작권 보호를 받지 못하는 그러한 멀티미디어 제품들에 대해서도 보호해 주어야 할 필요가 있다. ❻이러한 필요는 그것들의 창의성 혹은 그것들이 사회에 어떤 개념에 대한 새로운 표현을 제공한다는 사실에 근거하는 게 아니라, 오히려 그것들에 투입된 상당한 투자에 근거한다.

구문 해설

❸ The possibility of [copying these works in perfect quality at a fraction of the original cost] and [the marketing of similar or identical products] [{clearly jeopardises the investment put into this domain} and {greatly discourages future projects in the area}].

첫 번째와 두 번째 [ ]는 and로 연결되어 The possibility of에 이어진다. 세 번째 [ ]는 술어부로 두 개의 { }가 and로 연결되어 있다.

❺ Therefore, there is a need [for protection] even for **those** multimedia products [that do not come under the umbrella of copyright].

첫 번째 [ ]는 a need를 수식하는 전치사구이며, those는 multimedia products를 수식하는 지시형용사이다. 두 번째 [ ]는 those multimedia products를 수식하는 관계절이다.

Quick Check 적절한 말 고르기 / T, F 고르기

1. Sometimes the amount of money and effort put into the design, accumulation of the various elements and realisation of a multimedia product (which is not original) can be extremely substantial and can even surpass [that / those] for the creation of an original work.

2. The possibility of copying multimedia works at a lower cost than the original cost and marketing those products puts the investment at risk and hinders future projects. [T / F]

정답 1. those 2. T

뉴스 발행사의 독자 구성과 선호도 파악

| Keywords | news publishers, audience measurement, uncertainty, limitations

부사절(양보) / to의 목적어

❶[Although many news publishers subscribe to / {at least one source of online

많은 뉴스 발행사가 구독하고 있지만 / 적어도 하나의 온라인 독자 측정 자료를 /

exhibit의 목적어 / about의 목적어

audience measurement}], / they also exhibit / [uncertainty about / {how best to

그들은 또한 드러낸다 / ~에 관해서는 확신하지 못함을 / 그 데이터를 편집상의

incorporate the data into editorial decisions}]. // ❷This uncertainty / stems from / the

결정에 가장 잘 포함하는 방법 // 이러한 불확실함은 / ~에서 비롯된다 / 사실 /

동격 관계 / 동격절의 주어 / 술어 동사(measures가 주어의 핵심어)

fact / [that {even sophisticated measures of audience behavior} / paint an incomplete

독자의 행동을 측정하는 정교한 방법조차도 / 불완전하게 묘사한다 /

of의 목적어 1 / of의 목적어 2

portrait of / {who the audience is} / and {what they want from news media}]. // ❸For

독자가 누구이며 / 그리고 그들이 뉴스 미디어에서 무엇을 원하는지를 //

observe의 목적어(명사절)

example, / a digital news site / [now can observe / {how its online audience interacts

예를 들어 / 디지털 뉴스 사이트는 / 이제 관찰할 수 있다 / 온라인 독자가 콘텐츠와 상호 작용하는 방식을 /

병렬 구조 / 부사구 / ~에 관한 한 / 동명사구의 의미상 주어

with its content}], / but [remains limited / {when it comes to its understanding / ⟨*why*

하지만 여전히 한계가 있다 / 이해하는 것에 관한 한 / 동명사구 / 독자가 '왜'

understanding의 목적어(명사절) / to부정사구(목적)

they spent time with some stories / but not others⟩}]. // ❹[To address this gap], / news

특정 기사에 시간을 소비하고 / 하지만 다른 기사에는 그러지 않는지를 // 이러한 격차를 다루기 위해 / 뉴스 보도

complement ~ with ...: ~을 …으로 보완하다

organizations / sometimes complement / these online metrics / with more qualitative

기관들은 / 때때로 보완하기도 한다 / 이러한 온라인 측정 기준을 / 보다 질적인 독자 조사 수단으로 /

means of audience research, / such as surveys and focus groups. // ❺However, / these

설문 조사 및 포커스 그룹과 같은 // 그러나 / 이러한

콜론(:) 뒤에서 limitations of their own을 설명 / 부사절(양보)

methods suffer from / limitations of their own / : [{Even if a news organization surveys /

방법은 ~을 겪는다 / 그것 자체의 한계 / 뉴스 보도 기관이 설문 조사하더라도 /

a sample of its subscribers / about their motivations for subscribing}, / they cannot

구독자 표본을 대상으로 / 그들의 구독 동기에 대해 / 그들은 알 수 없다 /

know의 목적어(명사절) / how+형용사+주어+동사(간접의문문)

know, / with certainty, / {how representative those responses are of / the rest of their

확실하게 / 이러한 응답이 얼마나 대표할 수 있는지는 / 나머지 독자를 //

to부정사구(형용사적 용법)

audience}]. // ❻News publishers / simply lack / the time and resources / [to identify / the

뉴스 발행사는 / 그야말로 부족하다 / 시간과 자원이 / 알아낼 /

exact composition and preferences / of all their readers]. //

정확한 구성과 선호도를 / 모든 독자의 //

* metric: 측정 기준, 계량

어휘

□ **publisher** 발행사, 출판사	□ **subscribe** 구독하다, 동의하다	□ **exhibit** 드러내다, 보여 주다
□ **incorporate** (일부로) 포함하다	□ **editorial** 편집(상)의, 편집자의	□ **stem from** ~에서 비롯되다
□ **sophisticated** 정교한	□ **portrait** (상세한) 묘사	□ **address** 다루다, 처리하다
□ **complement** 보완[보충]하다	□ **qualitative** 질적인	□ **survey** 설문 조사; (설문) 조사하다
□ **representative** 대표하는, 전형적인		□ **identify** 알아내다, 식별하다
□ **composition** 구성	□ **preference** 선호(도)	

글의 흐름 파악

도입(❶)	부연 1(❷~❹)	부연 2 및 결론(❺~❻)
뉴스 발행사의 온라인 독자 측정 자료	불확실함의 이유와 보완책	보완책의 한계
데이터를 편집상의 결정에 잘 포함하는 방법에 관해서는 확신이 없음	• 독자의 행동을 측정하는 가장 정교한 방법도 한계가 있음 → 왜 특정 기사에 시간을 소비하는지에 대한 이유 파악이 어려움 • 질적 조사 수단을 활용하여 온라인 측정 기준 보완을 시도함	• 구독자 표본을 가지고 질적 조사를 하더라도 대표성의 문제가 발생함 • 뉴스 발행사는 모든 독자의 정확한 구성과 선호도를 알아낼 시간과 자원이 부족함

전문 해석

❶많은 뉴스 발행사가 적어도 하나의 온라인 독자 측정 자료를 구독하고 있지만, 그들은 그 데이터를 편집상의 결정에 가장 잘 포함하는 방법에 관해서는 또한 확신하지 못한다는 것을 드러낸다. ❷이러한 불확실함은 독자의 행동을 측정하는 정교한 방법조차도 독자가 누구이며 그들이 뉴스 미디어에서 무엇을 원하는지를 불완전하게 묘사한다는 사실에서 비롯된다. ❸예를 들어, 디지털 뉴스 사이트는 이제 온라인 독자가 콘텐츠와 상호 작용하는 방식을 관찰할 수 있지만, 독자가 '왜' 특정 기사에 시간을 소비하고 다른 기사에는 그러지 않는지를 이해하는 것에 관한 한 여전히 한계가 있다. ❹이러한 격차를 다루기 위해 뉴스 보도 기관들은 때때로 설문 조사 및 포커스 그룹과 같은 보다 질적인 독자 조사 수단을 통해 이러한 온라인 측정 기준을 보완하기도 한다. ❺그러나 이러한 방법에는 그것 자체의 한계가 있는데, 뉴스 보도 기관이 구독자 표본을 대상으로 구독 동기에 대해 설문 조사하더라도 이러한 응답이 나머지 독자를 얼마나 대표할 수 있는지는 확실하게 알 수 없다. ❻뉴스 발행사는 모든 독자의 정확한 구성과 선호도를 알아낼 시간과 자원이 그야말로 부족하다.

배경 지식

독자/시청자 측정(audience measurement)

독자/시청자 측정은 언론사나 방송국이 미디어 콘텐츠를 소비하는 사람들의 선호도와 인구 통계학적 특성을 파악하기 위해 사용하는 기법을 나타낸다. 주로 구독률, 라디오 청취율, 그리고 텔레비전 시청률과 같은 데이터를 기반으로 파악하지만, 최근에는 온라인 미디어의 이용 증가에 따라 온라인 조사, SNS 분석, 빅 데이터 분석 등 다양한 방법을 활용하고 있다.

구문 해설

❸ For example, a digital news site [now can observe {how its online audience interacts with its content}], but [remains limited {**when it comes to** its understanding 〈*why* they spent time with some stories but not others〉}].

두 개의 [ ]가 but으로 연결되어 문장의 주어인 a digital news site에 이어진다. 첫 번째 { }는 observe의 목적어 역할을 하는 명사절이다. 부사구인 두 번째 { }에서는 '~에 관한 한'이라는 의미를 나타내는 「when it comes to ~」이 사용되었는데, to가 전치사이므로 의미상 주어인 its와 understanding으로 시작하는 동명사구가 뒤에 이어진다. 〈 〉는 understanding의 목적어 역할을 하는 명사절이다.

❺ However, these methods suffer from limitations of their own: [{Even if a news organization surveys a sample of its subscribers about their motivations for subscribing}, they cannot know, with certainty, {**how representative those responses are** of the rest of their audience}].

[ ]는 콜론(:) 앞에 있는 limitations of their own을 구체적으로 설명한다. 첫 번째 { }는 양보의 의미를 나타내는 부사절이고, 두 번째 { }는 know의 목적어 역할을 하는 명사절로 「how+형용사+주어+동사」의 어순이 쓰였다.

Quick Check 적절한 말 고르기 / 빈칸 완성하기

1. At present, sophisticated measures of audience behavior paint a(n) [full / incomplete] portrait of who the audience is and what they want from news media.
2. To address this gap, news organizations sometimes complement these online metrics with more q______________ means of audience research, such as surveys and focus groups.

정답 1. incomplete 2. (q)ualitative

Mini Test 1

18번 도로를 줄이는 것의 효과

| Keywords | cars, highway, traffic, induced demand, curb

~에 관해 / of의 목적어(명사절) / 부사절(시간)

❶[As for the question of / {what happens to all the cars / 〈once a highway is replaced

~이라는 문제에 관해 / 차량은 전부 어떻게 되는가라는 / 고속 도로를 넓은 가로수 길로 대체하면 /

부사구 / shows의 목적어(명사절) / 명사절의 주어(동명사구)

with a boulevard〉}], / evidence shows time and again / [that {removing highways} /

증거가 되풀이해서 보여 준다 / 고속 도로를 없애는 것은 /

부사절(시간)

actually reduces / the number of cars on the road}]. // ❷[After the West Side Highway in

실제로 줄인다 / 도로의 차량 수를 // 뉴욕의 West Side Highway가 대체된 후 /

수동태 / from ~ to ...: ~에서 …으로

New York was replaced], / traffic in that section of Manhattan / dropped / from 140,000

맨해튼의 해당 구간 교통량은 / 감소했다 / 하루 14만 대에서

to 95,000 vehicles per day. // ❸Many drivers switched / to faster roads in New Jersey, /

9만 5천 대로 // 많은 운전자가 옮겨 갔다 / 뉴저지의 더 빠른 도로로 /

부사절(시간)

and [as New York City invested more in public transportation], / some commuters

그리고 뉴욕시가 대중교통에 더 많은 투자를 하면서 / 일부 통근자들은 일상 패턴을

to부정사구(목적)

switched their daily patterns / [to ride subways and buses]. // ❹Traffic is / one of the

바꿨다 / 지하철과 버스를 타기 위해 // 교통은 ~이다 / 가장 잘 알려진

the+비교급 ~, the+비교급 ...

best-known examples / of induced demand / ; the more roads, / the more people will

사례 중 하나(이다) / 유도된 수요의 / 도로가 더 많아질수록 / 더 많은 사람이 도로를 이용하게

부사절(조건) / 병렬 구조(and로 연결되어 주격 보어 역할을 함)

use them. // ❺[If the ultimate goal is / {to curb driving in a city} / and {to move people

된다 // 만약 궁극적인 목표가 ~이라면 / 도시에서 운전을 억제하는 것 / 그리고 사람들을 지속 불가능한

주어(동명사구) / 분사구

away from unsustainable transportation sources}], / [reducing the space / {allotted to

교통수단으로부터 멀어지게 하는 것 / 공간을 줄이는 것이 / 자동차에 할당된 /

cars}] / is a good way to start. //

좋은 출발점이다 //

* boulevard: 넓은 가로수 길 ** curb: 억제하다 *** allot: 할당하다

어휘

- □ highway 고속도로
- □ remove 없애다
- □ section 구간
- □ invest 투자하다
- □ commuter 통근자
- □ induce 유도하다, 유발하다

글의 흐름 파악

주제(❶)		예시(❷~❸)		부연 및 결론(❹~❺)
고속 도로를 넓은 가로수 길로 대체했을 때의 효과		뉴욕의 사례		교통의 특징
도로의 차량 수가 줄어듦	➜	West Side Highway가 대체된 후에 맨해튼의 해당 구간 교통량이 감소함 → 많은 운전자가 뉴저지의 도로로 옮겨 갔고 통근자들이 대중교통을 이용하기 위해 일상 패턴을 바꿈	➜	• 교통은 일종의 유도된 수요임 → 도로가 더 많아지면 더 많은 사람이 도로를 이용함 • 도시에서의 운전을 억제하려면 자동차에 할당된 공간을 줄이는 것이 좋은 출발점임

전문 해석

❶고속 도로를 넓은 가로수 길로 대체하면 차량은 전부 어떻게 되는가라는 문제에 관해, 증거가 되풀이해서 보여 주는 바는 고속 도로를 없애면 실제로 도로의 차량 수가 줄어든다는 것이다. ❷뉴욕의 West Side Highway가 대체된 후 맨해튼의 해당 구간 교통량은 하루 14만 대에서 9만 5천 대로 감소했다. ❸많은 운전자가 뉴저지의 더 빠른 도로로 옮겨 갔고, 뉴욕시가 대중교통에 더 많은 투자를 하면서 일부 통근자들은 지하철과 버스를 타기 위해 일상 패턴을 바꿨다. ❹교통은 유도된 수요의 가장 잘 알려진 사례 중 하나이며, 도로가 더 많아질수록 더 많은 사람이 도로를 이용하게 된다. ❺만약 도시에서 운전을 억제하고 사람들을 지속 불가능한 교통수단으로부터 멀어지게 하는 것이 궁극적인 목표라면, 자동차에 할당된 공간을 줄이는 것이 좋은 출발점이다.

배경 지식

넓은 가로수 길(boulevard)

넓은 가로수 길은 도시에서 주로 볼 수 있는 넓은 폭을 가진 직선 대로로서, 가로 공원 등으로 조성되어 산책길이나 시민들의 보행 공간으로 활용된다.

구문 해설

❶ [**As for** the question of {what happens to all the cars 〈once a highway is replaced with a boulevard〉}], evidence shows time and again [that {removing highways} actually reduces the number of cars on the road].

첫 번째 [ ]는 부사구로 As for는 '~에 관해'라는 의미이다. 첫 번째 { }는 of의 목적어 역할을 하는 명사절이고, 〈 〉는 시간의 부사절이다. 두 번째 [ ]는 shows의 목적어 역할을 하는 명사절이고, 두 번째 { }는 명사절의 주어 역할을 하는 동명사구이다.

❹ Traffic is one of the best-known examples of induced demand; **the more** roads, **the more** people will use them.

'~할수록 더 …하다'의 의미를 나타내는 「the+비교급 ~, the+비교급 ...」이 사용되었다.

Quick Check 적절한 말 고르기

1. Many drivers switched to faster roads in New Jersey, and as New York City invested more in public transportation, some commuters [switching / switched] their daily patterns to ride subways and buses.
2. If the ultimate goal is to curb driving in a city and to move people away from unsustainable transportation sources, [expanding / reducing] the space allotted to cars is a good way to start.

정답 1. switched 2. reducing

19번 창의력과 상상력

Mini Test 1

| Keywords | creativity, imagination, incremental developments

→~과 연결되다 →부사절(양보)

1 Creativity does not have to be connected / to imagination. // 2 [While imagination

창의력이 연결되어야 할 필요는 없다 / 상상력과 // 상상력은 특징지어지지만 /

→be characterized by: ~로 특징지어지다

is characterized / by independent, outside-the-box thinking], / creativity is responding

독립적이고 틀을 벗어난 사고로 / 창의력은 문제에 대응하는 것이다 /

형용사구 →=Creativity

to a problem / with the tools and knowledge / [in existence]. // 3 It is thinking / within

도구와 지식을 갖고 / 현재 존재하는 // 그것은 생각하는 것이다 /

→삽입구 조동사(가능)

the box. // 4 The existing knowledge base, / [without using any imagination], / can

틀 안에서 // 기존의 지식 기반은 / 아무런 상상력도 사용하지 않고 / 그다지

→of의 목적어

easily lead in the direction of [modest incremental developments / in existing products

대단하지는 않은 점진적인 발전의 방향으로 쉽게 이어질 수 있다 / 기존 제품이나 서비스의 //

or services]. // 5 One can easily observe this progression / in the example of typewriters. //

이러한 진보는 쉽게 관찰될 수 있다 / 타자기의 예에서 //

→부사구(시간) 병렬 구조 →=typewriters'

6 [In the beginning], / [typewriters were bulky] / and [their keyboards were not

처음에 / 타자기는 부피가 컸다 / 그리고 키보드는 표준화되어 있지 않았다 //

→주어

standardized]. // 7 So the next step was / the standardization of the keyboard. // 8 [The

그래서 다음 단계는 ~이었다 / 키보드의 표준화 // 무겁고

→give way to: ~로 대체되다 접속사(역접)

heavy and difficult to move typewriter] / gave way to the portable typewriter. // 9 But

옮기기 어려운 타자기가 / 휴대용 타자기로 대체되었다 // 하지만

→=typewriter →주어 →주격 보어 1

it was still a manual device. // 10 [The next steps] were / [the slow and incremental

그것은 여전히 수동 기기였다 // 다음 단계는 ~이었다 / 전동 타자기의 느리고 점진적인 발전 /

→주격 보어 2

development of electric typewriters] / and then [the development of the modern

그리고 그다음에는 현대식 개인용 컴퓨터의 발전 //

→make+목적어+목적격 보어 →접속사(이유)

personal computer]. // 11 The computer made the typewriter obsolete, / as computers

컴퓨터는 타자기를 더 이상 쓸모없게 만들었다 / 컴퓨터가 모든 기능도

관계절 →~과 더불어

offered all the features / [that typewriters offered] / as well as many improvements. //

제공했기 때문에 / 타자기가 제공하는 / 많은 개선점과 더불어 //

→연결사(인과) →take over: ~을 대체하다

12 Thus, / a radical innovation / took over an incrementalized product. //

그리하여 / 급진적인 혁신이 / 점진적인 발전을 이룬 제품을 대체했다 //

* incremental: 점진적인 ** obsolete: 더 이상 쓸모가 없는

어휘

- □ existence 존재
- □ standardized 표준화된
- □ manual 수동의
- □ improvement 개선점, 진보한 것
- □ progression 진보, 발전
- □ give way to ~로 대체되다
- □ device 기기, 장치
- □ bulky 부피가 큰
- □ portable 휴대용의
- □ feature 기능, 특징
- □ radical 급진적인

글의 흐름 파악

도입(❶~❹)	예시(❺~⓫)	마무리(⓬)
창의력과 상상력	타자기의 예	급진적인 혁신
창의력은 현존하는 틀 안에서 생각하는 것이라는 점에서 상상력과 연결되어야 할 필요는 없음	키보드의 표준화 → 휴대용 타자기 → 전동 타자기 → 개인용 컴퓨터의 순서로 발전함	급진적인 혁신이 점진적인 발전을 이룬 제품을 대체함

전문 해석

❶창의력이 상상력과 연결되어야 할 필요는 없다. ❷상상력은 독립적이고 틀을 벗어난 사고로 특징지어지지만, 창의력은 현재 존재하는 도구와 지식을 갖고 문제에 대응하는 것이다. ❸그것은 틀 안에서 생각하는 것이다. ❹기존의 지식 기반은 아무런 상상력도 사용하지 않고 기존 제품이나 서비스의 그다지 대단하지는 않은 점진적인 발전의 방향으로 쉽게 이어질 수 있다. ❺이러한 진보는 타자기의 예에서 쉽게 관찰될 수 있다. ❻처음에, 타자기는 부피가 컸고 키보드는 표준화되어 있지 않았다. ❼그래서 다음 단계는 키보드의 표준화였다. ❽무겁고 옮기기 어려운 타자기가 휴대용 타자기로 대체되었다. ❾하지만 그것은 여전히 수동 기기였다. ❿다음 단계는 전동 타자기의 느리고 점진적인 발전이었고 그다음에는 현대식 개인용 컴퓨터의 발전이었다. ⓫컴퓨터는 많은 개선점과 더불어 타자기가 제공하는 모든 기능도 제공했기 때문에 타자기를 더 이상 쓸모없게 만들었다. ⓬그리하여 급진적인 혁신이 점진적인 발전을 이룬 제품을 대체했다.

구문 해설

❹ The existing knowledge base, [without using any imagination], can easily lead in the direction of modest incremental developments in existing products or services.

[ ]는 삽입구로, using any imagination은 전치사 without의 목적어로 쓰인 동명사구이다.

❽ [The heavy and difficult to move typewriter] **gave way to** the portable typewriter.

[ ]가 문장의 주어에 해당한다. 「give way to ~」은 '~로 대체되다'의 의미이다.

Quick Check 빈칸 완성하기

1. Creativity is responding to a problem with the tools and knowledge in e______________.
2. The computer made the typewriter o______________, as computers offered all the features that typewriters offered.

정답 1. [e]xistence 2. [o]bsolete

20번 초기 인류와 음악

Mini Test 1

| Keywords | musical instruments, flutes, Neanderthals, cave bear bone

전치사구 / 동격 관계

❶ [Regardless of when the music cells first appeared], / the notion [that such cells exist] /
음악 세포가 언제 처음 등장했는지에 관계없이 / 이러한 세포가 존재한다는 개념은 /

동격 관계

raises the possibility / [that the human brain evolved to engage in music]. // ❷ Modern
가능성을 제기한다 / 인간의 뇌가 음악 활동을 하도록 진화했을 // 현대인(호모

현재완료

humans (*Homo sapiens*) have existed / for around 300,000 years. // ❸ The oldest known
사피엔스)은 존재해 왔다 / 약 30만 년 동안 // 알려진 가장 오래된 악기는 /

분사구 / 분사구문(flutes를 부가적으로 설명)

musical instruments / are flutes [made from bones], / [discovered in southwestern
뼈로 만든 피리이다 / 독일 남서부에서 발견되었으며 연대가 4만 년

형식상의 주어 / 내용상의 주어

Germany dating to 40,000 years ago]. // ❹ It has been suggested / [that Neanderthals
전으로 거슬러 올라간다 // 제기되어 왔다 / 네안데르탈인도 음악 활동을

may have p.p.: ~했을 수도 있다

may also have engaged in music, / including instrumental music]. // ❺ Indeed, / a
했을 수도 있다고 / 기악을 포함한 // 실제로 /

분사구 / 수동태

fragment of a cave bear bone / [dated to 43,000 years ago] / was discovered in a
동굴 곰 뼛조각이 / 4만 3천 년 전으로 거슬러 올라가는 / 슬로베니아의 네안데르탈인 동굴에서

with+명사구+전치사구

Neanderthal cave in Slovenia / [with regular holes / on one side of the bone]. //
발견되었다 / 규칙적인 구멍이 뚫려 있는 채로 / 뼈의 한쪽에 //

주어(명사절) / 술어 동사

❻ [Whether this bone was indeed a flute] / remains the subject of substantial debate. //
이 뼈가 실제로 피리였는지는 / 여전히 상당한 논쟁의 대상이 되고 있다 //

전치사구 / suggest의 목적어(명사절)

❼ On the one hand, / data [from a study of the bone] suggest / [that the holes were
한편으로 / 뼈에 대한 연구 데이터는 보여 준다 / 그 구멍들이 만들어졌다는 것을 /

수동태 / 연결사(역접)

generated / by scavenging spotted hyenas]. // ❽ However, / the arrangement of the holes, /
죽은 고기를 먹는 점박이 하이에나에 의해 // 그러나 / 구멍의 배열 /

동격 관계

the lack of damage / on the other side of the bone, / and the finding / [that models of
손상이 없다는 점 / 뼈의 반대쪽에 / 그리고 연구 결과는 / 연주할 때 뼈 모형이 /

when+분사 / 술어 동사 / 수동태

the bone {when played} / generate a diatonic scale] / raise doubts / that the holes were
전음계를 생성한다는 / 의심을 불러일으킨다 / 그 구멍들이 만들어졌다는 것에 /

to부정사의 완료형(to have p.p.)

made / by predators or scavengers. // ❾ So we may not be the only hominids / to have
포식자나 죽은 동물을 먹는 동물에 의해 // 따라서 사람과(科)의 동물은 우리만이 아닐 수 있다 / 초기 형태의

engaged in early forms of music. //
음악 활동을 한 //

* scavenge: (직접 사냥한 것이 아닌) 죽은 고기를 먹다 ** diatonic scale: 전음계 *** hominid: 사람과(科)의 동물

어휘

- □ notion 개념
- □ evolve 진화하다
- □ instrumental music 기악
- □ fragment 조각
- □ cave bear 동굴 곰(구석기 시대의 동물)
- □ substantial 상당한, 많은
- □ debate 논쟁
- □ generate 만들어 내다, 생성하다
- □ spotted hyena 점박이 하이에나
- □ arrangement 배열
- □ predator 포식자

글의 흐름 파악

도입(❶)	전개 1(❷~❺)	전개 2(❻~❽)	마무리(❾)
음악 세포와 진화	가장 오래된 악기인 뼈로 만든 피리	뼈에 대한 논쟁	초기 형태의 음악 활동에 참여
음악 세포가 존재한다는 개념은 인간의 뇌가 음악 활동을 하도록 진화했을 가능성을 제기함	• 4만 년 전 독일 남서부에서 발견된 뼈로 만든 피리 • 네안데르탈인 동굴에서 발견된 구멍 뚫린 뼈 → 네안데르탈인도 음악 활동을 했을 가능성을 시사함	• 뼈에 대한 연구 데이터 → 구멍들이 점박이 하이에나에 의해 만들어졌음을 보여 줌 • 연구 데이터에 대한 의심 → 구멍의 배열이나 손상이 없는 점과 연주 시 전음계를 생성한다는 점	우리만 음악에 참여한 사람과(科)의 동물이 아닐 수 있음

전문 해석

❶음악 세포가 언제 처음 등장했는지에 관계없이, 이러한 세포가 존재한다는 개념은 인간의 뇌가 음악 활동을 하도록 진화했을 가능성을 제기한다. ❷현대인(호모 사피엔스)은 약 30만 년 동안 존재해 왔다. ❸알려진 가장 오래된 악기는 뼈로 만든 피리인데, 독일 남서부에서 발견되었으며 연대가 4만 년 전으로 거슬러 올라간다. ❹네안데르탈인도 기악을 포함한 음악 활동을 했을 수도 있다고 제기되어 왔다. ❺실제로, 4만 3천 년 전으로 거슬러 올라가는 동굴 곰 뼛조각이 슬로베니아의 네안데르탈인 동굴에서 발견되었는데, 뼈의 한쪽에 규칙적인 구멍이 뚫려 있었다. ❻이 뼈가 실제로 피리였는지는 여전히 상당한 논쟁의 대상이 되고 있다. ❼한편으로, 뼈에 대한 연구 데이터는 그 구멍들이 죽은 고기를 먹는 점박이 하이에나에 의해 만들어졌다는 것을 보여 준다. ❽그러나 구멍의 배열, 뼈의 반대쪽에 손상이 없다는 점, 그리고 연주할 때 뼈 모형이 전음계를 생성한다는 연구 결과는 그 구멍들이 포식자나 죽은 동물을 먹는 동물에 의해 만들어졌다는 것에 의심을 불러일으킨다. ❾따라서 초기 형태의 음악 활동을 한 사람과(科)의 동물은 우리만이 아닐 수 있다.

배경 지식

네안데르탈인

네안데르탈인(호모 네안데르탈렌시스, 호모 사피엔스 네안데르탈렌시스)은 최소 20만 년 전에 출현하여 3만 5천 년에서 2만 4천 년 전에 초기 현대 인류(호모 사피엔스)로 대체되거나 동화되었던 고대 인류 집단의 일원이다. 네안데르탈인은 유럽의 대서양 지역에서 동쪽으로 중앙아시아까지, 북쪽으로는 현재의 벨기에까지, 남쪽으로는 지중해와 서남아시아까지 유라시아에 거주했다. 네안데르탈인이라는 이름은 화석이 처음 발견된 독일의 네안데르탈 계곡에서 유래했다.

구문 해설

❶ **Regardless of** [when the music cells first appeared], the notion [that such cells exist] raises the possibility [that the human brain evolved to engage in music].

첫 번째 [ ]는 '~에 상관없이'라는 의미의 Regardless of의 목적어로 쓰인 명사절이다. 두 번째 [ ]는 the notion의 구체적인 내용을 설명하는 동격절이고, 세 번째 [ ]는 the possibility의 구체적인 내용을 설명하는 동격절이다.

❻ [Whether this bone was indeed a flute] **remains** the subject of substantial debate.

[ ]는 Whether가 이끄는 명사절로 문장의 주어로 쓰였으며, remains는 문장의 술어 동사이다.

Quick Check 어순 배열하기

1. However, the arrangement of the holes, the lack of damage on the other side of the bone, and the finding that models of the bone when played generate a diatonic scale raise doubts that the holes (or scavengers, by, made, predators, were).
2. So we may not be the only hominids (in, music, engaged, early forms, have, of, to).

정답 1. were made by predators or scavengers 2. to have engaged in early forms of music

21번 자기 참조적 사회 인지

Mini Test 1

| Keywords | optimistic, pessimistic, stress

❶[Self-referent social cognitions, / {such as optimism and pessimism}], / matter / in coping with parental stress. // ❷[Individuals {who are consistently pessimistic}] / accumulate effects of stress / in a downward spiral of [events], [thoughts], [emotions], and [physiological states]. // ❸They are more likely [to create stressful circumstances / for themselves and others], / and [to lose resources / {by causing others / to respond negatively to them} / and {by making poor decisions / ⟨that expose them / to more stressors⟩}]. // ❹In stark contrast / is [the process / of coping with stress / among those / {who are largely optimistic / in their outlooks}]. // ❺These individuals manage to [conserve resources] / and [minimize exposure / to new stressors], / [resulting in an upward spiral of coping]. // ❻For example, / [one study / of parents of children with cancer] / found / [that mothers and fathers / {who did not expect a good outcome} / were highly distressed]. // ❼In contrast, / [those parents {who remained optimistic / about possible outcomes}] / were more protected against stress, / even in often dire circumstances / [over which the parents had little control]. //

(주석: 주어 / 삽입구(예시) / 술어 동사 / in -ing: ~하는 데 있어 / 관계절 / 병렬 구조 / =Individuals ~ pessimistic / be likely to *do*: ~할 가능성이 있다 / 병렬 구조(to부정사구) / cause+목적어+to *do*: ~이 …하게 만들다 / 어떻게 해서든 ~하다 / result in: 결국 ~이 되다 / 분사구문 / 연결사(예시) / found의 목적어(명사절) / 연결사(대조))

자기 참조적 사회 인지는 / 낙관주의와 비관주의 같은 / 중요하다 / 부모의 스트레스를 다루는 데 있어 // 한결같이 비관적인 사람들은 / 스트레스의 결과를 축적한다 / 사건, 사고, 감정, 그리고 생리적 상태가 점점 더 나빠지는 상황에서 // 그들은 스트레스를 주는 상황을 만들 가능성이 더 크다 / 자신과 다른 사람들에게 / 그리고 자원을 잃을 / 다른 사람들이 ~하게 만듦으로써 / 자신에게 부정적으로 반응하게 / 그리고 나쁜 결정을 함으로써 / 자신을 노출하는 / 더 많은 스트레스 요인에 // 그와 극명한 대조를 이루는 것이 바로 / 과정이다 / 스트레스에 대처하는 / 사람들이 / 대체로 낙관적인 / 자신의 견해가 // 이 사람들은 어떻게 해서든 자원을 아껴 쓴다 / 그리고 노출을 최소화한다 / 새로운 스트레스 요인에 대한 / 결국 대처가 점점 더 좋아지는 상황을 만들어 낸다 // 예를 들어 / 한 연구는 / 암에 걸린 아이들의 부모를 대상으로 한 / 발견했다 / 부모들은 / 좋은 결과를 기대하지 않는 / 매우 괴로워했다 // 이와 반대로 / 계속 낙관하는 부모들은 / 가능한 결과에 대해 / 스트레스로부터 더 보호받았다 / 흔히 대단히 심각한 상황에서도 / 그 부모들이 거의 통제할 수 없는 //

* stark: 극명한 ** dire: 대단히 심각한

어휘

- ☐ self-referent 자기 참조적인
- ☐ accumulate 축적하다
- ☐ stressor 스트레스 요인
- ☐ optimistic 낙관적인
- ☐ conserve 아껴 쓰다
- ☐ distressed 괴로워하는, 고통스러워하는
- ☐ pessimism 비관주의
- ☐ physiological 생리적인
- ☐ cope with ~에 대처하다, ~을 다루다
- ☐ outlook 견해
- ☐ minimize 최소화하다

글의 흐름 파악

도입(①)	전개 1(②~③)	전개 2(④~⑤)	예시(⑥~⑦)
부모의 스트레스	비관적인 사람들	낙관적인 사람들	부모의 스트레스 반응
낙관주의와 비관주의가 부모의 스트레스에 있어 중요함	스트레스의 결과를 축적함	스트레스에 대한 대처가 좋음	낙관적인 부모와 비관적인 부모는 아픈 자녀와 관련하여 반대의 반응을 보임

전문 해석

①낙관주의와 비관주의 같은 자기 참조적 사회 인지는 부모의 스트레스를 다루는 데 있어 중요하다. ②한결같이 비관적인 사람들은 사건, 사고, 감정, 그리고 생리적 상태가 점점 더 나빠지는 상황에서 스트레스의 결과를 축적한다. ③그들은 자신과 다른 사람들에게 스트레스를 주는 상황을 만들 가능성이 더 크고, 다른 사람들이 자신에게 부정적으로 반응하게 만들고 자신을 더 많은 스트레스 요인에 노출하는 나쁜 결정을 함으로써 자원을 잃을 가능성이 더 크다. ④그와 극명한 대조를 이루는 것이 바로 자신의 견해가 대체로 낙관적인 사람들이 스트레스에 대처하는 과정이다. ⑤이 사람들은 어떻게 해서든 자원을 아껴 쓰고 새로운 스트레스 요인에 대한 노출을 최소화하여, 결국 대처가 점점 더 좋아지는 상황을 만들어 낸다. ⑥예를 들어, 암에 걸린 아이들의 부모를 대상으로 한 한 연구는 좋은 결과를 기대하지 않는 부모들은 매우 괴로워한다는 것을 발견했다. ⑦이와 반대로, 가능한 결과에 대해 계속 낙관하는 부모들은, 흔히 그 부모들이 거의 통제할 수 없는 대단히 심각한 상황에서도 스트레스로부터 더 보호받았다.

구문 해설

③ They are more likely [to create stressful circumstances for themselves and others], and [to lose resources {by causing others to respond negatively to them} and {by making poor decisions ⟨that expose them to more stressors⟩}].

두 개의 [ ]는 and로 연결되어 병렬 구조를 이룬다. 두 개의 { }도 또한 and로 연결되어 병렬 구조를 이룬다. ⟨ ⟩는 poor decisions를 수식하는 관계절이다.

④ [In stark contrast] is the process of coping with stress among those who are largely optimistic in their outlooks.

[ ]가 문두에 위치하면서 주어(the process of ~ outlooks)와 동사(is)가 도치되었다.

Quick Check 적절한 말 고르기

1. Mothers and fathers who did not expect a good outcome [was / were] highly distressed.
2. Optimistic parents were more protected against stress, even in dire circumstances [which / over which] the parents had little control.

정답 1. were 2. over which

22번 약용 식물의 가치와 그것의 초자연적 의미

Mini Test 1

| Keywords | medicinal plants, life-enhancing benefits, magical powers

부사구(시간) 현재완료(계속) in -ing: ~하는 데 있어
❶ [From the earliest times], / medicinal plants have been crucial / in sustaining the health
아주 먼 옛날부터 / 약용 식물은 매우 중요했다 / 인류의 건강과 행복을 유지하는 데 있어 //
연결사(예시) provide+목적어+with ...: ~에게 …을 제공하다
and the well-being of mankind. // ❷ Flaxseed, / for example, / provided its harvesters /
아마 씨는 / 예를 들어 / 그것의 수확자에게 제공했다 /
병렬 구조
with [a nutritious food oil], [fuel], [a cosmetic balm for the skin], and [fiber to make
영양가 있는 식용유, 연료, 피부를 위한 화장용 연고, 그리고 직물을 만들기 위한 섬유를 //
=flaxseed to부정사구(목적) conditions에 대한 예시
fabric]. // ❸ At the same time, / it was used [to treat conditions / {such as bronchitis,
동시에 / 그것은 질환을 치료하기 위해 사용되었다 / 기관지염, 호흡기 울혈, 그리고
~을 고려할 때
respiratory congestion, and a number of digestive problems}]. // ❹ Given the life-
여러 가지 소화 장애와 같은 // 삶의 질을 높여 주는
관계절 형식상의 주어
enhancing benefits / [that this and so many other plants offered], / it is hardly
이점들을 고려할 때 / 이것과 다른 매우 많은 식물이 제공했던 / 별로 놀랍지 않다 /
내용상의 주어 =this and so many other plants ~뿐만 아니라 …도
surprising / [that most cultures believed / them to have magical as well as medicinal
대부분의 문화에서 믿었다는 것은 / 그것이 약용 능력뿐만 아니라 마법적 능력도 갖고 있다고 //
형식상의 주어 내용상의 주어 부사구(시간)
abilities]. // ❺ It is reasonable [to assume / that {for tens of thousands of years} / herbs
추측하는 것은 타당하다 / 수만 년 동안 / 약초가
as much ~ as ...: …만큼이나 ~도 많이 병렬 구조
were probably used / as much {for their ritual magical powers} / as {for their medicinal
아마도 사용되었을 것이다 / 의식을 위한 그것의 마법적 능력 때문에도 / 그것의 약효 때문에 (사용되는 것)
분사구 연결사(예시)
qualities}]. // ❻ A 60,000-year-old burial site [uncovered in Iraq], / for instance, / was
못지않게 // 이라크에서 발굴된 6만 년 된 매장지에는 / 예를 들어 / 8개의
삽입구 주어
found to contain eight different medicinal plants, / [including ephedra]. // ❼ [The
다른 약용 식물이 들어 있었던 것으로 밝혀졌다 / 마황을 포함하여 // 그 식물
suggests의 목적어(명사절)
inclusion of the plants in the tomb] suggests / [they had supernatural significance /
들을 무덤에 같이 넣었다는 것은 보여 준다 / 그것들이 초자연적인 의미도 갖고 있었다는 것을 /
~뿐만 아니라
as well as medicinal value]. //
약용 가치뿐만 아니라 //

* flaxseed: 아마 씨 ** bronchitis: 기관지염 *** ephedra: 마황

어휘

☐ medicinal 약용의 ☐ sustain 유지하다 ☐ mankind 인류
☐ harvester 수확자, 추수자 ☐ nutritious 영양가 있는 ☐ fiber 섬유
☐ fabric 직물 ☐ respiratory 호흡기의 ☐ congestion 울혈, 출혈
☐ digestive 소화의 ☐ life-enhancing 삶의 질을 높여 주는
☐ reasonable 타당한 ☐ ritual 의식을 위한, 의식상의 ☐ burial site 매장지
☐ uncover 발굴하다, 알아내다 ☐ inclusion 같이 넣음, 포함 ☐ tomb 무덤
☐ supernatural 초자연적인

글의 흐름 파악

도입(❶)	예시 1(❷~❸)	전개(❹~❺)	예시 2(❻~❼)
약용 식물의 중요성	아마 씨의 용도	마법적 능력	이라크에서 발굴된 매장지
약용 식물은 옛날부터 인류에게 중요했음	치료적 용도를 비롯하여 여러 다양한 용도로 사용됨	약용 능력뿐만 아니라 마법적 능력도 갖고 있다고 믿어졌음	무덤 안에 여러 약용 식물이 들어 있었던 것이 밝혀짐

전문 해석

❶아주 먼 옛날부터, 약용 식물은 인류의 건강과 행복을 유지하는 데 매우 중요했다. ❷예를 들어, 아마 씨는 그것의 수확자에게 영양가 있는 식용유, 연료, 피부를 위한 화장용 연고, 그리고 직물을 만들기 위한 섬유를 제공했다. ❸동시에, 그것은 기관지염, 호흡기 울혈, 그리고 여러 가지 소화 장애와 같은 질환을 치료하기 위해 사용되었다. ❹이것과 다른 매우 많은 식물이 제공했던 삶의 질을 높여 주는 이점들을 고려할 때, 대부분의 문화에서 그것이 약용 능력뿐만 아니라 마법적 능력도 갖고 있다고 믿었다는 사실은 별로 놀랍지 않다. ❺수만 년 동안 약초가 아마도 그것의 약효 때문에 사용되는 것 못지않게 의식을 위한 그것의 마법적 능력 때문에도 사용되었으리라 추측하는 것은 타당하다. ❻예를 들어, 이라크에서 발굴된 6만 년 된 매장지에는 마황을 포함하여 8개의 다른 약용 식물이 들어 있었던 것으로 밝혀졌다. ❼그 식물들을 무덤에 같이 넣었다는 것은 그것들이 약용 가치뿐만 아니라 초자연적인 의미도 갖고 있었다는 것을 보여 준다.

배경 지식

아마 씨(flaxseed)

아마 씨는 아마의 씨앗으로, 쿠키, 비스킷, 케이크, 시리얼, 요구르트에 향신료로 첨가하여 먹는다. 원산지는 중앙아시아이며, 주산지는 캐나다, 인도, 러시아, 미국, 아르헨티나이다. 해외에서는 다양한 종류의 가공식품에 첨가되는 대중화된 식재료이기도 하다. 아마 씨는 열매당 10개의 씨가 함유되어 있으며 납작한 물방울 모양으로 그 형태와 크기는 참깨와 비슷하다.

구문 해설

❹ Given the life-enhancing benefits that this and so many other plants offered, **it** is hardly surprising [that most cultures believed **them** to have magical as well as medicinal abilities].

it은 형식상의 주어이고 [ ]가 내용상의 주어이다. 대명사 them은 this and so many other plants를 가리킨다.

❼ The inclusion of the plants in the tomb suggests [they had supernatural significance **as well as** medicinal value].

[ ]는 suggests의 목적어 역할을 하는 명사절이다. 「A as well as B」는 'B뿐만 아니라 A도'의 의미이다.

Quick Check 빈칸 완성하기

1. Medicinal plants have been crucial in s__________ the health and the well-being of mankind.
2. For tens of thousands of years herbs were probably used as much for their r__________ magical powers as for their medicinal qualities.

정답 1. (s)ustaining 2. (r)itual

23번 고령자의 새로운 기술 채택

Mini Test 1

| Keywords | the use of technology, difficult, age-related, clear benefit, adopt

❶As we age, / the way [in which our bodies function] / begins to change / and the use of technology / can become increasingly difficult. // ❷This means / [that {age-related physical impairments} / or {cognitive conditions} affect / {how older adults use computers and mobile devices}]. // ❸Furthermore, / socioeconomic resources can also play a role. // ❹For example, / a retiree may not have the financial means / [to afford an internet connection]. // ❺There may also be personal barriers / [to overcome]. // ❻For instance, / people get anxious / [when (they are) faced with technical challenges]. // ❼For older people, / technological change / does not only mean learning something new, / but also learning under more difficult cognitive conditions. // ❽This means / [that seniors need more time / {to learn and change their behaviour}]. // ❾In addition, / there is a lack of motivation / [to deal with new technology], / [as some people may tell themselves / "It is not worth it at my age."] // ❿[After retirement], / people are no longer obliged to learn new technologies / for their job / ; instead, / they can choose / to voluntarily use technology. // ⓫Therefore, / a technology must demonstrate a clear benefit / ([added value compared to traditional services, / {such as buying a train ticket at the counter}]) / [in order for them to adopt the new technology / (e.g. to buy a train ticket via an app)]. //

나이가 들면서 / 우리의 몸이 기능하는 방식이 / 바뀌기 시작한다 / 그리고 기술 사용이 / 점점 더 어려워질 수 있다 // 이것은 의미한다 / 나이와 관련된 신체적 장애 / 또는 인지적 상황이 영향을 미친다(는 것을) / 고령자가 컴퓨터 및 모바일 기기를 사용하는 방식에 // 더욱이 / 사회 경제적 자원도 역할을 할 수 있다 // 예를 들어 / 은퇴자는 재정적인 수입이 없을 수도 있다 / 인터넷을 연결할 // 개인적인 장벽도 있을 수도 있다 / 극복해야 할 // 예를 들어 / 사람들은 불안해한다 / 기술적인 어려움에 직면하면 // 고령자에게 / 기술의 변화는 / 단지 새로운 것을 배우는 것만 의미하는 것이 아니라 / 더 어려운 인지적 상황에서 배운다는 것 또한 의미한다 // 이것은 의미한다 / 어르신들이 시간이 더 많이 필요하다는 것을 / 배우고 자기 행동을 바꾸는 데 // 게다가 / 동기가 결핍되어 있다 / 새로운 기술을 다루려는 / 어떤 사람들은 스스로에게 말할지도 모르기 때문이다 / 내 나이에는 그럴 만한 가치가 없어 // 은퇴 후 / 사람들은 더 이상 어쩔 수 없이 새로운 기술을 배울 필요가 없다 / 자신의 직업을 위해 / 대신에 / 그들은 선택할 수 있다 / 기술을 자발적으로 사용하는 것을 // 따라서 / 기술이 명확한 이점을 입증해야 한다 / 기존 서비스에 비해 더해진 가치 / 창구에서 기차표를 구매하는 것 같은 / 그들이 새로운 기술을 채택하기 위해서는 / 예를 들어 앱을 통해 기차표를 구매하는 것 //

[Notes: ❶ the way ← 관계절; ❷ means의 목적어(명사절), 병렬 구조, affect의 목적어(명사절); ❹ to부정사구(형용사적 용법); ❺ to부정사구(형용사적 용법); ❻ when+분사구; ❽ means의 목적어(명사절), to부정사구(형용사적 용법); ❾ to부정사구(형용사적 용법), 부사절(이유), 재귀대명사(주어와 동일); ❿ 전치사구, be obliged to *do*: 어쩔 수 없이 ~하다; ⓫ a clear benefit에 대한 부가적 설명, 구체적인 예시, to부정사구(목적), 의미상의 주어]

* impairment: (신체적 · 정신적) 장애

어휘

□ cognitive 인지의	□ retiree 은퇴자	□ personal 개인적인
□ technical 기술적인	□ lack 결핍, 부족	□ demonstrate 입증하다

글의 흐름 파악

도입(❶)		전개(❷~❿)		마무리(⓫)
나이와 기술 사용		새로운 기술 습득의 어려움		명확한 이점
나이가 들면서 생기는 변화로 기술 사용이 점점 더 어려워짐	➜	다양한 요인들(나이 관련 신체적 장애나 인지적 상황, 사회 경제적 자원, 개인적인 장벽, 동기 결핍 등)로 인해 고령자가 새로운 기술을 다루거나 배우는 것이 어렵고 불필요해짐	➜	고령자가 새로운 기술을 채택하려면 명확한 이점이 있어야 함

전문 해석

❶나이가 들면서 우리의 몸이 기능하는 방식이 바뀌기 시작하고 기술 사용이 점점 더 어려워질 수 있다. ❷이것은 나이와 관련된 신체적 장애나 인지적 상황이 고령자가 컴퓨터 및 모바일 기기를 사용하는 방식에 영향을 미친다는 것을 의미한다. ❸더욱이, 사회 경제적 자원도 역할을 할 수 있다. ❹예를 들어, 은퇴자는 인터넷을 연결할 재정적인 수입이 없을 수도 있다. ❺극복해야 할 개인적인 장벽도 있을 수도 있다. ❻예를 들어, 사람들은 기술적인 어려움에 직면하면 불안해한다. ❼고령자에게 기술의 변화는 단지 새로운 것을 배운다는 것만 의미하는 것이 아니라, 더 어려운 인지적 상황에서 배운다는 것 또한 의미한다. ❽이것은 어르신들이 배우고 자기 행동을 바꾸는 데 시간이 더 많이 필요하다는 것을 의미한다. ❾게다가, 새로운 기술을 다루려는 동기가 결핍되어 있는데, 어떤 사람들은 "내 나이에는 그럴 만한 가치가 없어."라고 스스로에게 말할지도 모르기 때문이다. ❿은퇴 후, 사람들은 더 이상 자신의 직업을 위해 어쩔 수 없이 새로운 기술을 배울 필요가 없으며, 대신에 그들은 기술을 자발적으로 사용하는 것을 선택할 수 있다. ⓫따라서 그들이 새로운 기술(예를 들어 앱을 통해 기차표를 구매하는 것)을 채택하기 위해서는 기술이 명확한 이점(창구에서 기차표를 구매하는 것 같은 기존 서비스에 비해 더해진 가치)을 입증해야 한다.

구문 해설

❾ In addition, there is a lack of motivation [to deal with new technology], [as some people may tell **themselves** "It is not worth it at my age."]

첫 번째 [ ]는 motivation을 수식하는 to부정사구이다. 두 번째 [ ]는 이유를 나타내는 부사절이고, 그 안에 주어와 동일한 대상인 재귀대명사 themselves가 사용되었다.

⓫ Therefore, a technology must demonstrate a clear benefit (added value compared to traditional services, such as buying a train ticket at the counter) [in order {for them} to adopt the new technology (e.g. to buy a train ticket via an app)].

[ ]는 목적을 나타내는 부사적 용법의 to부정사구이며, { }는 to부정사구의 의미상의 주어이다.

Quick Check 빈칸 완성하기

1. This means that age-related physical impairments or cognitive conditions a______________ how older adults use computers and mobile devices.
2. In addition, there is a lack of m______________ to deal with new technology, as some people may tell themselves "It is not worth it at my age."

정답 1. (a)ffect 2. (m)otivation

기후 변화에 대한 스토리 접근법의 효과

| Keywords | climate change, disconnect, abstract threats, storytelling, relatable

→~에 관한 한　　　　　　　　　　　　　　　between A and B←　→A
❶When it comes to climate change, / there is a glaring disconnect / between [what
기후 변화에 관한 한 /　　　　　　　확연한 단절이 있다 /　　　　　　　일어나고 있다고 우리가

→삽입 어구처럼 해석　　　　　　→B
{we know} is happening] / and [what we seem able or willing to do about it]. //
알고 있는 것 ~ 사이에는 /　　　그리고 그것에 대해 우리가 할 수 있거나 기꺼이 할 것으로 보이는 것 //

❷Longtime climate campaigner George Marshall explored this disparity / in [his
오랜 기후 활동가 George Marshall은 이러한 격차를 탐구했다 /　　　　　그의 훌륭한

동격 관계　　　　　　　　　　　→noted의 목적어
excellent and aptly titled book] [*Don't Even Think About It*]. // ❸He noted / [how the
그리고 적절한 제목의 책 *Don't Even Think About It*에서 //　　　그는 언급했다 /　인간의 뇌가

human brain is perfectly capable / of simultaneously understanding and ignoring
어떻게 완벽한 능력을 가지는지를 /　　　추상적인 위협을 이해하고 동시에 무시하는 //

abstract threats]. // ❹When consequences seem distant or gradual, / the rational part of
결과가 멀거나 점진적으로 보일 때 /　　　　우리 마음의 이성적인 부분은

병렬 구조
our mind [simply files them away for future reference] / and [rarely triggers the more
미래의 참조를 위해 그것들을 단순히 정리하여 보관한다 /　　그리고 더 본능적이고 감정적인 경로를 작동하는

분사구
instinctive, emotional pathways / {associated with quick action}]. // ❺(We do better
경우는 거의 없다 /　　　　신속한 조치와 관련된 //　　　　우리는 물리적 위협에 더

동격 관계
responding to [physical threats, / such as spear thrusts and charging lions], / [the sorts
잘 대응한다 /　　　창 찌르기와 돌진하는 사자와 같은 /　　　즉 그런 종류의

관계절
of immediate problems / {that our ancestors evolved with}].) // ❻Marshall's book ends /
당면한 문제에 /　　　우리 조상들이 더불어 진화한 //　　　Marshall의 책은 끝을 맺는다 /

→with의 목적어　　→of의 목적어　　　　　　　　　→관계절(strategies ~ gap을 설명)
with [a laundry list of {strategies for bridging that mental gap}], / [many of which rely
그 정신적 간극을 메우기 위한 전략의 긴 목록으로 /　　　그중 많은 것이 다른 어떤 것에

관계절　　　　　　　　　　　→something ~ for를 설명
on {something else / ⟨the human brain is known for⟩} / : {storytelling}]. //
의존한다 /　　　인간의 뇌가 잘하기로 유명한 /　　　즉 스토리텔링 //

❼When complex ideas are attached to a narrative, / they immediately become more
복잡한 아이디어들이 이야기와 연관되면 /　　　그것들은 즉시 더 공감대를 형성하게 된다 //

관계절
relatable. // ❽There is a reason / [{why Plato framed so many of his philosophical
이유가 있다 /　　　플라톤이 그렇게도 많은 자신의 철학적 대화를 구성했던 /

병렬 구조
dialogues / around the drama of the trial of Socrates}, / and {why Carl Sagan chose to
소크라테스의 재판 드라마를 중심으로 /　　　그리고 Carl Sagan이 천체 물리학을 가르치기로

teach astrophysics / from the glowing deck of an imaginary spaceship}]. // ❾Stories
선택한 /　　　가상적인 우주선의 빛나는 덱에서 //　　　스토리는 뇌의

분사구　　　　　　　　　→분사구문　　　　관계절
engage parts of the brain / [left untouched by facts alone], / [releasing chemicals / {that
부위를 활동시킨다 /　　사실만으로는 영향을 받지 않고 그대로 있는 /　　화학 물질을 방출한다 /　　방식을

관계절　　　　　　　　→주어
demonstrably change the way / ⟨we think, feel, and remember⟩}]. // ❿[Learning about
명백하게 변화시키는 /　　　우리가 생각하고 느끼며 기억하는 //　　　기후 변화에 대해 배우는

of의 목적어 understand와 act upon의 공통 목적어

climate change] is no different, / and much of [how we understand and act upon it] /
것은 전혀 다르지 않다 / 그래서 우리가 그것을 이해하고 그에 따라 행동하는 방식의 많은 부분은 /

관계절

will ultimately boil down to stories / — [those {we tell}, / and, in another sense, those
궁극적으로 결국 스토리가 될 것이다 / 우리가 들려주는 스토리 / 그리고 또 다른 의미에서는 그것이 우리에게 들려

관계절

{that it tells to us}]. //
주는 스토리 //

* disparity: 격차 ** thrust: 찌르기 *** astrophysics: 천체 물리학

어휘

- ☐ **glaring** 확연한, 눈부신
- ☐ **campaigner** (정치 · 사회 문제) 활동가, 운동가
- ☐ **simultaneously** 동시에
- ☐ **rational** 이성적인
- ☐ **reference** 참조
- ☐ **spear** 창
- ☐ **laundry list** (이것저것 많이 적힌) 긴 목록
- ☐ **relatable** 공감대를 형성하는, 관련될 수 있는
- ☐ **release** 방출하다
- ☐ **disconnect** 단절
- ☐ **aptly** 적절하게
- ☐ **abstract** 추상적인
- ☐ **file away** ~을 정리하여 보관하다
- ☐ **trigger** 작동하다, 유발하다
- ☐ **charge** 돌진하다
- ☐ **narrative** 이야기
- ☐ **deck** 덱(데크), (배의) 갑판
- ☐ **demonstrably** 명백하게
- ☐ **act upon** ~에 따라 행동하다[조치를 취하다], ~에 작용하다
- ☐ **ultimately** 궁극적으로
- ☐ **boil down to** 결국 ~이 되다

글의 흐름 파악

요지(❶)		설명(❷~❺)		대안(❻)
문제의 현상		문제의 분석		문제의 해결
기후 변화와 관련하여 지식과 행동 간 단절이 있음	➡	기후 활동가 George Marshall의 연구 • 인간의 뇌는 추상적인 위협을 이해하고 무시할 수 있음 • 결과가 멀거나 점진적일 때, 신속한 조치와 관련된 본능적이고 감정적인 경로를 작동하지 않음	➡	정신적 간극을 메우기 위한 전략의 일환으로 스토리텔링에 의존함

요지(❼)		설명(❽~❾)		대안(❿)
일반론		사례와 원리		기후 변화 스토리
복잡한 아이디어들이 이야기와 연관되면 공감력이 커짐	➡	• 플라톤은 철학적 대화를 소크라테스 재판 드라마를 중심으로 구성함 • Carl Sagan은 가상적인 우주선의 덱에서 천체 물리학을 가르침 • 스토리는 생각하고 느끼며 기억하는 방식을 변화시킴	➡	기후 변화와 관련된 이해와 행동의 많은 부분은 결국 스토리가 됨

전문 해석

❶기후 변화에 관한 한, 일어나고 있다고 우리가 알고 있는 것과 그것에 대해 우리가 할 수 있거나 기꺼이 할 것으로 보이는 것 사이에는 확연한 단절이 있다. ❷오랜 기후 활동가 George Marshall은 그의 훌륭한 그리고 적절한 제목의 책 *Don't Even Think About It*에서 이러한 격차를 탐구했다. ❸그는 인간의 뇌가 어떻게 추상적인 위협을 이해하고 동시에 무시하는 완벽한 능력을 가지는지를 언급했다. ❹결과가 멀거나 점진적으로 보일 때, 우리 마음의 이성적인 부분은 미래의 참조를 위해 그것들을 단순히 정리하여 보관하며, 신속한 조치와 관련된 더 본능적이고 감정적인 경로를 작동하는 경우는 거의 없다. ❺(우리는 창 찌르기와 돌진하는 사자와 같은 물리적 위협에, 즉 우리 조상들이 더불어 진화한 그런 종류의 당면한 문제에 더 잘 대응한다.) ❻Marshall의 책은 그 정신적 간극을 메우기 위한 전략의 긴 목록으로 끝을 맺는데, 그중 많은 것이 인간의 뇌가 잘하기로 유명한 다른 어떤 것, 즉 스토리텔링에 의존한다. ❼복잡한 아이디어들이 이야기와 연관되면, 그것들은 즉시 더 공감대를 형성하게 된다. ❽플라톤이 그렇게도 많은 자신의 철학적 대화를 소크라테스의 재판 드라마를 중심으로 구성했던 이유가 있고, Carl Sagan이 가상적인 우주선의 빛나는 덱에서 천체 물리학을 가르치기로 선택한 이유가 있다. ❾스토리는 사실만으로는 영향을 받지 않고 그대로 있는 뇌의 부위를 활동시켜, 우리가 생각하고 느끼며 기억하는 방식을 명백하게 변화시키는 화학 물질을 방출한다. ❿기후 변화에 대해 배우는 것은 전혀 다르지 않아, 우리가 그것을 이해하고 그에 따라 행동하는 방식의 많은 부분은 궁극적으로 결국 스토리가 — 우리가 들려주는 스토리, 그리고 또 다른 의미에서는 그것이 우리에게 들려주는 스토리가 — 될 것이다.

배경 지식

스토리텔링(storytelling)

스토리텔링은 '이야기하기'이다. 이야기는 도덕적 가치관 교육 등을 위해서 모든 문화권에서 쓰이는 매체이며 스토리텔링은 이런 이야기를 전달하는 과정을 말한다. 이야기를 하면서 상황에 따라 꾸미기를 할 수도 있다. 스토리텔링에는 구성, 등장인물, 시점 혹은 서사적 관점 등이 포함되어야 한다.

구문 해설

❻ Marshall's book ends with [a laundry list of {strategies for bridging that mental gap}], [many of which rely on {something else ⟨the human brain is known for⟩}: {storytelling}].

첫 번째 [ ]는 with의 목적어이고, 첫 번째 { }는 of의 목적어이다. 두 번째 [ ]는 첫 번째 { }를 부가적으로 설명하는 관계절이다. 콜론(:) 뒤의 세 번째 { }가 두 번째 { }를 설명하고 있다. ⟨ ⟩는 something else를 수식하는 관계절이다.

❾ Stories engage parts of the brain [left untouched by facts alone], [releasing chemicals {that demonstrably change the way ⟨we think, feel, and remember⟩}].

첫 번째 [ ]는 parts of the brain을 수식하는 분사구이다. 두 번째 [ ]는 분사구문이다. { }는 chemicals를 수식하는 관계절이고, ⟨ ⟩는 the way를 수식하는 관계절이다.

Quick Check T, F 고르기

1. The human brain can understand and ignore abstract threats, filing them away for future reference without triggering instinctive, emotional responses that lead to immediate action. T / F

2. The reason why Plato framed many of his philosophical dialogues around the drama of the trial of Socrates is that complex ideas become more relatable when attached to a narrative. T / F

정답 1. T 2. T

1번 Mini Test 2

Sales Manager 자리로의 승진 요청

| Keywords | passionately, dedication, request, promoting, Sales Manager

Dear Ms. Adams, //
Adams 씨께 //

→ 현재완료 진행(have been -ing)
❶ I have been devotedly working / at our company / for the past 5 years / as a sales
저는 헌신적으로 일해 왔습니다 / 우리 회사에서 / 지난 5년간 / 영업 관리자로 //

and로 연결되어 I've에 이어짐
executive. // ❷ During this time, / I've [worked passionately] / and [achieved impressive
이 기간에 / 저는 열정적으로 일했습니다 / 그리고 인상적인 판매 성과를 달성했습니다 //

부사절(시간)
sales outcomes]. // ❸ I even received the employee of the year award / in 2022. // ❹ [Since
저는 심지어 올해의 사원상도 받았습니다 / 2022년에 // MBA 학위

병렬 구조
I completed my MBA degree / in December 2021], / my dedication [to my work] and [to
과정을 마친 이래로 / 2021년 12월에 / 제 업무와 우리 회사에 대한 저의 헌신은 /

→ try to *do*: ~하려고 노력하다
our company] / has only increased. // ❺ I always try hard / to come up with innovative
오로지 증가해 왔습니다 // 저는 항상 열심히 노력합니다 / 혁신적인 해결책을 생각해 내려고 /

관계절 → 전치사구 병렬 구조
solutions / to any problem [we encounter]. // ❻ [With all my {knowledge}, {experience},
우리가 맞닥뜨리는 어떤 문제에 대해서도 // 저의 모든 지식과 경험, 노하우를 가지고 /

and {know-how} / here at Mass Corporation], / I kindly request you to consider /
여기 Mass Corporation에서의 / 저는 귀하께 고려해 주실 것을 진심으로 요청드립니다 /

→ consider의 목적어(동명사구)
[promoting me to the position of Sales Manager]. // ❼ I completely understand the
저를 Sales Manager 자리로 승진시키는 것을 // 저는 책임을 완전히 이해하고 있습니다 /

→ know의 목적어(명사절)
responsibilities / and I know [that I will excel in this role / in our company]. // ❽ I would
그리고 이 역할을 훌륭히 해낼 것임을 알고 있습니다 / 우리 회사에서 // 긍정적인

greatly appreciate a positive response. //
답변을 주시면 대단히 감사하겠습니다 //

Regards,

Ben Wilson
Ben Wilson 드림

어휘

- ☐ devotedly 헌신적으로
- ☐ passionately 열정적으로
- ☐ come up with ~을 생각해 내다
- ☐ encounter (특히 반갑지 않은 일에) 맞닥뜨리다
- ☐ sales executive 영업 관리자
- ☐ dedication 헌신
- ☐ innovative 혁신적인
- ☐ promote 승진시키다

글의 흐름 파악

인사말(❶)		상황 설명(❷~❺)		본론(❻~❼)		마무리(❽)
지난 5년간 영업 관리자로 헌신적으로 일해 옴	→	• 인상적인 판매 성과를 달성함 • 올해의 사원상을 수상함 • MBA 학위 과정을 마침 • 문제에 대해 혁신적인 해결책을 생각해 내려고 노력함	→	• Sales Manager 자리로 승진시켜 주기를 요청함 • Sales Manager 자리에 대한 책임을 이해하고 있으며 역할에 대한 자신감을 표현함	→	긍정적인 답변 주기를 바람

전문 해석

Adams 씨께
❶저는 지난 5년간 우리 회사에서 영업 관리자로 헌신적으로 일해 왔습니다. ❷이 기간에 저는 열정적으로 일했고 인상적인 판매 성과를 달성했습니다. ❸저는 심지어 2022년 올해의 사원상도 받았습니다. ❹2021년 12월에 MBA 학위 과정을 마친 이래로 제 업무와 우리 회사에 대한 저의 헌신은 오로지 증가해 왔습니다. ❺저는 우리가 맞닥뜨리는 어떤 문제에 대해서도 혁신적인 해결책을 생각해 내려고 항상 열심히 노력합니다. ❻여기 Mass Corporation에서의 저의 모든 지식과 경험, 노하우를 가지고, 저는 귀하께 저를 Sales Manager 자리로 승진시키는 것을 고려해 주실 것을 진심으로 요청드립니다. ❼저는 책임을 완전히 이해하고 있으며 우리 회사에서 이 역할을 훌륭히 해낼 것임을 알고 있습니다. ❽긍정적인 답변을 주시면 대단히 감사하겠습니다.
Ben Wilson 드림

구문 해설

❹ **[Since I completed my MBA degree in December 2021], my dedication [to my work] and [to our company] has only increased.**

첫 번째 [ ]는 시간의 부사절이며, 두 번째와 세 번째 [ ]는 and로 연결되어 my dedication에 이어진다.

❻ **[With all my {knowledge}, {experience}, and {know-how} here at Mass Corporation], I kindly request you to consider [promoting me to the position of Sales Manager].**

첫 번째 [ ]는 전치사구로 그 안에 세 개의 { }가 병렬 구조로 연결되어 있다. 두 번째 [ ]는 consider의 목적어 역할을 하는 동명사구이다.

Quick Check T, F 고르기

1. Ben Wilson has been working as a sales executive at the company for 5 years. T / F

2. Ben Wilson received an award before his completion of MBA degree. T / F

정답 1. T 2. F

2번 미국에서 적응하고 있는 이민자 아이

Mini Test 2

| Keywords | failures, find my place, new country

→ 부사절(시간)
❶ "RAH-vee?" / Mrs. Beam says / [as I drop my card into the basket]. // ❷ My heart is
RAH-vee / Beam 선생님께서 말씀하신다 / 내가 카드를 바구니에 넣을 때 // 심장이 두근거린다 //

read의 목적어(명사절) ←
pounding. // ❸ Have I done something wrong? // ❹ Can Mrs. Beam not read / [what I've
내가 무슨 잘못을 한 걸까 // 혹시 Beam 선생님께서 못 읽으시나 / 내가 카드에 적은

→ 부사구(이유)
written on my card] / [because of my poor handwriting]? // ❺ Now all my other failures /
것을 / 나의 서툰 손 글씨 때문에 // 이제 나의 다른 모든 실패가 /

come flooding back / like a giant wave. // ❻ My accent, my math, my English, my
물밀듯이 되살아난다 / 거대한 파도처럼 // 내 억양, 내 수학, 내 영어, 내 예절 //

manners.... // ❼ "It's nice to see you," / says Mrs. Beam. / "We missed you yesterday." //
얼굴 봐서 반갑구나 / Beam 선생님께서 말씀하신다 / 우린 어제 네가 없어서 아쉬웠어 //

→ missed me yesterday를 대신함
❽ "You did?" / I ask. // ❾ "Don't sound so surprised." / She laughs. // ❿ "I wanted to tell
그랬어요 / 내가 묻는다 // 너무 놀란 것처럼 얘기하지 마 / 선생님께서 웃으신다 // 내가 너에게 말해 주고 싶었어 /

→ tell의 직접목적어(명사절) 관계절
you / [how much I enjoyed / the cookies / {your mother made}]." // ⓫ "Mrs. Beam," / I say
얼마나 잘 먹었는지를 / 쿠키를 / 너희 어머니께서 만드신 // Beam 선생님 / 나는 작은

→ 분사구문(my voice가 의미상의 주어)
softly, / [my voice quivering a little], / "my name is not RAH-vee. / It's pronounced rah-
소리로 말한다 / 목소리가 약간 떨리는 채 / 제 이름은 RAH-vee가 아니에요 / rah-VEE라고 발음해요 //

VEE." // ⓬ She looks at me and smiles. / "I'm glad you told me, rah-VEE. / Was that
선생님께서 나를 바라보며 미소를 지으신다 / 말해 줘서 기쁘구나, rah-VEE / (내 발음이)

→ 부사절(시간)
better?" / she asks. // ⓭ I nod my head and smile back at her. // ⓮ [As I walk back to my
나아졌니 / 선생님께서 물으신다 // 나는 고개를 끄덕이며 선생님에게 미소로 답한다 // 내 자리로 돌아가는 동안 /

→ feel의 목적어(명사절)
seat], / I feel / [things are finally looking up for me in America]. // ⓯ I'm starting to believe /
나는 느낀다 / 드디어 미국에서의 내 상황이 나아지고 있다고 // 나는 믿기 시작한다 /

→ believe의 목적어(명사절)
[just maybe, / I can find my place in this new country]. //
정말 어쩌면 / 이 새로운 나라에서 내 자리를 찾을 수 있을 것이라고 //

* quiver: 떨리다

어휘

- □ **pound** (심장이) 두근거리다
- □ **manners** 예절, 예의범절
- □ **nod** 끄덕이다
- □ **flood back** (감정 등이) 물밀듯이 되살아나다
- □ **pronounce** 발음하다
- □ **look up** 나아지다

글의 흐름 파악

도입(❶~❻)		전개(❼~⓭)		마무리(⓮~⓯)
선생님이 Ravi를 부름		Ravi와 선생님과의 대화		희망에 찬 Ravi
• 서툰 손 글씨를 지적하는 줄 알고 불안감에 빠짐 • 어려움을 겪고 있었던 여러 가지 것들이 떠오름	➡	• 선생님은 어제 Ravi가 없어서 아쉬웠다고 함 • Ravi는 자신의 이름을 잘못 발음한 선생님에게 올바른 발음을 알려 줌	➡	선생님과의 대화를 통해 미국에서의 상황이 드디어 나아지고 있다고 느낌 → 미국에서 자신의 자리를 찾을 수 있을 것 같다고 믿기 시작함

전문 해석

❶"RAH-vee?" 내가 카드를 바구니에 넣을 때 Beam 선생님께서 말씀하신다. ❷심장이 두근거린다. ❸내가 무슨 잘못을 한 걸까? ❹혹시 Beam 선생님께서 나의 서툰 손 글씨 때문에 내가 카드에 적은 것을 못 읽으시나? ❺이제 나의 다른 모든 실패가 거대한 파도처럼 물밀듯이 되살아난다. ❻내 억양, 내 수학, 내 영어, 내 예절…. ❼"얼굴 봐서 반갑구나." Beam 선생님께서 말씀하신다. "우린 어제 네가 없어서 아쉬웠어." ❽"그랬어요?" 내가 묻는다. ❾"너무 놀란 것처럼 얘기하지 마." 선생님께서 웃으신다. ❿"너희 어머니께서 만드신 쿠키를 얼마나 잘 먹었는지를 말해 주고 싶었어." ⓫"Beam 선생님," 나는 목소리가 약간 떨리는 채 작은 소리로 말한다. "제 이름은 RAH-vee가 아니에요. rah-VEE라고 발음해요." ⓬선생님께서 나를 바라보며 미소를 지으신다. "말해 줘서 기쁘구나, rah-VEE. (내 발음이) 나아졌니?"라고 선생님께서 물으신다. ⓭나는 고개를 끄덕이며 선생님에게 미소로 답한다. ⓮내 자리로 돌아가는 동안 나는 드디어 미국에서의 내 상황이 나아지고 있다고 느낀다. ⓯정말 어쩌면 이 새로운 나라에서 내 자리를 찾을 수 있을 것이라고 믿기 시작한다.

구문 해설

❹ Can Mrs. Beam not read [what I've written on my card] [because of my poor handwriting]?

첫 번째 [ ]는 read의 목적어 역할을 하는 명사절이다. 두 번째 [ ]는 이유를 나타내는 부사구이다.

⓮ [As I walk back to my seat], I feel [things are finally looking up for me in America].

첫 번째 [ ]는 시간의 부사절이고, 두 번째 [ ]는 feel의 목적어 역할을 하는 명사절이다.

Quick Check 적절한 말 고르기 / T, F 고르기

1. "It's nice to see you," says Mrs. Beam. "We missed you yesterday." "You did?" I ask. "Don't sound so [surprising / surprised]." She laughs.
2. Mrs. Beam becomes irritated when Ravi points out to her that she has mispronounced his name. [T / F]

정답 1. surprised 2. F

3번 젊은 사람들이 어울려 놀 수 있는 공공장소의 필요성

Mini Test 2

| Keywords | hanging out, youth, public place

주어 분사구
❶ [The presence of a group of young people / {'hanging out'}] / typically conjures /
젊은이 무리의 존재는 / 어울려 노는 / 보통 불러일으킨다 /
목적어
[suspicions of inappropriate and illicit behavior / by adults]. // ❷ Public settings are often /
부적절하고 불법적인 행동에 대한 의심을 / 성인들의 // 공공장소는 흔히 ~이다 /
보어 접속사(그렇지만) 주어
[the preferred location / for these informal gatherings], / yet [business owners, / city
선호되는 장소 / 이러한 일상적인 모임을 위해 / 그렇지만 사업주 / 시
see A as B: A를 B로 간주하다[여기다] A B 병렬 구조(술어부)
officials, / and other adults] / [see {this activity} as {a misuse of the space}] / and
공무원 / 그리고 다른 성인들은 / 이 활동을 공간의 오용으로 간주한다 / 그리고
impose의 목적어 to부정사구(목적) from A to B
[regularly impose / {policy and design changes} / {to restrict the behavior}]. // ❸ From
정기적으로 가한다 / 정책과 디자인 변경을 / 그 행동을 제한하기 위해 //
A B 주어 관계절 =the message
[noise devices] to [removing seating], / [the message / {youth receive}] / is one of
소음 장치에서 좌석 제거에 이르기까지 / 메시지는 / 젊은이들이 받는 / 배제의 것(메시지)
오히려 주어 to부정사구 to부정사구의 의미상의 주어
exclusion. // ❹ Instead, [opportunities / {⟨for young people⟩ / to ⟨gather with their
이다 // 오히려 기회는 / 젊은 사람들이 / 친구들과 함께 모이고 /
병렬 구조(to에 이어짐) 복수형 동사 보어 부사절
friends⟩ / and ⟨meet new people⟩}] / are [an important developmental need]. // ❺ [When
그리고 새로운 사람들을 만날 / 중요한 발달상의 욕구이다 // 그들이
병렬 구조(술어부) =public places
they {cannot find a public place}, / or {are excluded from the ones available}], / youth
공공장소를 찾을 수 없을 때 / 혹은 이용할 수 있는 장소에서 배제될 (때) / 젊은 사람들은
to의 목적어 부사구(목적)
retreat / to [less visible areas] / [for their socializing activities]. // ❻ These removed
숨어든다 / 눈에 덜 띄는 구역으로 / 자신들의 사교 활동을 위해 // 이러한 멀리 떨어진 장소들은 /
be likely to *do*: ~할 가능성이 있다 목적어 =these removed places
places / are more likely to / spur [more negative behaviors] / [because they lack
가능성이 더 높다 / 더 부정적인 행동들을 자극할 / 부사절(이유) 그것들은 비공식적인 감독이
분사구 주어
informal supervision / {found on places / like malls, cafés, and city streets}]. // ❼ [A
부족하므로 / 장소들에서 보이는 / 쇼핑몰, 카페, 그리고 도시 거리와 같은 //
병렬 구조 동명사구의 의미상의 주어 동명사구
societal {understanding} and {acceptance} / of {youth / hanging out in public places}] /
사회적인 이해와 수용은 / 젊은 사람들이 / 공공장소에서 어울려 노는 것에 대한 /
is essential. //
필수적이다 //

* conjure: 불러일으키다 ** illicit: 불법적인 *** spur: 자극하다

어휘

- □ presence 존재
- □ hang out 어울려 놀다
- □ suspicion 의심
- □ inappropriate 부적절한
- □ preferred 선호되는
- □ impose 가하다, 지우다
- □ policy 정책
- □ exclusion 배제
- □ retreat 숨어들다, 도피하다, 빠져나가다
- □ removed 멀리 떨어진
- □ supervision 감독, 관리

글의 흐름 파악

도입(❶~❸)	전개(❹~❻)	결론(❼)
공공장소에서 어울려 놀지 못하는 젊은 사람들	그로 인한 역효과	젊은 사람들이 어울려 놀 수 있는 공공장소의 필요성
젊은 사람들이 공공장소에서 어울려 놀지 못하도록 사회가 정책과 디자인 변경을 함	젊은 사람들이 사교 활동을 위해 눈에 덜 띄는 구역으로 숨어들고, 이러한 장소들은 비공식적인 감독이 부족하므로 더 부정적인 행동들을 자극할 가능성이 더 높음	젊은 사람들이 공공장소에서 어울려 노는 것에 대한 사회적 이해와 수용이 필수적임

전문 해석

❶'어울려 노는' 젊은이 무리의 존재는 보통 부적절하고 불법적인 행동에 대한 성인들의 의심을 불러일으킨다. ❷공공장소는 흔히 이러한 일상적인 모임을 위해 선호되는 장소지만, 사업주, 시 공무원, 그리고 다른 성인들은 이 활동을 공간의 오용으로 간주하고 그 행동을 제한하기 위해 정기적으로 정책과 디자인 변경을 가한다. ❸소음 장치에서 좌석 제거에 이르기까지, 젊은이들이 받는 메시지는 배제의 것(메시지)이다. ❹오히려 젊은 사람들이 친구들과 함께 모이고 새로운 사람들을 만날 기회는 중요한 발달상의 욕구이다. ❺그들이 공공장소를 찾을 수 없거나, 이용할 수 있는 장소에서 배제될 때, 젊은 사람들은 자신들의 사교 활동을 위해 눈에 덜 띄는 구역으로 숨어든다. ❻이러한 멀리 떨어진 장소들은 쇼핑몰, 카페, 그리고 도시 거리와 같은 장소들에서 보이는 비공식적인 감독이 부족하므로 더 부정적인 행동들을 자극할 가능성이 더 높다. ❼젊은 사람들이 공공장소에서 어울려 노는 것에 대한 사회적 이해와 수용은 필수적이다.

구문 해설

❷ Public settings are often the preferred location for these informal gatherings, yet business owners, city officials, and other adults [see this activity as a misuse of the space] and [regularly impose policy and design changes {to restrict the behavior}].

두 개의 [ ]는 business owners, city officials, and other adults를 공통의 주어로 하는 술어부이다. { }는 목적의 의미를 나타내는 to부정사구이다.

❺ [When they {cannot find a public place}, or {are excluded from the ones available}], youth retreat to less visible areas for their socializing activities.

[ ]는 부사절이고, 두 개의 { }는 they를 공통의 주어로 하면서 or로 연결되어 있다. ones는 public places를 의미한다.

Quick Check 적절한 말 고르기

1. The presence of a group of young people 'hanging out' typically [conjure / conjures] suspicions of inappropriate and illicit behavior by adults.
2. Instead, opportunities for young people [gather / to gather] with their friends and meet new people are an important developmental need.

정답 **1.** conjures **2.** to gather

Mini Test 2

4번 자연의 소리에 대한 인식 상실

| Keywords | sensory diversity, inattention, disconnected

주어 / 관계절

❶[The extinction of sensory diversity] / has many causes / : technologies / [that deliver

감각의 다양성이 소멸된 데는 / 많은 원인이 있다 / 그것은 기술 / 독을 배출하는 /

계속해서 증가하는 / 관계절 / force A onto B: A를 B에 강요하다

poisons] / ; ever-rising carbon dioxide levels / ; [economies / {that force ⟨the costs of

계속해서 증가하는 이산화 탄소 수준 / 경제 체제 / 생산 비용을 강요하는 / A

B / 동격 관계

production⟩ / onto ⟨other people and other species⟩}], / [the "externalities" of business]; /

다른 사람과 다른 종에게 / 즉 사업의 '외부 효과' /

ever-expanding: 계속해서 확대되는 / 관계절

and ever-expanding human appetites and numbers / [that shoulder out other species]. //

그리고 계속해서 확대되는 인간의 욕구와 인구 등이다 / 다른 종을 밀어내는 //

주어 / of의 목적어

❷[All these social and economic factors] exist / in a culture of / [inattention / and lack of

이 모든 사회적, 경제적 요인들은 존재한다 / ~의 문화 속에 / 무관심 / 그리고 인식 결핍 //

동격 관계

appreciation]. // ❸Our ears are directed / [inward], / [to the chatter of our own species]. //

우리의 귀는 향해 있다 / 안쪽으로 / 즉, 우리 자신 종의 수다를 //

주어의 핵심어 / 관계절

❹Introductions to the sounds / of the thousands of species / [that live in our

소리에 대한 소개는 / 수천 종의 / 우리 이웃에 사는 /

술어 동사(Introductions에 수 일치) / regard ~ as ...: ~을 …이라고 여기다

neighborhoods] / have no place / in most school curricula. // ❺We generally regard

찾아볼 수 없다 / 대부분의 학교 교육 과정에서 // 우리는 일반적으로 인간의 언어와

outside nature에 대한 부가적 설명

human language and music / as outside nature, / [disconnected from / the voices of

음악을 여긴다 / 자연의 밖에 있다고 / 즉, 단절되어 있다고 / 다른 것들의 음성과 //

부사절 / 주어

others]. // ❻[When a concert starts], / we close the door / to the outside world. // ❼[Books

콘서트가 시작될 때 / 우리는 문을 닫는다 / 외부 세계로 향하는 // 책과 소프트

관계절 / 술어 동사 / 목적어

and software / {that teach us "foreign" languages}] / include / [only the voices / of other

웨어는 / 우리에게 '외래의' 언어를 가르치는 / 포함한다 / 오직 음성만을 / 다른 인간들의 //

주어 / 술어부 1 / 술어부 2 / A / 소수의

humans]. // ❽[Public monuments to sound] / [are rare] / and [honor / {a handful of

소리에 대한 공적 기념물은 / 드물며 / 그리고 기린다 / 소수의 권위 있는 인간

A, not B: B가 아니라 A / B

canonical human composers}, / not {the sonic history / of the living Earth}]. //

작곡가를 / 소리 역사가 아니라 / 살아 있는 지구의 //

* canonical: 권위 있는 ** sonic: 소리의

어휘

- □ extinction 소멸, 멸종
- □ externality 외부 효과
- □ shoulder out ~을 밀어내다
- □ honor 기리다
- □ poison 독
- □ appetite 욕구, 식욕
- □ monument 기념물

글의 흐름 파악

도입(❶~❷)	전개 1(❸~❺)	전개 2(❻~❽)
감각의 다양성이 사라진 원인	인류의 수다를 향해 있는 우리의 귀	인간의 소리에만 집중하는 우리
감각의 다양성이 사라진 데에는 여러 가지 원인이 있는데, 이 모든 요인들은 무관심하고 올바른 인식이 부족한 문화 속에 존재함	우리는 일반적으로 인간의 언어와 음악을 다른 것들의 음성과 단절된, 자연 밖의 것으로 여김	소리에 대한 공적 기념물은 드물며, 살아 있는 지구의 소리 역사가 아니라 소수의 권위 있는 인간 작곡가를 기림

전문 해석

❶감각의 다양성이 소멸된 데는 많은 원인이 있는데, 그것은 독을 배출하는 기술, 계속해서 증가하는 이산화 탄소 수준, 생산 비용을 다른 사람과 다른 종에게 강요하는 경제 체제, 즉 사업의 '외부 효과', 그리고 다른 종을 밀어내는 계속해서 확대되는 인간의 욕구와 인구 등이다. ❷이 모든 사회적, 경제적 요인들은 무관심과 인식 결핍의 문화 속에 존재한다. ❸우리의 귀는 안쪽으로, 즉 우리 자신 종의 수다를 향해 있다. ❹우리 이웃에 사는 수천 종의 소리에 대한 소개는 대부분의 학교 교육 과정에서 찾아볼 수 없다. ❺우리는 일반적으로 인간의 언어와 음악을 자연의 밖에 있다고, 즉 다른 것들의 음성과 단절되어 있다고 여긴다. ❻콘서트가 시작될 때, 우리는 외부 세계로 향하는 문을 닫는다. ❼우리에게 '외래의' 언어를 가르치는 책과 소프트웨어는 오직 다른 인간들의 음성만을 포함한다. ❽소리에 대한 공적 기념물은 드물며, 살아 있는 지구의 소리 역사가 아니라 소수의 권위 있는 인간 작곡가를 기린다.

구문 해설

❹ [Introductions to the sounds of the thousands of species {that live in our neighborhoods}] have no place in most school curricula.

[ ]는 문장의 주어이고, { }는 the thousands of species를 수식하는 관계절이다.

❺ We generally **regard** human language and music **as** outside nature, [disconnected from the voices of others].

'~을 …이라고 여기다'라는 의미의 「regard ~ as ...」 구문이 사용되었다. [ ]는 outside nature의 내용을 부가적으로 설명한다.

Quick Check 적절한 말 고르기

1. Books and software that teach us "foreign" languages [include / including] only the voices of other humans.
2. Public monuments to sound are rare and [honor / honors] a handful of canonical human composers, not the sonic history of the living Earth.

정답 1. include 2. honor

5번 현실적인 기대치 설정의 중요성

Mini Test 2

| Keywords | align, actual demands, expected demands

not A but B / A / 관계절 / 병렬 구조 / B

❶ A tough runner / isn't [one / {who is blind with ⟨ambition⟩ or ⟨confidence⟩}], / but [one /

강인한 달리기 선수는 / 사람이 아니라 / 야망이나 자신감으로 분별력을 잃은 / 사람이다 /

관계절 / 병렬 구조 / 전치사구

{who can accurately assess / ⟨the demands⟩ and ⟨the situation⟩}]. // ❷ The magic is / [in

정확하게 평가할 수 있는 / 요구와 상황을 // 마법은 있다 /

aligning / actual and expected demands]. // ❸ [When {our assessment / of our

조화시키는 데 / 실제 요구와 기대 요구를 // 우리의 평가가 ~할 때 / 능력에 대한 /

부사절 / 주어 / 보어 / 목적어

capabilities} / is {out of sync with the demands}], / we get / [the schoolchildren version

요구 사항과 일치하지 않을 (때) / 우리는 얻는다 / 초등학생 버전의 성과를 /

주절에 대한 부가적 설명 / to부정사구(결과)

of performance] / : [starting a project / with reckless confidence, / {only to ⟨look up⟩ / and

즉 프로젝트를 시작하지만 / 무모한 자신감으로 / 결국에는 눈을 들고 / 그리고

병렬 구조(to에 이어짐) / = a project / 부사절

⟨realize the work / it involves⟩}]. // ❹ [When such a mismatch exists], / we're more likely /

일을 깨닫는다 / 그것이 수반하는 // 그러한 불일치가 존재할 때 / 우리는 가능성이 더 크다 /

병렬 구조

[to spiral / toward doubts and insecurities], / and [to ultimately abandon our pursuit]. //

소용돌이치며 빠져들고 / 의심과 불안으로 / 그리고 결국 우리가 추구하는 바를 포기할 //

부사절 / be able to에 이어짐 1

❺ [When actual and expected demands align], / we're able to / [pace to perfection], / or

실제 요구와 기대 요구가 동일선에 있을 때 / 우리는 ~할 수 있다 / 완벽하게 속도를 유지할 / 혹은

부사구 / be able to에 이어짐 2 / It's why ~: 그 때문에 ~

[outside of the athletic realm], / [perform up to our current capabilities]. // ❻ It's why

운동 영역을 벗어나서는 / 우리의 현재의 능력만큼 수행할 // 그 때문에

분사구문(experienced writers가 의미상의 주어)

experienced writers / don't go into their first draft / [expecting perfection]. // ❼ They

경험이 풍부한 작가들은 / 초고를 시작하지 않는다 / 완벽을 기대하며 // 그들은

= their first draft / understand의 목적어(명사절) / ~과 반대로

understand / [it's going to be messy, / and often not that good]. // ❽ Contrary to old-

이해한다 / 그것이 엉망일 것이고 / 그리고 흔히 그렇게 좋지 않으리라는 것을 // 전통적인 강인함의 지혜와

주어 / 병렬 구조

school toughness wisdom, / [a touch of realistic doubt] / [keeps us on track] / and

반대로 / 약간의 현실적인 의심은 / 우리가 순조롭게 진행되도록 유지하고 /

형식상의 목적어 / 내용상의 목적어

[makes it more likely / {that we will persist}]. //

그리고 가능성을 더 높게 만든다 / 우리가 지속할 //

* align: 조화시키다, 동일선에 있다 ** reckless: 무모한 *** spiral: (소용돌이치며) 빠져들다

어휘

□ blind with ~로 분별력을 잃은	□ ambition 야망	□ accurately 정확하게
□ assess 평가하다	□ demand 요구, 요구 사항	□ out of sync 일치[화합]하지 않는
□ insecurity 불안	□ ultimately 결국	□ abandon 포기하다, 버리다
□ pursuit 추구(하는 바)	□ pace 속도[리듬]를 유지하다	□ to perfection 완벽하게, 완전히
□ athletic 운동의	□ up to ~만큼, ~까지	□ current 현재의
□ first draft 초고	□ messy 엉망인, 혼란스러운	□ contrary to ~과 반대로
□ old-school 전통적인, 구식의	□ on track 순조롭게 진행되고 있는, 착착 나아가는	
□ persist 지속하다		

글의 흐름 파악

도입(❶~❷)	→	전개(❸~❹)	→	결론(❺~❽)
실제 요구와 기대 요구 조화의 중요성		지나치게 높은 기대치를 설정했을 때의 부정적 현상		현실적인 기대치 설정의 중요성
실제 요구와 기대 요구를 조화시키는 것이 중요함		우리의 능력에 대한 평가가 요구 사항과 일치하지 않을 때, 우리는 초등학생 버전의 성과를 얻고, 결국 추구를 포기하게 됨		약간의 현실적인 의심은 우리가 순조롭게 진행하고 지속할 가능성을 더 높게 만듦

전문 해석

❶강인한 달리기 선수는 야망이나 자신감으로 분별력을 잃은 사람이 아니라 요구와 상황을 정확하게 평가할 수 있는 사람이다. ❷마법은 실제 요구와 기대 요구를 조화시키는 데 있다. ❸우리의 능력에 대한 평가가 요구 사항과 일치하지 않을 때, 우리는 초등학생 버전의 성과를 얻게 되는데, 즉 무모한 자신감으로 프로젝트를 시작하지만, 결국에는 눈을 들어 그것이 수반하는 일을 깨닫는다. ❹그러한 불일치가 존재할 때, 우리는 소용돌이치며 의심과 불안으로 빠져들고 결국 우리가 추구하는 바를 포기할 가능성이 더 크다. ❺실제 요구와 기대 요구가 동일선에 있을 때, 우리는 완벽하게 속도를 유지할 수 있거나 혹은 운동 영역을 벗어나서는 우리의 현재의 능력만큼 수행할 수 있다. ❻그 때문에 경험이 풍부한 작가들은 완벽을 기대하며 초고를 시작하지 않는다. ❼그들은 그것이 엉망일 것이고 흔히 그렇게 좋지 않으리라는 것을 이해한다. ❽전통적인 강인함의 지혜와 반대로, 약간의 현실적인 의심은 우리가 순조롭게 진행되도록 유지하고 우리가 지속할 가능성을 더 높게 만든다.

구문 해설

❶ A tough runner **isn't** [one {who is blind with ambition or confidence}], **but** [one {who can accurately assess the demands and the situation}].

두 개의 [ ]가 '~이 아니라 …이다'라는 의미의 「not ~ but ...」 구문으로 연결되어 있다. 두 개의 { }는 각각 one을 수식하는 관계절이다.

❹ [When such a mismatch exists], we'**re** more **likely** [**to** spiral toward doubts and insecurities], and [**to** ultimately abandon our pursuit].

첫 번째 [ ]는 부사절이다. 두 번째와 세 번째 [ ]는 and로 연결되어, '~할 가능성이 있다'라는 의미의 「be likely to」 구문에 이어진다.

Quick Check 빈칸 완성하기

1. It's why experienced writers don't go into their first draft expecting p__________.
2. Contrary to old-school toughness wisdom, a touch of realistic d__________ keeps us on track and makes it more likely that we will persist.

정답 1. (p)erfection 2. (d)oubt

Mini Test 2

6번 사회적 곤충 군집에서의 작업 분할

| Keywords | task partitioning, foraging, leaf-cutting ant, workforce

~을 고려해 볼 때 / 형식상의 주어

❶ Given the extensive behavioral repertoire / of most social insect colonies, / it would

광범위한 행동 목록을 고려해 볼 때 / 대부분의 사회적 곤충 군집의 / 쉬울 것이다 /

내용상의 주어 / dismiss ~ as ...: ~을 …이라고 일축하다

be easy / [to dismiss task partitioning / as a relatively unique organizational principle /

작업 분할을 일축하기가 / 비교적 독특한 조직 원리라고 /

분사구 / 분사구

{limited primarily to foraging, / with a few other examples / ⟨found in nest building and

주로 먹이를 찾는 것에 한정된 / 몇 가지 다른 사례와 함께 / 집 짓기와 폐기물 관리에서 발견되는 //

주어 / =dismisss ~ management / 주격 보어(to부정사구)

waste management⟩}]. // ❷ [To do this] / would be [to dramatically underestimate the

이렇게 하는 것은 / 작업 분할의 중요성을 현저하게 과소평가하는 것이 될 것이다 /

관계절 / =task partitioning

importance of task partitioning / in those species {that perform it}]. // ❸ Foraging is a

그것을 수행하는 종들에서 // 먹이를 찾는 것이 중요한

=foraging

critical task / within any social insect colony / and it typically involves a relatively high

작업이다 / 모든 사회적 곤충 군집에서 / 그리고 그것은 보통 비교적 높은 비율의 일꾼을 포함한다 //

부사구 / 주어

proportion of workers. // ❹ [In the leaf-cutting ant *Atta colombica*], / [the vast majority of

가위개미 *Atta colombica*의 경우 / 개미집 밖에서 일하는 대다수

분사구 / 수동태 / 병렬 구조(either ~ or ...)

workers {working outside the nest}] / are either involved / [with foraging] or [with waste

일꾼은 / 관여한다 / 먹이 찾기나 폐기물 관리에 /

관계절(foraging과 waste management를 부가적으로 설명) / 주어

management], / [both of which involve task partitioning]. // ❺ [Many workers inside the

그런데 이 두 가지 모두 작업 분할을 수반한다 // 개미집 내부의 많은 일꾼은 /

수동태 / to부정사구

nest] / are involved with processing leaves / [to incorporate into the fungus gardens], /

나뭇잎을 가공하는 것에 관여한다 / 균류 정원에 넣을 /

관계절(processing ~ gardens를 부가적으로 설명) / 주어

[which also involves task partitioning]. // ❻ Overall, / [a large proportion of the total

그런데 이것 역시 작업 분할을 수반한다 // 대체로 / 전체 노동자의 큰 비율이 /

수동태 / 동명사구의 의미상 주어 / 동명사구

workforce] / may be involved in partitioned tasks, / [despite these tasks being only a

이러한 분할된 작업에 관여할 수도 있다 / 이런 작업이 단지 작은 부분 집합임에도 불구하고 /

부사구

small subset / of the total colony task repertoire]. //

전체 군집 작업 목록의 //

* forage: 먹이를 찾다 ** fungus: 균류, 곰팡이류

어휘

- □ extensive 광범위한
- □ repertoire 목록, 레퍼토리
- □ colony 군집
- □ dismiss 일축하다, 무시하다
- □ partition 분할하다
- □ relatively 비교적
- □ unique 독특한
- □ primarily 주로
- □ dramatically 현저하게, 극적으로
- □ underestimate 과소평가하다
- □ critical 중요한
- □ proportion 비율, 부분
- □ leaf-cutting ant 가위개미
- □ incorporate (어떤 것을 구성 성분으로서 다른 것 안에) 넣다, 포함하다
- □ workforce 노동자, 노동력
- □ subset 부분 집합

글의 흐름 파악

도입(❶~❷)		본론(❸~❺)		결론(❻)
작업 분할의 오해		작업 분할의 실제		작업 분할의 중요성
사회적 곤충 군집의 작업 분할을 먹이 찾기, 집 짓기, 폐기물 관리로 한정함 → 중요성을 과소평가함	➜	사회적 곤충 군집에서 높은 비율의 일꾼을 포함함 – 먹이 찾기나 폐기물 관리 → 대다수가 작업 분할을 수반함 – 균류 정원에 넣을 나뭇잎 가공 → 많은 일꾼이 작업 분할을 수반함	➜	전체 노동자의 큰 비율이 작업 분할에 관여할 수도 있음

전문 해석 ❶대부분의 사회적 곤충 군집의 광범위한 행동 목록을 고려해 볼 때, 작업 분할을 집 짓기와 폐기물 관리에서 발견되는 몇 가지 다른 사례와 함께 주로 먹이를 찾는 것에 한정된 비교적 독특한 조직 원리라고 일축하기가 쉬울 것이다. ❷이렇게 하는 것은 작업 분할을 수행하는 종들에서 그것의 중요성을 현저하게 과소평가하는 것이 될 것이다. ❸먹이를 찾는 것이 모든 사회적 곤충 군집에서 중요한 작업이며, 그것은 보통 비교적 높은 비율의 일꾼을 포함한다. ❹가위개미 *Atta colombica*의 경우, 개미집 밖에서 일하는 대다수 일꾼은 먹이 찾기나 폐기물 관리에 관여하는데, 이 두 가지 모두 작업 분할을 수반한다. ❺개미집 내부의 많은 일꾼은 균류 정원에 넣을 나뭇잎을 가공하는 것에 관여하는데, 이것 역시 작업 분할을 수반한다. ❻이런 작업이 전체 군집 작업 목록의 단지 작은 부분 집합임에도 불구하고, 대체로 전체 노동자의 큰 비율이 이러한 분할된 작업에 관여할 수도 있다.

배경 지식 **가위개미(leaf-cutting ant)의 사회 계급**
가위개미는 잎을 잘라 모으는 습성을 가진 개미를 총칭하는 이름으로, 41종이 있다. 성숙한 가위개미 무리에서 개미들은 크기에 따라 대략 4계급으로 분류된다. 각각의 계급의 이름은 정원사 개미, 소형 일개미, 중형 일개미, 대형 일개미이다. 대형 일개미를 병정개미라고 부르기도 한다.

구문 해설

❷ **[To do this] would be [to dramatically underestimate the importance of task partitioning in those species {that perform it}].**

첫 번째 [ ]는 주어 역할을 하는 to부정사구이다. 두 번째 [ ]는 주격 보어 역할을 하는 to부정사구이고, { }는 those species를 수식하는 관계절이다.

❹ **In the leaf-cutting ant *Atta colombica*, the vast majority of workers [working outside the nest] are either involved with foraging or with waste management, [both of which involve task partitioning].**

첫 번째 [ ]는 the vast majority of workers를 수식하는 분사구이고, 두 번째 [ ]는 foraging과 waste management를 부가적으로 설명하는 관계절이다.

Quick Check 틀린 부분 고치기 / 적절한 말 고르기

1. ① Given the extensive behavioral repertoire of most social insect colonies, it would be easy to dismiss task partitioning as a relatively unique organizational principle ② limited primarily to ③ foraging, with a few other examples ④ finding in nest building and waste management.

2. Overall, a large proportion of the total workforce may be involved in partitioned tasks, [despite / although] these tasks being only a small subset of the total colony task repertoire.

정답 1. ④ finding → found 2. despite

7번

Mini Test 2

상대방의 관점을 이해하지 못하는 실수

| Keywords | standpoint, perspective taking, communication

주어 / 수동태 / 전치사구(부사구)

❶[Our personal perception of reality] / is distorted / in many ways, / so [in

현실에 대한 우리의 개인적인 인식은 / 왜곡되어 있어 / 여러 가지 방식으로 / 두 사람

it is ~ that ... 강조 구문 / 강조된 부분

communication between two people] / it is [two individual realities] / that are distorted /

사이의 의사소통에서 / 바로 두 개의 개별적인 현실이다 / 왜곡되는 것은 /

분사구문 / ~을 이해하다 / ~뿐만 아니라

in different ways / [trying to make sense of each other]. // ❷And on top of that, / we

다른 방식으로 / 서로를 이해하려 하는 가운데 // 그리고 그뿐만 아니라 / 우리는

understand의 목적어

tend to understand / [words, concepts, ideas, feelings] / from our own standpoint. //

이해하는 경향이 있다 / 단어, 개념, 아이디어, 감정을 / 우리 자신의 관점에서 //

imagine의 목적어(명사절) / 명사절의 주어 / ~과 비슷하다 / = your worldview

❸You imagine / [that {this person's worldview} / is similar to yours]. // ❹He says / [that

여러분은 상상한다 / 이 사람의 세계관이 / 여러분의 것과 비슷하다고 // 그는 말한다 /

says의 목적어(명사절) / meant의 목적어(명사절) / = his drink

what his drink tastes like is a lychee milkshake]. // ❺He meant / [that it tastes bad] /

자기 음료가 리치 밀크셰이크 같은 맛이라고 // 그는 (~이라는) 뜻이었다 / 그것이 맛이 없다는 /

부사절 / think의 목적어(명사절) / 부사절

[because he hates lychee], / but you think / [he loves his drink] / [because you love

자신이 리치를 싫어해서 / 하지만 여러분은 생각한다 / 그가 자기 음료를 좋아한다고 / 여러분이 리치를 좋아하기

~로 인한(전치사, 원인)

lychee]. // ❻And this is just an example / of a benign misunderstanding / due to lack of

때문에 // 그리고 이것은 한 가지 예일 뿐이다 / 악의 없는 오해의 / 조망 수용 부족으로

동격 관계 / to부정사구 / 실제로 / 주어

[perspective taking], / [the ability / {to get into somebody else's head}]. // ❼Indeed, [our

인한 / 즉, 능력 / 다른 사람의 머릿속으로 들어가는 // 실제로 우리의 부족한

to부정사구 / imagine의 목적어(명사절) / 관계절(부가적 설명)

poor ability / {to imagine ⟨what is going on / inside someone's mind⟩}, / {which typically

능력은 / 무슨 일이 일어나고 있는지 상상하는 / 누군가의 마음 안에서 / 일반적으로 현저하게

to부정사구 / 술어 동사

stands in striking discrepancy / with our confidence / in our ability ⟨to do so⟩}], / makes

어긋나고 / 우리의 자신감과 / 그럴 수 있는 우리의 능력에 대한 / 인간의

목적어 / 목적격 보어 / imagine ~ mind의 내용을 가리킴

[human communication] [a risky business]. //

의사소통을 위험한 일로 만든다 //

* lychee: 리치(열대성 과일의 일종) ** benign: 악의 없는, 온화한 *** discrepancy: 어긋남, 불일치

어휘

- □ distort 왜곡하다
- □ on top of ~뿐만 아니라
- □ perspective 관점
- □ make sense of ~을 이해하다
- □ standpoint 관점
- □ striking 현저한, 눈에 잘 띄는

글의 흐름 파악

도입(❶~❸)	전개(❹~❻)	결론(❼)
각자 자신의 관점에서 이해하는 세상	조망 수용 부족의 예시	조망 수용의 부족으로 인한 의사소통의 어려움
우리는 단어, 개념, 아이디어, 감정을 우리 자신의 관점에서 이해하는 경향이 있음	자신의 음료가 리치 밀크셰이크 맛이라고 말했을 때, 리치를 좋아하는지 싫어하는지 여부에 따라 서로 이해하고 전달하는 바가 달라짐	누군가의 마음 안에서 무슨 일이 일어나고 있는지 상상하는 우리의 능력 부족은 인간의 의사소통을 위험한 일로 만듦

전문 해석

❶현실에 대한 우리의 개인적인 인식은 여러 가지 방식으로 왜곡되어 있어, 두 사람 사이의 의사소통에서 서로를 이해하려 하는 가운데 다른 방식으로 왜곡되는 것은 두 개의 개별적인 현실이다. ❷그리고 그뿐만 아니라 우리는 단어, 개념, 아이디어, 감정을 우리 자신의 관점에서 이해하는 경향이 있다. ❸여러분은 이 사람의 세계관이 여러분의 것과 비슷하다고 상상한다. ❹그는 자기 음료가 리치 밀크셰이크 같은 맛이라고 말한다. ❺그는 리치를 싫어해서 그것이 맛이 없다는 뜻이었지만, 여러분은 리치를 좋아하기 때문에 그가 자기 음료를 좋아한다고 생각한다. ❻그리고 이것은 조망 수용, 즉 다른 사람의 머릿속으로 들어가는 능력 부족으로 인한 악의 없는 오해의 한 가지 예일 뿐이다. ❼실제로 누군가의 마음 안에서 무슨 일이 일어나고 있는지 상상하는 우리의 부족한 능력은, 일반적으로 그럴 수 있는 우리의 능력에 대한 우리의 자신감과 현저하게 어긋나고, 인간의 의사소통을 위험한 일로 만든다.

구문 해설

❶ **Our personal perception of reality is distorted in many ways, so in communication between two people it is [two individual realities] that are distorted in different ways [trying to make sense of each other].**

「it is ~ that ...」 강조 구문이 사용되어 첫 번째 [ ] 부분이 강조되었다. 두 번째 [ ]는 two individual realities를 의미상의 주어로 하는 분사구문이다.

❹ **He says [that {what his drink tastes like} is a lychee milkshake].**

[ ]는 says의 목적어 역할을 하는 명사절이고, { }는 명사절의 주어 역할을 한다.

Quick Check 적절한 말 고르기

1. And on top of that, we tend to understand words, concepts, ideas, feelings from [our own / someone else's] standpoint.
2. You imagine that this person's worldview is [dissimilar / similar] to yours.

정답 1. our own 2. similar

8번 Mini Test 2

비디오 게임을 하는 8개국 성인의 비율

| Keywords | adult, video games, smartphone, occasional, frequent

Percentage share of adults who played video games in 2022 in selected countries

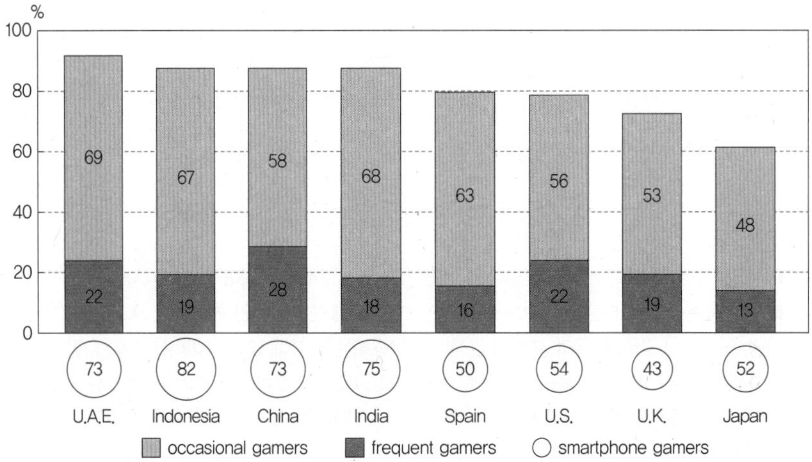

shows의 목적어 / 관계절

❶The graph above shows / [the percentages of adults in eight selected countries / {who
위 도표는 보여 준다 / 선별된 8개 국가의 성인 비율을 /

~을 포함하여 / including의 목적어

played video games in 2022}, / including {how much playing was on smartphone}]. //
2022년에 비디오 게임을 한 / 스마트폰으로 얼마나 많이 게임을 한지를 포함하여 //

higher ~ than: 비교 구문

❷The U.A.E., Indonesia, China and India / had a higher percentage of adult video
아랍 에미리트, 인도네시아, 중국 그리고 인도는 / 성인 비디오 게이머의 비율이 더 높았다 //

gamers / than Spain, the U.S., the U.K., and Japan. // ❸The U.A.E. had the highest
스페인, 미국, 영국 그리고 일본보다 // 아랍 에미리트에서 성인 비디오 게이머의 비율이

with+명사구+현재분사(주절에 대한 부가적 설명)

percentage of adult video gamers, / [with about three-fourths among adults playing on
가장 높았으며 / 성인 중 약 4분의 3이 자신들의 스마트폰으로 게임을 했다 //

주어 / 관계절

their smartphones]. // ❹[The percentage of adults in Indonesia / {who played games on
인도네시아의 성인 비율은 / 자신들의 스마트폰으로 게임을 한 /

술어 동사 / =the percentage of adults / 부사절(대조) / 주어

their smartphones}] / was smaller than double that in the U.K. // ❺[While the percentage
영국의 비율의 두 배보다 더 적었다 // 중국에서 이따금씩 하는 게이머의

=the percentage of occasional gamers / 주어

of occasional gamers in China / was smaller than that in India], / [the percentage of
비율은 / 인도의 비율보다 더 적었지만 / 중국에서 자주 하는 게이머의

부사구

frequent gamers in China] / was the highest / [among all the selected countries]. //
비율은 / 가장 높았다 / 선별된 모든 국가 중에서 //

부사구 / the -est: 최상급 / 부사구

❻[Among the countries], / Japan had the lowest engagement rate / [for gaming among
그 국가 중에서 / 일본이 참여율이 가장 낮았다 / 성인 중 게임을 하는 /

주어 / =the percentage of smartphone gamers

adults], / but [the percentage of smartphone gamers in Japan] / was higher than that in
하지만 일본의 스마트폰 게이머의 비율은 / 영국과 스페인의 비율보다 더 높았다 //

the U.K. and Spain. //

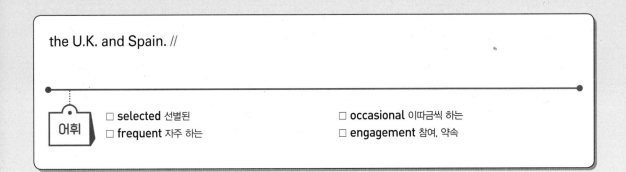

어휘

□ selected 선별된
□ frequent 자주 하는
□ occasional 이따금씩 하는
□ engagement 참여, 약속

글의 흐름 파악

도입(❶)		전개(❷~❻)
성인의 비디오 게임 비율		표에서 제시하는 국가에 대한 분석
도표는 비디오 게임을 하는 선별된 8개 국가의 성인 비율을 보여 줌	➜	• 나라들 간의 성인 비디오 게이머 비율 비교 • 아랍 에미리트의 성인 비디오 게이머의 비율과 스마트폰 게이머의 비율 • 인도네시아와 영국의 스마트폰 게이머 비율 비교 • 중국의 이따금씩 하는 게이머와 자주 하는 게이머 비율의 타국과의 비교 • 일본의 스마트폰 게이머의 비율과 영국과 스페인의 비율 비교

전문 해석

❶위 도표는 스마트폰으로 얼마나 많이 게임을 한지를 포함하여, 2022년에 비디오 게임을 한 선별된 8개 국가의 성인 비율을 보여 준다. ❷아랍 에미리트, 인도네시아, 중국 그리고 인도는 스페인, 미국, 영국 그리고 일본보다 성인 비디오 게이머의 비율이 더 높았다. ❸아랍 에미리트에서 성인 비디오 게이머의 비율이 가장 높았으며, 성인 중 약 4분의 3이 자신들의 스마트폰으로 게임을 했다. ❹자신들의 스마트폰으로 게임을 한 인도네시아의 성인 비율은 영국의 비율의 두 배보다 더 적었다. ❺중국에서 이따금씩 하는 게이머의 비율은 인도의 비율보다 더 적었지만, 중국에서 자주 하는 게이머의 비율은 선별된 모든 국가 중에서 가장 높았다. ❻그 국가 중에서 일본이 성인 중 게임을 하는 참여율이 가장 낮았지만, 일본의 스마트폰 게이머의 비율은 영국과 스페인의 비율보다 더 높았다.

배경 지식

비디오 게임(video game)

비디오 게임은 사용자가 정해진 규칙에 따라 조작하면 컴퓨터가 비디오 기술을 이용하여 출력하는 전자 게임의 일종이다. 하지만 지금은 예술의 한 부분으로 분류하기도 하여 그 의미가 차츰 변하고 있다. 비디오 게임은 글자나 그림, 소리만으로 출력될 수도 있지만, 많은 비디오 게임이 영상 표시 장치를 이용한 시각적 출력을 수반하는 경우가 더 많다.

구문 해설

❸ **The U.A.E. had the highest percentage of adult video gamers, [with about three-fourths among adults playing on their smartphones].**

[ ]는 「with + 명사구(about three-fourths among adults) + 분사구(playing on their smartphones)」 구문으로 주절에 대해 부가적 상황을 설명한다.

❻ **Among the countries, Japan had the lowest engagement rate for gaming among adults, but the percentage of smartphone gamers in Japan was higher than that in the U.K. and Spain.**

that은 the percentage of smartphone gamers를 가리킨다.

Quick Check **적절한 말 고르기**

1. The percentage of adults in Indonesia who played games on their smartphones was smaller than double [that / those] in the U.K.
2. [Despite / While] the percentage of occasional gamers in China was smaller than that in India, the percentage of frequent gamers in China was the highest among all the selected countries.

정답 1. that 2. While

9번 Willebrord Snell의 생애

Mini Test 2

| Keywords | Willebrord Snell, contributed, measuring, estimating

❶Willebrord Snell was born / [in the city of Leiden in the Netherlands]. // ❷He originally attended the University of Leiden / as a law student, / but after presenting some lectures in mathematics at the university, / he switched to his famous father's profession of mathematics. // ❸He contributed to the fields of astronomy and navigation / as well as mathematics and other areas of science. // ❹In 1621, he discovered [the basic law of refraction], / that is, / the bending of light rays / [that occurs / {when a light ray changes its speed / as it travels from one medium to another of a different density}]. // ❺[Although he only lived {to be forty-six years of age}], / he made many contributions to science and mathematics, / as well as publishing five books. // ❻He improved [the work of the ancient scientist Eratosthenes] / by using a method of measuring the size of Earth by triangulation, / [which became the basis for the modern science of *geodesy*]. // ❼He also improved [Archimedes' method of estimating pi]. //

(문법 주석: in the city of ~ → 부사구 / the University of Leiden → attended의 목적어(명사구) / as → ~로(서) / switched to → ~로 전향하다 / contributed to → ~에 공헌하다 / as well as → ~뿐만 아니라 …도 / [the basic law of refraction] → discovered의 목적어(명사구) / that occurs → 관계절 / when a light ray → 부사절(시간) / it → = the light ray / another → = another medium / Although → 부사절 / to be forty-six → to부정사구(결과) / make a contribution to: ~에 공헌을 하다 / as well as → and의 의미 / [the work of ~] → improved의 목적어(명사구) / by using → by -ing: ~하여(서), ~함으로써 / which → 관계절(He improved ~ triangulation을 부가적으로 설명) / [Archimedes' method ~] → improved의 목적어(명사구))

해석: Willebrord Snell은 태어났다 / 네덜란드의 Leiden 시에서 // 그는 원래 Leiden 대학교에 다녔다 / 법률 전공 학생으로 / 하지만 그 대학에서 수학 강의를 몇 번 한 후 / 그는 유명한 자기 아버지의 직업인 수학으로 전향했다 // 그는 천문학, 그리고 항해술 분야에도 공헌했다 / 수학과 다른 과학 분야뿐만 아니라 // 1621년, 그는 굴절의 기본 법칙을 발견했다 / 즉 / 광선의 굴절 현상을 / 발생하는 / 광선이 속도를 바꿀 때 / 그것이 한 매질에서 다른 밀도의 다른 매질로 이동하면서 // 비록 그는 겨우 마흔여섯 살까지 살았지만 / 그는 과학과 수학에 많은 공헌을 했다 / 그리고 다섯 권의 책을 출판했다 // 그는 고대 과학자 Eratosthenes의 연구를 개선했다 / 삼각 측량으로 지구의 크기를 측정하는 방법을 사용하여 / 이는 '측지학'이라는 현대 과학의 기초가 되었다 // 그는 또한 원주율을 산정하는 Archimedes의 방법도 개선했다 //

* triangulation: 삼각 측량 ** geodesy: 측지학

어휘

- □ originally 원래
- □ astronomy 천문학
- □ navigation 항해술
- □ refraction 굴절
- □ medium 매질, 매체
- □ density 밀도, 밀집
- □ publish 출판하다, 발간하다
- □ measure 측정하다, 재다
- □ estimate 산정하다, 추산하다
- □ pi 원주율, 파이

글의 흐름 파악

도입(❶~❷)	전개 1(❸~❺)	전개 2(❻~❼)
출생과 학업	공헌과 업적	고대 과학자의 연구 개선
• 네덜란드의 Leiden 시에서 태어남 • 법률 전공에서 수학으로 전향함	• 수학, 천문학, 항해술 등의 분야에서 공헌함 • 굴절의 기본 법칙인 광선의 굴절 현상을 발견함 • 마흔여섯 살까지 살며 다섯 권의 책을 출판함	• 고대 과학자 Eratosthenes의 연구를 개선하여 '측지학'의 기초를 세움 • Archimedes의 원주율 산정 방법을 개선함

전문 해석

❶Willebrord Snell은 네덜란드의 Leiden 시에서 태어났다. ❷그는 원래 법률 전공 학생으로 Leiden 대학교에 다녔지만, 그 대학에서 수학 강의를 몇 번 한 후 유명한 자기 아버지의 직업인 수학으로 전향했다. ❸그는 수학과 다른 과학 분야뿐만 아니라 천문학과 항해술 분야에도 공헌했다. ❹1621년, 그는 굴절의 기본 법칙, 즉 광선이 한 매질에서 다른 밀도의 다른 매질로 이동하면서 속도를 바꿀 때 발생하는 광선의 굴절 현상을 발견했다. ❺비록 그는 겨우 마흔여섯 살까지 살았지만, 과학과 수학에 많은 공헌을 했으며 다섯 권의 책을 출판했다. ❻그는 삼각 측량으로 지구의 크기를 측정하는 방법을 사용하여 고대 과학자 Eratosthenes의 연구를 개선했는데, 이는 '측지학'이라는 현대 과학의 기초가 되었다. ❼그는 또한 원주율을 산정하는 Archimedes의 방법도 개선했다.

배경 지식

측지학(geodesy)

측지학은 지구의 크기와 형상, 그리고 지구에서의 위치를 결정하는 과학적인 학문 분야이다. 지구 내부의 특성, 지구의 형상과 운동 특성 등을 결정하고, 지구 표면상에 있는 모든 점 간의 상호 위치 관계를 규정하는 학문으로, 전자를 물리학적 측지학, 후자를 기하학적 측지학이라 한다.

구문 해설

❸ He contributed to [the fields of astronomy and navigation] as well as [mathematics and other areas of science].

두 개의 [ ]가 as well as로 연결되어 to에 대등하게 연결되어 있다.

❻ He improved [the work of the ancient scientist Eratosthenes] by using a method of measuring the size of Earth by triangulation, [which became the basis for the modern science of *geodesy*].

첫 번째 [ ]는 improved의 목적어이고, 두 번째 [ ]는 주절의 내용을 부가적으로 설명하는 관계절이다.

Quick Check 적절한 말 고르기

1. He originally attended the University of Leiden as a law student, but after presenting some lectures in mathematics at the university, he [objected / switched] to his famous father's profession of mathematics.
2. In 1621, he discovered the basic law of refraction, that is, the bending of light rays that [occur / occurs] when a light ray changes its speed as it travels from one medium to another of a different density.

정답 1. switched 2. occurs

12번 Mini Test 2

유기농 식품 섭취의 건강상 이점

| Keywords | organic, antioxidant, energy, beauty

주어 / 분사구 / 술어 동사

❶[The health benefits / {associated with the consumption of organic food}] / can vary. //

건강상의 이점은 / 유기농 식품 섭취와 관련된 / 다양할 수 있다 //

부사절(이유)

❷In general, / your skin's condition will show improvement / [as your skin absorbs the

일반적으로 / 피부의 상태는 개선된 점을 보여 줄 것이다 / 피부가 더 많은 양의 산화 방지제를 흡수

분사구 / 수동태 / 부사구

higher doses of antioxidants / {found in organic food}]. // ❸Antioxidants are found / [in

하기 때문에 / 유기농 식품에서 발견되는 // 산화 방지제는 발견된다 /

주어 / 분사구

both organic and commercially produced food], / but [the level of antioxidants / {found

유기농 식품과 상업적으로 생산된 식품 모두에서 / 하지만 산화 방지제의 수준은 / 유기농

비교급 강조 / =the level of antioxidants / 현재완료 수동태

in organic products}] / is much higher / [as it has not been altered by farming

제품에서 발견되는 / 훨씬 더 높다 / 그 수준이 농업용 화학 물질에 의해서 바뀌지 않았기 때문에 //

주어 / 부사절(이유) / 술어 동사

chemicals]. // ❹[Other reported health benefits / of eating more organic food] / include /

보고된 다른 건강상 이점에는 / 유기농 식품을 더 많이 먹는 것의 / 포함된다 /

include의 목적어(명사구) / 부사구 / ~과 함께

[a higher level of energy, / and higher alertness / {along with healthier looking skin, hair

더 높은 수준의 에너지 / 그리고 더 높은 각성도가 / 더 건강해 보이는 피부, 머리카락, 그리고 손발톱과 함께 //

부사절(조건)

and nails}]. // ❺But the benefits don't end there. // ❻[If you really think about it], / you

그러나 이점은 거기서 끝나지 않는다 // 정말로 생각해 보면 / 여러분은

end up -ing: 결국 ~하다 / 분사구문(~하면서)

will end up saving money / on cosmetics and other beauty products / [trying to correct

돈을 결국 절약하게 될 것이다 / 화장품과 다른 미용 제품에 쓰이는 / 문제를 바로잡으려 하면서 /

분사구

problems / {associated with unhealthy skin, hair and nails}]. // ❼There are also several

건강하지 않은 피부, 머리카락 그리고 손발톱과 관련된 // 또한 여러 연구와 보고서가 있다 /

분사구 / mentioning의 목적어(명사절) / 명사절의 주어(동명사구)

studies and reports / [mentioning / {that ⟨going organic, or eating more organic food in

언급하는 / 유기농 방식으로 생활하면 즉 식사할 때 유기농 식품을 더 많이 섭취하면 /

protect ~ from ...: …으로부터 ~을 보호하다 / =going ~ cancer

your diet⟩ / can better protect you from the risk of getting breast cancer}]. // ❽That's

유방암에 걸릴 위험으로부터 더 잘 보호받을 수 있다고 // 그것은

분사구 / justifying의 목적어(동명사구)

another very valid reason / [justifying ⟨starting a diet of organic food⟩]. //

또 다른 매우 타당한 이유이다 / 유기농 식품의 식단을 시작해야 하는 것을 정당화하는 //

* antioxidant: 산화[노화] 방지제

어휘

- □ associate 관련시키다, 연상하다
- □ consumption 섭취, 소비
- □ organic 유기농의, 유기의
- □ absorb 흡수하다
- □ dose 양, 복용량
- □ alter 바꾸다, 변경하다
- □ chemical 화학 물질
- □ alertness 각성도
- □ if you think about it 생각해 보면
- □ cosmetic 화장품
- □ go organic 유기농 방식으로 생활하다
- □ breast cancer 유방암
- □ valid 타당한
- □ justify 정당화하다

글의 흐름 파악

요지(❶)		설명 1(❷~❹)		설명 2(❺~❽)
유기농 식품		피부 건강에 영향을 미치는 유기농 식품		또 다른 건강상 이점
유기농 식품과 관련된 건강상 이점이 다양함	→	• 더 많은 양의 산화 방지제 흡수 → 피부의 상태 개선(농업용 화학 물질에 의해 산화 방지제의 수준이 바뀌지 않았기 때문임) • 더 높은 수준의 에너지, 더 건강해 보이는 피부, 머리카락, 손발톱, 더 높은 각성도	→	• 화장품과 미용 제품에 쓰이는 돈을 절약함 • 유기농 식품을 더 많이 섭취하면 유방암을 예방함 → 유기농 식품의 식단 시작을 정당화하게 해 줌

전문 해석

❶유기농 식품 섭취와 관련된 건강상의 이점은 다양할 수 있다. ❷일반적으로 피부가 유기농 식품에서 발견되는 더 많은 양의 산화 방지제를 흡수하기 때문에 피부의 상태는 개선된 점을 보여 줄 것이다. ❸산화 방지제는 유기농 식품과 상업적으로 생산된 식품 모두에서 발견되지만, 유기농 제품에서 발견되는 산화 방지제의 수준은 농업용 화학 물질에 의해서 바뀌지 않았기 때문에 그 수준이 훨씬 더 높다. ❹유기농 식품을 더 많이 먹는 것의 보고된 다른 건강상 이점에는 더 높은 수준의 에너지, 그리고 더 건강해 보이는 피부, 머리카락, 그리고 손발톱과 함께 더 높은 각성도가 포함된다. ❺그러나 이 점은 거기서 끝나지 않는다. ❻정말로 생각해 보면, 여러분은 건강하지 않은 피부, 머리카락 그리고 손발톱과 관련된 문제를 바로잡으려 하면서 화장품과 다른 미용 제품에 쓰이는 돈을 결국 절약하게 될 것이다. ❼또한 유기농 방식으로 생활하면, 즉 식사할 때 유기농 식품을 더 많이 섭취하면 유방암에 걸릴 위험으로부터 더 잘 보호받을 수 있다고 언급하는 여러 연구와 보고서가 있다. ❽그것은 유기농 식품의 식단을 시작해야 하는 것을 정당화하는 또 다른 매우 타당한 이유이다.

배경 지식

유기농 식품(有機農 食品)

유기농 식품은 합성 농약과 화학 비료 등의 합성 물질들을 수반하지 않는 농법으로 생산한 식품을 말한다. 국제 식품 규격 위원회(CODEX)에서 규정한 유기농 식품은 유기농으로 생산한 사료를 먹여 생산한 농축산물을 원료로 한 식품을 말하며, 이 규정에는 유기농 식품의 생산, 가공, 표지, 마케팅 지침이 제시되어 있다.

구문 해설

❸ Antioxidants are found in both organic and commercially produced food, but [the level of antioxidants {found in organic products}] is **much** higher as it has not been altered by farming chemicals.

[ ]는 주절의 주어이고, { }는 antioxidants를 수식하는 분사구이다. much는 비교급을 강조하는 부사이다.

❼ There are also several studies and reports [mentioning {that 〈going organic, or eating more organic food in your diet〉 can better protect you from the risk of getting breast cancer}].

[ ]는 several studies and reports를 수식하는 분사구이고, { }는 mentioning의 목적어 역할을 하는 명사절이다. 〈 〉는 명사절의 주어이다.

Quick Check 적절한 말 고르기

1. Other reported health benefits of eating more organic food [include / including] a higher level of energy, and higher alertness along with healthier looking skin, hair and nails.

2. If you really think about it, you will end up saving money on cosmetics and other beauty products [try / trying] to correct problems associated with unhealthy skin, hair and nails.

정답 1. include 2. trying

13번 로마 제국 말기의 그리스어 학습

Mini Test 2

| Keywords | Roman Empire, diminishing knowledge, Greek language, economic dominance

주어 / 관계절 / ~의 원인이 되다

❶[One factor / {that contributed to the decline in scientific endeavor / during the last

한 가지 요인은 / 과학과 관련된 노력이 쇠퇴한 원인이 된 / 로마 제국 말기에 /

술어 동사(One factor가 주어의 핵심 어구)

days of the Roman Empire}] / was the diminishing knowledge / of the Greek language. //

감소하는 지식이었다 / 그리스어의 //

주어 / to부정사구

❷[The motivation / {to learn a second language}] / decreases / as a function of /

동기는 / 제2 언어를 배우려는 / 감소한다 / ~의 상관관계로서 /

주어 / be eager to *do*: ~하기를 열망하다

economic dominance. // ❸In particular, / [members of non-dominant groups] / are

경제적 우위 // 특히 / 비우위 집단의 구성원은 /

~에 더하여 / in order to *do*: ~하기 위해

eager to learn / a language / in addition to their mother tongue, / [in order to improve

배우기를 열망한다 / (다른) 언어를 / 모국어에 더하여 / 자신들의 생활 형편을 개선하기

병렬 구조(목적을 나타내는 to부정사구)

their life circumstances] / and [(in the case of scientists) / to enlarge their audience]. //

위해 / 그리고 과학자의 경우 / 자신의 청중을 확대하기 위해 //

그 결과

❹As a consequence, / the 'universal language' of science / has always closely followed /

그 결과 / 과학의 '만국 공용어'는 / 항상 밀접하게 따라다녔다 /

부사절(이유)

the shifts in economic dominance. // ❺[Because the Romans dominated the other

경제적 우위의 변화를 // 로마인들이 다른 나라보다 우위를 차지했기 때문에 /

형식상의 주어 / 내용상의 주어

nations], / it became increasingly unnecessary / [to study languages other than Latin], /

점점 더 불필요해졌다 / 라틴어 이외의 언어를 배우는 것이 /

부사절(대조) / inclined to *do*: ~하는 경향이 있는

[whereas more and more individuals / became inclined to learn Latin / as a second

반면에 점점 더 많은 사람이 / 라틴어를 배우는 경향이 있게 되었다 / 제2 언어로 /

language, / rather than Greek]. // ❻As a result, / a language barrier emerged / between

그리스어보다는 // 그 결과 / 언어 장벽이 생겼다 / 로마인과

the Romans and Greek science. // ❼This was partly alleviated / by an increased

그리스 과학 사이에 // 이 문제는 부분적으로 완화되었다 / 라틴어 번역본 입수 가능성의

availability of Latin translations, / but translations did not conserve / the full richness of

증가에 의해 / 하지만 번역본은 보전하지 못했다 / 그리스 유산의 풍부한 내용을

관계절 / 수동태 / =interesting

the Greek legacy. // ❽Only the works / [that were thought to be of interest to the

온전히 // 저작물들만 / 로마인들에게 흥미가 있을 만한 것으로 여겨지는 /

술어 1 / 술어 2

Romans] / [made it into Latin] / and [were preserved]. //

라틴어에 들어왔고 / 그리고 보존되었다 //

* alleviate: 완화하다 ** legacy: 유산

어휘

- □ contribute to ~의 원인이 되다
- □ endeavor 노력
- □ diminish 감소하다
- □ second language 제2 언어
- □ as a function of ~의 상관관계로서
- □ dominance 우위
- □ mother tongue 모국어
- □ circumstance 형편, 생활 상태
- □ enlarge 확대하다
- □ universal language 만국 공용어
- □ inclined to *do* ~하는 경향이 있는
- □ barrier 장벽, 장애(물)
- □ availability 입수 가능성

글의 흐름 파악

주제(❶)		부연 1(❷~❹)		부연 2(❺~❽)
로마 제국 말기의 그리스어 지식의 감소		그리스어 지식 감소의 원인		그리스어 지식 감소가 그리스 과학 유산 보존에 미친 영향
과학과 관련된 노력이 쇠퇴하게 된 하나의 요인이 됨	→	비우위 집단의 구성원은 자신의 이익을 위해 다른 언어를 배우기를 열망함 → 과학의 만국 공용어는 경제적 우위의 변화를 따라감	→	로마인들이 우위를 점했기 때문에 많은 사람이 그리스어 대신 라틴어를 제2 언어로 배움 → 로마인과 그리스 과학 사이에 언어 장벽이 발생함 → 로마인들에게 흥미가 있을 만한 것들만 라틴어로 번역되고 나머지는 보존되지 못함

전문 해석

❶로마 제국 말기에 과학과 관련된 노력이 쇠퇴한 원인이 된 한 가지 요인은 감소하는 그리스어 지식이었다. ❷제2 언어를 배우려는 동기는 경제적 우위의 상관관계로서 감소한다. ❸특히 비우위 집단의 구성원은 생활 형편을 개선하고 (과학자의 경우) 청중을 확대하기 위해 모국어에 더하여 (다른) 언어를 배우기를 열망한다. ❹그 결과, 과학의 '만국 공용어'는 항상 경제적 우위의 변화를 밀접하게 따라다녔다. ❺로마인들이 다른 나라보다 우위를 차지했기 때문에 라틴어 이외의 언어를 배우는 것이 점점 더 불필요해진 반면에, 점점 더 많은 사람이 그리스어보다는 라틴어를 제2 언어로 배우는 경향이 있게 되었다. ❻그 결과, 로마인과 그리스 과학 사이에 언어 장벽이 생겼다. ❼라틴어 번역본 입수 가능성의 증가에 의해 이 문제는 부분적으로 완화되었지만, 번역본이 그리스 유산의 풍부한 내용을 온전히 보존하지는 못했다. ❽로마인들에게 흥미가 있을 만한 것으로 여겨지는 저작물들만 라틴어에 들어와 보존되었다.

구문 해설

❶ [**One factor** {that contributed to the decline in scientific endeavor during the last days of the Roman Empire}] **was** the diminishing knowledge of the Greek language.

[ ]는 문장의 주어로, 술어 동사는 주어의 핵심 어구 One factor에 맞추어 단수형 동사 was가 사용되었다. { }는 One factor를 수식하는 관계절이다.

❸ In particular, members of non-dominant groups are eager to learn a language in addition to their mother tongue, [in order to improve their life circumstances] and [(in the case of scientists) to enlarge their audience].

첫 번째와 두 번째 [ ]는 목적의 의미를 나타내는 to부정사구로 and로 연결되어 있다.

Quick Check 적절한 말 고르기

1. Because the Romans dominated the other nations, it became increasingly unnecessary to study languages other than Latin, whereas more and more individuals became inclined to learn Latin as a second language, rather than Greek. [Consequently / However], a language barrier emerged between the Romans and Greek science.

2. Only the works that were thought to be of interest to the Romans made it into Latin and [was / were] preserved.

정답 1. Consequently 2. were

14번 시간에 대한 우리의 관념

Mini Test 2

| Keywords | life, endless, eternity, time, mortality, anticipation, ill-prepared

❶ It is hardly surprising / [that we struggle with / the notion of / {how long we will be here}]. // ❷ At first, / life seems quite endless. // ❸ At seven, / it feels like an eternity / till Christmas. // ❹ At eleven, / it is almost impossible / [to imagine / {what it might be like to be twenty-two}]. // ❺ At twenty-two, / thirty feels / absurdly remote. // ❻ Time does us a disservice in / [{seeming so long}, / and yet / {turning out to be / so resolutely short}]. // ❼ Typically, / people only become gripped / by the idea of mortality / at a few select points in their lives. // ❽ [Turning forty or fifty] / can bring / a sudden reversal of perspective. // ❾ We panic or become morose. // ❿ We buy a new car / or take up a musical instrument. // ⓫ However, / [what this really indicates] / is a dramatic failure of anticipation. // ⓬ The extraordinary aspect / is not [that we're dying], / but [that the reality of the nature of existence / did not get fixed firmly enough in our brains / at an earlier, more appropriate, moment]. // ⓭ A mid-life crisis / is not a legitimate awakening / ; it's a sign of / [being shamefully ill-prepared]. //

(주석: It – 형식상의 주어; that we struggle with ~ – 내용상의 주어; how long we will be here – of의 목적어(명사절); endless – 주격 보어; till – until의 의미; it – 형식상의 주어; to imagine ~ – 내용상의 주어; what it might be ~ – imagine의 목적어(명사절); remote – 주격 보어; seeming so long – in의 목적어; seeming ~ / turning ~ – 병렬 구조(동명사구); Turning forty or fifty – 주어(동명사구); what this really indicates – 주어(명사절); not ~ but ...: ~이 아니라 …이다; that we're dying / that the ~ – 병렬 구조(명사절); get fixed – get+p.p.: ~하게 되다; not ~ but ...: ~이 아니라 …; ; – 세미콜론(;): but의 역할; being shamefully ill-prepared – of의 목적어(동명사구))

전혀 놀라운 일이 아니다 / 우리가 고심하는 것은 / ~에 관한 생각으로 / 우리가 얼마나 오래 여기에 있을 것인지 // 처음에는 / 인생이 꽤 끝이 없어 보인다 // 일곱 살이 되면 / 한없이 오랜 시간이 걸릴 것 같이 느껴진다 / 크리스마스까지 // 열한 살이 되면 / 거의 불가능하다 / 상상하는 것은 / 스물두 살이 되는 것이 어떨지 // 스물두 살이 되면 / 서른 살이 느껴진다 / 터무니없이 멀리 // 시간은 우리에게 ~인 면에서 해를 끼친다 / 아주 길어 보인다 / 하지만 / ~인 것으로 밝혀진다 / 아주 단호할 만큼 짧은 // 일반적으로 / 사람들은 사로잡히게 될 뿐이다 / 죽음을 피할 수 없다는 생각에 / 인생의 몇몇 선택된 시점에 // 마흔 살이나 쉰 살이 되는 것은 / 불러일으킬 수 있다 / 갑작스러운 관점의 전환을 // 우리는 당황하거나 침울해진다 // 우리는 새 차를 사거나 / 혹은 악기를 새롭게 배우기도 한다 // 그러나 / 이것이 실제로 나타내는 것은 / 예측의 극적인 실패이다 // 특이한 측면은 / 우리가 죽어 가고 있다는 것이 아니라 / 존재의 본질에 대한 진실이 / 우리 뇌에 충분히 확고하게 확립되지 않았다는 것이다 / 더 일찍, 더 적절한 순간에 // 중년의 위기는 / 진정한 각성이 아니라 / 징후이다 / 부끄러울 정도로 준비가 부족했다는 //

* do ~ a disservice: ~에게 해를 끼치다 ** resolutely: 단호하게 *** morose: 침울한

어휘

- □ notion 생각, 개념
- □ eternity (한없이) 오랜 시간
- □ absurdly 터무니없이
- □ remote (시간상으로) 먼
- □ grip (흥미·시선을) 사로잡다[끌다]
- □ mortality 죽음을 피할 수 없음, 필사(必死)
- □ select 선택된, 엄선된
- □ reversal 전환, 반전
- □ panic 당황하다
- □ take up ~을 새롭게 배우다
- □ anticipation 예측, 예상
- □ extraordinary 특이한, 놀랄 만한
- □ legitimate 진정한, 정당한
- □ awakening 각성
- □ shamefully 부끄러울 정도로
- □ ill-prepared 준비가 부족한

글의 흐름 파악

도입(❶)	전개(❷~❿)	요지 및 부연(⓫~⓭)
시간에 대한 고심	시간에 대한 우리의 관념	예측의 극적인 실패
얼마나 오래 여기(이 세상)에 있을 것인지에 대해 고심하는 것은 전혀 놀라운 일이 아님	• 어렸을 때는 시간이 한없이 길게 느껴짐 • 시간은 아주 길어 보이지만 결국은 아주 단호할 만큼 짧은 것으로 밝혀짐 → 마흔 살이나 쉰 살이 되면 갑작스럽게 관점의 전환이 발생함	하지만 이것은 예측의 극적인 실패임 → 존재의 본질(삶은 유한하고 짧음)에 대한 진실이 더 일찍, 더 적절한 순간에 확립되지 못함 → 중년의 위기는 각성이 아니라 부끄러울 정도로 준비가 부족했다는 징후임

전문 해석

❶우리가 얼마나 오래 여기에 있을 것인지에 관한 생각으로 고심하는 것은 전혀 놀라운 일이 아니다. ❷처음에는 인생이 꽤 끝이 없어 보인다. ❸일곱 살이 되면 크리스마스까지 한없이 오랜 시간이 걸릴 것 같이 느껴진다. ❹열한 살이 되면 스물두 살이 되는 것이 어떨지 상상하는 것은 거의 불가능하다. ❺스물두 살이 되면 서른 살이 터무니없이 멀게 느껴진다. ❻아주 길어 보이지만 결국은 아주 단호할 만큼 짧은 것으로 밝혀진다는 데서 시간은 우리에게 해를 끼친다. ❼일반적으로 사람들은 인생의 몇몇 선택된 시점에 죽음을 피할 수 없다는 생각에 사로잡히게 될 뿐이다. ❽마흔 살이나 쉰 살이 되는 것은 갑작스러운 관점의 전환을 불러일으킬 수 있다. ❾우리는 당황하거나 침울해진다. ❿우리는 새 차를 사거나 악기를 새롭게 배우기도 한다. ⓫그러나 이것이 실제로 나타내는 것은 예측의 극적인 실패이다. ⓬특이한 측면은 우리가 죽어 가고 있다는 것이 아니라 존재의 본질에 대한 진실이 더 일찍, 더 적절한 순간에 우리 뇌에 충분히 확고하게 확립되지 않았다는 것이다. ⓭중년의 위기는 진정한 각성이 아니라 부끄러울 정도로 준비가 부족했다는 징후이다.

구문 해설

❶ **It is hardly surprising [that we struggle with the notion of {how long we will be here}].**

It은 형식상의 주어이며, [ ]가 내용상의 주어이다. { }는 전치사 of의 목적어 역할을 하는 명사절이다.

❻ **Time does us a disservice in [{seeming so long}, and yet {turning out to be so resolutely short}].**

[ ]는 전치사 in의 목적어인데, 동명사구인 두 개의 { }가 and로 연결되어 있다.

Quick Check

T, F 고르기 / 적절한 말 고르기

1. From a young age, we are aware that life has an end and thereby plan for it beforehand. T / F

2. We buy a new car or take up a musical instrument. However, what this really indicates is / to be a dramatic failure of anticipation.

정답 1. F 2. is

15번 효과적인 정보 제공

Mini Test 2

| Keywords | information, design, technologically advanced culture

❶ [The never-ending flood of facts and data / in our contemporary world] / has caused a paradigm shift / in [how we relate to information]. // ❷ [Whereas {at one time} / information was {community-based}, / {slow to retrieve}, / and {often the domain of experts}], / information is now global, / instantaneous, / and often in the public domain. // ❸ We now want information and content / [in our own hands] / and [on our own terms]. // ❹ We maintain an underlying belief / [that it is our fundamental right / {to have access to well-structured and organized information}]. // ❺ As a result, / information design is exploding / [as organizations and individuals / scramble to manage an overwhelming quantity of content]. // ❻ [Understanding the most effective ways to inform] / is now a principal concern. // ❼ According to professor of information design Dino Karabeg, / "Informing can make the difference / between [the technologically advanced culture / {which wanders ⟨aimlessly⟩ and ⟨often destructively⟩}], / and [a culture {with vision and direction}]." //

사실과 데이터의 끝없는 홍수는 / 우리의 현대 사회에서 / 패러다임의 변화를 일으켰다 / 우리가 정보와 관련되는 방식에서 // 한때는 ~이었던 반면 / 정보가 지역 중심적이고 / 검색이 느리며 / 그리고 흔히 전문가의 영역이었다 / 이제 정보는 전 세계적이고 / 즉각적이며 / 그리고 흔히 일반 사람들의 영역에 속한다 // 우리는 이제 정보와 콘텐츠를 원한다 / 우리 자신의 손에 / 그리고 우리 자신의 방식대로 // 우리는 근본적인 믿음을 가지고 있다 / 우리의 기본적 권리라는 / 잘 구조화되고 정리된 정보를 이용할 수 있는 것이 // 그 결과 / 정보 디자인이 폭발적으로 증가하고 있다 / 조직과 개인이 ~함에 따라 / 압도적인 양의 콘텐츠를 다루려고 애씀에 // 가장 효과적인 정보 제공 방법을 이해하는 것이 / 이제 주요 관심사이다 // 정보 디자인 교수인 Dino Karabeg에 따르면 / 정보 제공은 차이를 만들 수 있다 / 기술적으로 발전된 문화와 / 목적 없이 흔히 파괴적으로 방황하는 / 비전과 방향성을 가진 문화 사이의 //

(문법 주석: ❶ 주어; in의 목적어(명사절) / ❷ 부사절; 부사구(시간); 병렬 구조 / ❸ 병렬 구조 / ❹ 형식상의 주어; 내용상의 주어; ~을 이용할 수 있다; 동격 관계 / ❺ 연결사(결과); 부사절; 접속사(시간); scramble to *do*: ~하려고 애쓰다 / ❻ 주어(동명사구) / ❼ 주어; between A and B: A와 B 사이에; A; 관계절; 병렬 구조; B; 형용사구)

* retrieve: (정보를) 검색하다

어휘

- □ contemporary 현대의
- □ shift 변화
- □ domain 영역
- □ instantaneous 즉각적인
- □ in one's own hands 자신의 손에
- □ on one's own terms 자신의 방식대로
- □ underlying 근본적인
- □ fundamental 기본적인
- □ scramble (~하려고) 애쓰다
- □ overwhelming 압도적인
- □ principal 주요한
- □ wander 방황하다
- □ destructively 파괴적으로

글의 흐름 파악

도입(❶)		전개(❷~❹)		결과(❺~❼)
현대 사회의 특성	→	과거와 현재	→	현재의 상황
우리가 정보와 관련되는 방식이 변했음		현재는 과거와 달리 정보를 이용할 수 있는 권리가 중요해짐		정보 디자인의 수요가 폭발함

전문 해석

❶우리의 현대 사회에서 사실과 데이터의 끝없는 홍수는 우리가 정보와 관련되는 방식에서 패러다임의 변화를 일으켰다. ❷한때는 정보가 지역 중심적이고, 검색이 느리며, 흔히 전문가의 영역이었던 반면, 이제 정보는 전 세계적이고, 즉각적이며, 흔히 일반 사람들의 영역에 속한다. ❸우리는 이제 우리 자신의 손에 우리 자신의 방식대로 정보와 콘텐츠를 원한다. ❹우리는 잘 구조화되고 정리된 정보를 이용할 수 있는 것이 우리의 기본적 권리라는 근본적인 믿음을 가지고 있다. ❺그 결과, 조직과 개인이 압도적인 양의 콘텐츠를 다루려고 애씀에 따라 정보 디자인이 폭발적으로 증가하고 있다. ❻가장 효과적인 정보 제공 방법을 이해하는 것이 이제 주요 관심사이다. ❼정보 디자인 교수인 Dino Karabeg에 따르면, "정보 제공은 목적 없이 흔히 파괴적으로 방황하는 기술적으로 발전된 문화와, 비전과 방향성을 가진 문화 사이의 차이를 만들 수 있다."

구문 해설

❺ As a result, information design is exploding [**as** organizations and individuals scramble to manage an overwhelming quantity of content].

[ ]는 시간의 접속사 as가 이끄는 부사절이다.

❼ According to professor of information design Dino Karabeg, "Informing can make the difference **between** [the technologically advanced culture which wanders aimlessly and often destructively], **and** [a culture with vision and direction]."

두 개의 [ ]는 「between A and B」(A와 B 사이에) 구문으로 연결되어 있다.

Quick Check 빈칸 완성하기

1. Whereas at one time information was community-based, slow to retrieve, and often the domain of experts, information is now global, i____________, and often in the public domain.
2. We maintain an underlying belief that it is our fundamental right to have a____________ to well-structured and organized information.

정답 1. (i)nstantaneous 2. (a)ccess

16번 상호 의존적 관계의 특성

Mini Test 2

| Keywords | co-dependency, relationship, focus

주어 / 술어 동사 / 부사절(시간)
① [Co-dependency in adults] exists / [when two psychologically dependent people / form
성인의 상호 의존성은 존재한다 / 심리적으로 의존하는 두 사람이 ~할 때 / 서로

동격 관계 / of의 목적어(동명사구)
a relationship with each other / for the unconscious purpose / of {completing their early
관계를 형성할 (때) / 무의식적인 목적을 위해 / 자신의 어린 시절의 유대 과정을 완성하고자

~로 이루어진
bonding processes}]. // ② Their co-dependent relationship / appears to be made up of /
하는 // 그들의 상호 의존적 관계는 / ~로 이루어진 것으로 보인다 /

분사구 / 부사절(이유)
two half-persons / [attempting to create one whole person]. // ③ [Because both partners
두 명의 반쪽짜리 사람들로 / 하나의 완전한 사람을 만들려고 시도하는 // 양쪽 파트너 모두 안정적인 유대감이

free to *do*: 마음 놓고 ~하는 / ~과 관계없이
lacked secure bonding / in early childhood], / neither is free to feel or act / independently
없었기 때문에 / 어린 시절에 / 두 사람 모두 마음 놓고 느끼거나 행동할 수 없다 / 상대방과 관계없이 /

접속사 / 전치사(~처럼)
of the other, / so they stick together / like glue. // ④ The focus is always [on the other
그래서 그들은 서로 달라붙는다 / 접착제처럼 // 초점은 항상 상대방에게 맞춰져 있다 /

병렬 구조 / 주어 / 술어 동사 / hopes의 목적어(명사절)
person], / not [on oneself]. // ⑤ Each hopes [the other person will provide / {what he or
자신이 아니라 // 각각은 상대방이 ~을 제공해 주기를 바란다 / 자신이 결코 갖지

동격 관계
she never got / in early childhood} / : {intimacy and secure bonding}]. // ⑥ Their
못했던 것을 / 어린 시절에 / 즉 친밀감과 안정적인 유대감을 // 그들의

부사절(이유) / 부사절의 주어 / 병렬 구조(주격 보어) / 연결사(결과)
relationship *cannot* grow, / [because this goal is never {conscious} or {spoken}]. // ⑦ As a
관계는 성장'할 수 없다' / 그 이유는 이 목표가 결코 의식적이거나 말로 표현되지 않기 때문이다 // 그 결과 /

look to: ~에게 의지하다 / to부정사구(목적) / =the necessary growth
result, / each looks to the other / [to make the necessary growth happen]. // ⑧ When it
각각은 상대방에게 의지한다 / 필요한 성장을 이루기 위해 // 그렇게 되지

=doesn't happen / 술어부 1 / 술어부 2 / expect+목적어+to *do*: ~이 …하기를 기대하다
doesn't, / the partners [try to control each other] / and [expect the other person / to
않을 경우 / 파트너들은 서로를 통제하려고 애쓴다 / 그리고 상대방이 (~하기를) 기대한다 / 항상

to부정사구 / 부사절(이유)
always behave in certain ways / {to bring them closer together}]. // ⑨ [Because each one
특정한 방식으로 행동하기를 / 서로를 더 가까워지게 하는 // 각자는 상대방에게 집중하고

avoid -ing: ~하는 것을 회피하다 / 병렬 구조
is focused on the other person], / both are able to avoid / [looking at themselves] / and
있기 때문에 / 둘 다 회피할 수 있다 / 자기 자신을 살펴보는 것을 / 그리고

부사구 / 주어
[focusing on their self-development]. // ⑩ [In co-dependent relationships], / [the focus] is
자신의 자기 계발에 집중하는 것을 // 상호 의존적 관계에서 / 초점은 항상 밖으로

주격 보어
[always outward, / not inward]. //
향하고 있다 / 안으로 향하는 것이 아니라 //

어휘

- □ co-dependency 상호 의존성
- □ unconscious 무의식적인
- □ bonding 유대(감), 결합
- □ secure 안정적인
- □ stick together 서로 달라붙다
- □ intimacy 친밀감

글의 흐름 파악

도입(❶~❷)	전개(❸~❻)	결과(❼~❿)
상호 의존적 관계	상호 의존적 관계의 특성	상호 의존적 관계의 결과
불완전한 두 사람이 서로 의존하는 관계임	• 어린 시절 유대감의 부재를 경험함 • 상대방에게 초점이 맞춰져 있음 • 관계 성장이 어려움	• 자신의 성장을 상대에게 의존함 • 상대를 통제하려 함

전문 해석

❶성인의 상호 의존성은 심리적으로 의존하는 두 사람이 자신의 어린 시절의 유대 과정을 완성하고자 하는 무의식적인 목적을 위해 서로 관계를 형성할 때 존재한다. ❷그들의 상호 의존적 관계는 하나의 완전한 사람을 만들려고 시도하는 두 명의 반쪽짜리 사람들로 이루어진 것으로 보인다. ❸양쪽 파트너 모두 어린 시절에 안정적인 유대감이 없었기 때문에, 두 사람 모두 마음 놓고 상대방과 관계없이 느끼거나 행동할 수 없어서 그들은 접착제처럼 서로 달라붙는다. ❹초점은 항상 자신이 아니라 상대방에게 맞춰져 있다. ❺각각은 상대방이 자신이 어린 시절에 결코 갖지 못했던 것, 즉 친밀감과 안정적인 유대감을 제공해 주기를 바란다. ❻그들의 관계는 성장'할 수 없는데', 그 이유는 이 목표가 결코 의식적이거나 말로 표현되지 않기 때문이다. ❼그 결과, 각각은 필요한 성장을 이루기 위해 상대방에게 의지한다. ❽그렇게 되지 않을 경우, 파트너들은 서로를 통제하려고 애쓰고, 상대방이 항상 서로를 더 가까워지게 하는 특정한 방식으로 행동하기를 기대한다. ❾각자는 상대방에게 집중하고 있기 때문에, 둘 다 자기 자신을 살펴보고 자기 계발에 집중하는 것을 회피할 수 있다. ❿상호 의존적 관계에서, 초점은 항상 안으로 향하는 것이 아니라 밖으로 향하고 있다.

구문 해설

❷ Their co-dependent relationship appears to **be made up of** two half-persons [attempting to create one whole person].

「be made up of ~」은 '~로 이루어지다'라는 뜻이다. [ ]는 two half-persons를 수식하는 분사구이다.

❺ Each hopes [the other person will provide {what he or she never got in early childhood: intimacy and secure bonding}].

[ ]는 hopes의 목적어 역할을 하는 명사절이다. { }는 provide의 목적어 역할을 하는 명사절이다.

Quick Check 적절한 말 고르기

1. Co-dependency in adults exists when two psychologically [dependent / independent] people form a relationship with each other.
2. Each partner in a co-dependent relationship hopes the other person will provide [freedom / intimacy].

정답 1. dependent 2. intimacy

17번 인간 중심주의에 대한 타격

| Keywords | Freud, strike, human exceptionalism

❶ [Despite his tarnished reputation / among neuroscientists], / Sigmund Freud was right / about many things. // ❷ [Looking back through the history of science], / he identified / [three 'strikes' / against {the perceived self-importance / of the human species}], / [each marking a major scientific advance / {that was strongly resisted at the time}]. // ❸ The first (strike) was by Copernicus, / [who showed with his heliocentric theory / {that the Earth rotates / around the sun, / and not the other way around}]. // ❹ With this / [dawned the realisation] / [that we are not at the centre of the universe] / ; we are just [a speck / {somewhere out there in the vastness}], / [a pale blue dot / {suspended in the abyss}]. // ❺ Next [came Darwin], / [who revealed / {that we share common ancestry / with all other living things}, / {a realisation / that is — astonishingly — still resisted / in some parts of the world / even today}]. // ❻ Immodestly, [Freud's third strike against human exceptionalism] / was [his own theory of the unconscious mind], / [which challenged the idea / {that our mental lives / are under our conscious, rational control}]. // ❼ While he may have been off target / in the details, / Freud was absolutely right / to point out / [that {a naturalistic explanation / of ⟨mind and consciousness⟩} / would be {a further, and perhaps final, / dethronement of humankind}]. //

(주석)
- 전치사구(부사구)
- among: ~ 사이에서
- 분사구문(he(Sigmund Freud)가 의미상의 주어)
- identified의 목적어
- against의 목적어
- 분사구문(부수적 상황)
- 관계절
- at the time: 당대에
- 관계절(Copernicus를 부가적으로 설명)
- showed의 목적어(명사절)
- the other way around: 반대로(태양이 지구의 주위를 도는 반대의 상황을 의미)
- 도치구문
- 동격 관계
- 부사구
- 동격 관계
- 분사구
- 도치구문
- 관계절(Darwin을 부가적으로 설명)
- share ~ with ...: ~을 …과 공유하다
- revealed의 목적어(명사절)
- 동격 관계
- 주어
- 술어 동사
- 보어
- 관계절(his own ~ mind에 대한 부가적 설명)
- 동격 관계
- be under control: 통제하에 있다
- While: ~이기는 하지만
- may have p.p.: ~이었을지 모른다
- point out: 지적하다
- 명사절의 주어
- of의 목적어
- 명사절의 동사
- 보어
- point out의 목적어(명사절)

(해석)
그의 손상된 명성에도 불구하고 / 신경 과학자들 사이에서 / Sigmund Freud는 옳았다 / 많은 것에 대해 // 과학의 역사를 돌이켜 살펴보면서 / 그는 발견했다 / 세 번의 '타격'을 / 인식된 자만에 대한 / 인류의 / 각각의 타격은 주요한 과학적 진보를 나타냈다 / 당대에 거센 저항을 받은 // 첫 번째는 Copernicus에 의한 것으로 / 그는 자신의 태양 중심설로 보여 주었다 / 지구가 도는 것이다 / 태양의 주위를 / 그리고 그 반대가 아니라는 것을 // 이와 함께 / 깨달음이 분명해졌다 / 우리가 우주의 중심에 있는 것이 아니라는 / 즉 우리는 작은 반점에 불과하다 / 광활한 우주 어딘가에 있는 / 연한 푸른 점 / 심연 속에 떠 있는 // 그다음으로 Darwin이 등장했다 / 그는 밝혔는데 / 우리가 공동의 조상을 공유하고 있다고 / 다른 모든 살아 있는 것들과 / 그것은 깨달음이다 / 즉, 놀랍게도, 여전히 저항을 받는 / 세계의 일부에서 / 심지어 오늘날에도 // 뻔뻔하게도, 인간 예외주의에 대한 Freud의 세 번째 타격은 / 자기 자신의 무의식 이론이었다 / 그것은 생각에 이의를 제기했다 / 우리의 정신적인 생활이 / 우리의 의식적인, 이성적인 통제하에 있다는 // 그가 정확하지 않았을지는 모르지만 / 세부적인 내용에서 / Freud가 절대적으로 옳았다 / 지적한 것은 / 자연주의적 설명이 / 정신과 의식에 대한 / 더 멀리, 아마도 최종적으로 ~일 것이라고 / 인류를 그 권좌에서 몰아냄 //

* tarnish: (명예 따위를) 손상시키다 ** abyss: 심연 *** dethronement: 권좌에서 몰아내기, 폐위

어휘

- □ **reputation** 명성
- □ **identify** 발견하다
- □ **resist** 저항하다
- □ **rotate** 돌다
- □ **realisation** 깨달음
- □ **vastness** 광활함
- □ **dot** 점
- □ **ancestry** 조상
- □ **immodestly** 뻔뻔하게도, 염치없게도
- □ **challenge** 이의를 제기하다, 도전하다
- □ **off target** 정확하지 않은, 과녁을 빗나간
- □ **point out** ~을 지적하다
- □ **neuroscientist** 신경 과학자
- □ **strike** 타격, 반대, 공격
- □ **heliocentric theory** 태양 중심설
- □ **dawn** 분명해지다
- □ **speck** 작은 반점
- □ **pale** (색깔이) 연한, 창백한
- □ **suspend** 떠 있게 하다, 매달다
- □ **astonishingly** 놀랍게도
- □ **human exceptionalism** 인간 예외주의
- □ **rational** 이성적인, 합리적인
- □ **absolutely** 절대적으로
- □ **naturalistic** 자연주의적인

글의 흐름 파악

주제(❶~❷)	전개 1(❸~❺)	전개 2(❻~❼)
인류의 인식된 자만에 대한 세 번의 타격	Copernicus와 Darwin의 타격	인간 예외주의에 대한 Freud의 세 번째 타격
Sigmund Freud는 인류의 인식된 자만에 대한 세 번의 타격을 발견했는데, 각각의 타격은 주요한 과학적 진보를 나타냈음	• Copernicus: 태양 중심설을 통해 인간이 우주의 중심에 있는 것이 아니라는 것을 밝힘 • Darwin: 우리가 다른 모든 살아 있는 것들과 공동의 조상을 공유하고 있다고 밝힘	Freud가 자신의 무의식 이론으로 인간 예외주의에 대해 세 번째 타격을 가함

전문 해석

❶신경 과학자들 사이에서 명성이 손상되었음에도 불구하고, Sigmund Freud는 많은 것에 대해 옳았다. ❷과학의 역사를 돌이켜 살펴보면서 그는 인류의 인식된 자만에 대한 세 번의 '타격'을 발견했는데, 각각의 타격은 당대에 거센 저항을 받은, 주요한 과학적 진보를 나타냈다. ❸첫 번째는 Copernicus에 의한 것으로, 그는 지구가 태양의 주위를 도는 것이지 그 반대가 아니라는 것을 자신의 태양 중심설로 보여 주었다. ❹이와 함께 우리가 우주의 중심에 있는 것이 아니라는 깨달음이 분명해졌다. 즉 우리는 광활한 우주 어딘가에 있는 작은 반점, 심연 속에 떠 있는 연한 푸른 점에 불과하다. ❺그다음으로 Darwin이 등장했고, 그는 우리가 다른 모든 살아 있는 것들과 공동의 조상을 공유하고 있다고 밝혔는데, 그것은 오늘날에도 세계의 일부에서, 놀랍게도, 여전히 저항을 받는 깨달음이다. ❻뻔뻔하게도, 인간 예외주의에 대한 Freud의 세 번째 타격은 자기 자신의 무의식 이론이었는데, 그것은 우리의 정신적인 생활이 우리의 의식적인, 이성적인 통제하에 있다는 생각에 이의를 제기했다. ❼Freud가 세부적인 내용에서 정확하지 않았을지는 모르지만, 정신과 의식에 대한 자연주의적 설명이 인류를 그 권좌에서 더 멀리, 아마도 최종적으로 몰아냈을 것이라고 그가 지적한 것은 절대적으로 옳았다.

배경 지식

태양 중심설(heliocentric theory)

태양 중심설은 천문학에서 태양이 우주의 중심이고 지구는 태양의 주위를 도는 천체 중 하나라는 이론이며, 지동설이라고도 한다. 1543년 코페르니쿠스가 체계적인 수학적 모델을 제시하였고 케플러, 갈릴레오 등이 이론을 공고히 했다.

구문 해설

❸ The first was by Copernicus, [who showed with his heliocentric theory {that the Earth rotates around the sun, and not the other way around}].

[ ]는 Copernicus를 부가적으로 설명하는 관계절이고, { }는 showed의 목적어 역할을 하는 명사절이다.

❺ Next [**came Darwin**], [who revealed {that we share common ancestry with all other living things}, {a realisation that is — astonishingly — still resisted in some parts of the world even today}].

첫 번째 [ ]는 주어인 Darwin과 동사 came이 도치된 구문이고, 두 번째 [ ]는 Darwin을 부가적으로 설명하는 관계절이다. 첫 번째 { }는 revealed의 목적어 역할을 하는 명사절이고, 두 번째 { }와 동격 관계이다.

Quick Check 적절한 말 고르기

1. Although / Despite his tarnished reputation among neuroscientists, Sigmund Freud was right about many things.
2. Immodestly, Freud's third strike against human exceptionalism was his own theory of the unconscious mind, which / where challenged the idea that our mental lives are under our conscious, rational control.

정답 1. Despite 2. which

Mini Test 2

18번 인간의 지식이 확장되는 방식

| Keywords | memory, metaphor, connections

❶The sense of familiarity / [experienced at the sparking of a memory] / provides a connection / between [a present experience] / and [those {believed to have been previously undergone}], / but this by itself can provide / only [the most basic sort of knowledge], / [a kind {likely shared with a wide range of animal life}]. // ❷Human knowledge amounts to / [more than an individual or even a shared past] / : we [seek out {new environments and dimensions} / for our understanding] / and [try to bring the foreign and alien / within our purview]. // ❸[One of the most basic ways / {in which the feeling of familiarity / ⟨experienced in memory⟩ / is extended over new frontiers}] / is through the use of metaphor. // ❹Metaphors [pick up on similarities] / and [create connections / by comparing lesser known phenomena / with already established experiences]. // ❺They play a substantial role / in the narrative character of knowledge / by [generating imaginative associations / {that bring the unknown / within the sphere of existing understanding}]. //

친숙감은 / 기억이 촉발될 때 경험하는 / 연결을 제공한다 / 현재의 경험과 (~의) 사이의 / 이전에 겪었던 것으로 여겨지는 것들 / 하지만 이것만으로는 (~을) 제공할 수 있다 / 가장 기본적인 종류의 지식만을 / 즉 다양한 종류의 동물과 공유될 것 같은 종류의 지식 // 인간의 지식은 ~에 이른다 / 개별적인 과거나 심지어 공유된 과거보다 더 큰 것에 / 우리는 새로운 환경과 영역을 찾아낸다 / 우리의 이해를 위한 / 그리고 외래의 이질적인 것들을 끌어들이고자 애쓴다 / 우리의 시야 안으로 // 가장 기본적인 방법 중 하나는 / 친숙함의 감정이 / 기억 속에서 경험되는 / 새로운 경계를 넘어 확장되는 / 비유의 사용을 통해서이다 // 비유는 유사점을 포착한다 / 그리고 연관성을 만든다 / 덜 알려진 현상을 비교함으로써 / 이미 확립된 경험과 // 그것은 상당한 역할을 한다 / 지식의 서사적 특성에 / 상상의 연관성을 만들어 냄으로써 / 미지의 것을 가져오는 / 기존 이해의 범위 안으로 //

- 분사구: experienced at the sparking of a memory → The sense of familiarity
- between A and B: between [a present experience](A) and [those ...](B) (병렬 구조)
- 분사구: believed to have been previously undergone → those
- 접속사(역접): but
- 동격 관계: the most basic sort of knowledge = a kind
- 분사구: likely shared with a wide range of animal life → a kind
- amounts to: ~에 이르다
- to의 목적어: more than an individual or even a shared past
- 술어부 1: seek out ~ / 술어부 2: try to bring ~
- seek out의 목적어: new environments and dimensions
- bring ~ within ...: ~을 … 안으로 끌어들이다
- 주어: One of the most basic ways
- 관계절: in which the feeling of familiarity ... is extended over new frontiers
- 분사구: experienced in memory → feeling of familiarity
- 술어 동사: is
- 술어부 1: pick up on similarities (pick up on: ~을 포착하다) / 술어부 2: create connections ...
- compare ~ with ...: ~을 …과 비교하다
- They = Metaphors
- play a role: 역할을 하다
- by의 목적어(동명사구): generating imaginative associations ...
- 관계절: that bring the unknown within the sphere of existing understanding

* purview: 시야, 이해(理解)의 범위

어휘

- □ familiarity 친숙함
- □ spark 촉발하다, 유발하다
- □ foreign 외래의
- □ alien 이질적인, 맞지 않는
- □ frontier 경계
- □ metaphor 비유, 은유
- □ pick up on ~을 포착하다
- □ substantial 상당한, 중요한
- □ narrative 서사적인, 이야기의
- □ imaginative 상상의
- □ sphere 범위, 영역

글의 흐름 파악

도입(❶)	→	전개(❷)	→	구체화(❸~❺)
인간과 동물이 공유하는 지식		인간의 지식		비유의 사용
현재의 경험과 과거의 경험을 이어 주는 친숙감은 가장 기본적인 종류의 정보만을 제공함		인간은 새로운 것을 끌어들여 이해하고자 애씀		비유의 사용을 통해 지식을 새로운 경계까지 확장할 수 있음

전문 해석

❶기억이 촉발될 때 경험하는 친숙감은 현재의 경험과 이전에 겪었던 것으로 여겨지는 것들 사이의 연결을 제공하지만, 이것만으로는 가장 기본적인 종류의 지식, 즉 다양한 종류의 동물과 공유될 것 같은 종류의 지식만을 제공할 수 있다. ❷인간의 지식은 개별적인 과거나 심지어 공유된 과거보다 더 큰 것에 이르는데, 즉 우리는 우리의 이해를 위한 새로운 환경과 영역을 찾아내고 외래의 이질적인 것들을 우리의 시야 안으로 끌어들이고자 애쓴다. ❸기억 속에서 경험되는 친숙함의 감정이 새로운 경계를 넘어 확장되는 가장 기본적인 방법 중 하나는 비유의 사용을 통해서이다. ❹비유는 덜 알려진 현상을 이미 확립된 경험과 비교함으로써 유사점을 포착하고 연관성을 만든다. ❺그것은 미지의 것을 기존 이해의 범위 안으로 가져오는 상상의 연관성을 만들어 냄으로써 지식의 서사적 특성에 상당한 역할을 한다.

구문 해설

❶ The sense of familiarity [experienced at the sparking of a memory] provides a connection **between** a present experience **and** those believed to have been previously undergone, but this by itself can provide only [the most basic sort of knowledge], [a kind likely shared with a wide range of animal life].

첫 번째 [ ]는 The sense of familiarity를 수식하는 분사구이고, 「between A and B」(A와 B 사이에) 구문을 포함하고 있다. 두 번째와 세 번째 [ ]는 의미상 동격을 이룬다.

❺ They play a substantial role in the narrative character of knowledge by [generating imaginative associations {that bring the unknown within the sphere of existing understanding}].

[ ]는 전치사 by의 목적어이다. { }는 imaginative associations를 수식하는 관계절이다.

Quick Check 빈칸 완성하기

1. We try to bring the foreign and a______________ within our purview.
2. M______________ pick up on similarities and create connections by comparing lesser known phenomena with already established experiences.

정답 1. (a)lien 2. (M)etaphors

19번 한계 가치

Mini Test 2

| Keywords | market price, consumer, pay, marginal value

between ~ and ...: ~과 … 사이에

❶There is an important difference / between the marginal and the total value /
중요한 차이가 있다 / 한계 가치와 총가치 사이에는 /

분사구

[associated with market prices / or the willingness of consumers to pay in markets]. //
시장 가격과 관련된 / 즉 시장에서 소비자가 기꺼이 지불하고자 하는 의사(와 관련된) //

regard ~ as ...: ~을 …으로 간주하다 관계절

❷Economists regard the prices / [that people are willing to pay] / as indicators of the
경제학자들은 가격을 간주한다 / 사람들이 기꺼이 지불하는 / 한계 가치의 지표로 /

관계절 분사

marginal value / — the value [they place on the last unit {purchased}]. // ❸Consider /
즉 마지막으로 구매한 단위에 대해 정하는 가치 // 생각해 보라 /

Consider의 목적어(명사절)

[what a homeowner would be willing to pay / for residential water in a given month]. //
주택 소유자가 얼마를 기꺼이 지불할 것인지 / 특정 한 달 동안 가정용수에 대해 //

of의 목적어(동명사구)

❹He might be willing to pay a huge sum / for the privilege of [consuming the first ten
그는 기꺼이 많은 금액을 지불할 수도 있다 / 첫 10세제곱피트를 소비하는 특권을 위해 /

주어(동명사구) deprive ~ of ...: ~이 …을 못 하게 하다

cubic feet], / because [doing without them] / would deprive him / of even the most
왜냐하면 그것 없이 지내면 / 못 하게 될 것이다 / 심지어 가장 근본적인 (그리고

fundamental (and valuable) uses of water / for that month / : drinking water, the
가치 있는) 물 사용도 / 그달 동안 / 즉 마실 물과 이따금의 샤워 등도 //

occasional shower, etc. // ❺The next ten cubic feet / would probably not be worth quite
그다음 10세제곱피트는 / 아마 그만큼의 가치가 없을 것이다 //

to부정사구

as much. // ❻They would allow him additional opportunities / [to fill a glass from the
그것은 그에게 추가적인 기회를 허용할 것이다 / 수도꼭지에서 잔을 채울 수 있는 /

as ~ as ...: …만큼 ~한

faucet], / and an extra shower or two, / but these would not be as critical to him / (or to
그리고 한두 번의 추가 샤워를 / 하지만 이것은 그에게 극히 중요하지 않을 것이다 / 또는 그가

the people with whom he associates!) / as the first ten cubic feet. // ❼Thus / the
함께 어울리는 사람에게 / 첫 10세제곱피트만큼 // 따라서 / 물의

관계절

marginal value of water / — the amount [one is willing to pay for each successive
한계 가치 / 즉 각각의 연속적인 증가분에 대해 지불할 의향이 있는 금액은 /

술어 동사

increment] — / falls steadily. //
꾸준히 하락한다 //

* marginal: 한계의 ** faucet: 수도꼭지 *** increment: 증가분

어휘

- □ residential water 가정용수, 생활용수
- □ privilege 특권
- □ deprive ~ of ... ~이 …을 못 하게 하다, ~에게서 …을 빼앗다
- □ fundamental 근본적인
- □ occasional 이따금의
- □ critical 극히 중요한
- □ successive 연속적인

글의 흐름 파악

도입(❶~❷)	예시(❸~❻)	결론(❼)
한계 가치와 총가치 사이의 차이	가정용수에 대한 금액 지불	물의 한계 가치
사람들이 기꺼이 지불하는 가격을 한계 가치, 즉 마지막으로 구매한 단위에 대해 정하는 가치의 지표로 간주함	• 주택 소유자는 가정용수 첫 10세제곱피트를 소비하는 특권을 위해 기꺼이 많은 금액을 지불할 수도 있음 • 그다음 10세제곱피트는 아마 그만큼의 가치가 없을 것임	물의 한계 가치, 즉 각각의 연속적인 증가분에 대해 지불할 의향이 있는 금액은 꾸준히 하락함

전문 해석

❶시장 가격, 즉 시장에서 소비자가 기꺼이 지불하고자 하는 의사와 관련된 한계 가치와 총가치 사이에는 중요한 차이가 있다. ❷경제학자들은 사람들이 기꺼이 지불하는 가격을 한계 가치, 즉 마지막으로 구매한 단위에 대해 정하는 가치의 지표로 간주한다. ❸주택 소유자가 특정 한 달 동안 가정용수에 대해 얼마를 기꺼이 지불할 것인지 생각해 보라. ❹그는 첫 10세제곱피트를 소비하는 특권을 위해 기꺼이 많은 금액을 지불할 수도 있는데, 왜냐하면 그것 없이 지내면 그달 동안 심지어 가장 근본적인 (그리고 가치 있는) 물 사용, 즉 마실 물과 이따금의 샤워 등도 못 하게 될 것이기 때문이다. ❺그다음 10세제곱피트는 아마 그만큼의 가치가 없을 것이다. ❻그것은 그가 수도꼭지에서 잔을 채울 수 있는 추가적인 기회와 한두 번의 추가 샤워를 허용할 것이지만, 이것은 첫 10세제곱피트만큼 그에게 (또는 그가 함께 어울리는 사람에게!) 극히 중요하지 않을 것이다. ❼따라서 물의 한계 가치, 즉 각각의 연속적인 증가분에 대해 지불할 의향이 있는 금액은 꾸준히 하락한다.

구문 해설

❸ Consider [what a homeowner would be willing to pay for residential water in a given month].

[ ]는 Consider의 목적어 역할을 하는 명사절이다.

❼ Thus the marginal value of water — the amount [one is willing to pay for each successive increment] — **falls** steadily.

[ ]는 the amount를 수식하는 관계절이며, 문장의 술어 동사는 falls이다.

Quick Check 적절한 말 고르기

1. There is an important difference between the marginal and the total value [associating / associated] with market prices or the willingness of consumers to pay in markets.
2. They would allow him additional opportunities [fill / to fill] a glass from the faucet, and an extra shower or two.

정답 1. associated 2. to fill

Mini Test 2

20번 자기 향상에서 인간 지능과 기계 지능의 구별

| Keywords | self-improvement, intelligence, indirect, machine

❶Self-improvement is a point of differentiation / between human and machine intelligence. // ❷Humans have strived for it / over millennia. // ❸We respect our scholars, teachers, and guides / [because they help us / learn and improve ourselves in many ways, / including in our ability to exercise our mental faculty]. // ❹[This improvement, {an increase in our mental ability}], / is a slow process for us / — and also an indirect one. // ❺We learn through action, / [through the direct perception or input of knowledge]. // ❻We cannot simply "copy" someone else's intelligence / to add it to our own. // ❼In fact, / we have sayings / such as "some things can only be learned through experience." // ❽Machine intelligence is not restricted / to this form of self-improvement. // ❾In fact, / machine intelligence can [create a million copies of itself], / [manipulate each such representation], / [test outcomes], / and then [discard inferior changes]. // ❿This is [direct and immediate] manipulation of intelligence / [with no cost or consequence to the progenitor]. // ⓫[As long as humans are limited / solely to our biological intelligence], / [self-improvement with this level of rapidity or directness] / [will always be impossible]. //

자기 향상은 구별하는 요점이다 / 인간 지능과 기계 지능을 // 인간은 그것을 얻으려고 노력해 왔다 / 수천 년 동안 // 우리는 우리의 학자들, 교사들, 그리고 안내자들을 존경한다 / 왜냐하면 그들은 우리를 도와주기 때문이다 / 많은 면에서 배우고 우리 자신을 향상하도록 / 우리가 정신적인 기능을 발휘할 수 있는 능력에서를 포함하여 // 이러한 향상 즉 우리의 정신적 능력의 증대는 / 우리에게 더딘 과정이다 / 그리고 또한 간접적인 과정이기도 (하다) // 우리는 행동을 통해 배운다 / 즉 지식의 직접적인 인식이나 입력을 통해 // 우리는 단순히 다른 사람의 지능을 '복사할' 수 없다 / 그래서 그것을 우리 자신의 지능에 추가할 (수 없다) // 사실 / 우리에게 속담이 있다 / '어떤 것들은 경험을 통해서만 배울 수 있다'와 같은 // 기계 지능은 제한되지 않는다 / 이러한 형태의 자기 향상에 // 사실 / 기계 지능은 자체에 대한 수많은 복사본을 만들 수 있다 / 각각의 그러한 표현을 조작하고 / 결과를 테스트하고 / 그런 다음 열등한 변화들은 버릴 수 (있다) // 이것은 직접적이고 즉각적인 지능의 조작이다 / 원본에는 아무런 손실이나 영향도 없는 // 인간이 국한되어 있는 한 / 우리의 생물학적 지능에 오로지 / 이런 수준의 신속성이나 직접성을 가진 자기 향상은 / 언제나 불가능할 것이다 //

(주석: 현재완료: have strived / =self-improvement: it / 부사구: over millennia / 부사절(이유): because … / 병렬 구조: learn, improve / ~을 포함하여: including / 주어: This improvement … / 동격 관계: an increase in our mental ability / 술어부: is a slow process for us / =process: one / 동격 관계: through action, through the direct perception … / =someone else's intelligence: it / (intelligence): own / ~과 같은(예시): such as / 수동태: be learned / be restricted to ~: ~에 제한되다 / 병렬 구조(can에 이어짐): create, manipulate, test, discard / 형용사구: direct and immediate / 부사구: with no cost … / =without any: no / 부사절: As long as … / ~하는 한: As long as / 수동태: are limited / 주어: self-improvement … / 술어부: will always be impossible)

* progenitor: 원본, 조상

어휘

- □ self-improvement 자기 향상
- □ strive for ~을 얻으려고 노력하다
- □ restrict 제한하다, 한정하다
- □ discard 버리다, 처분하다
- □ solely 오로지
- □ differentiation 구별, 차별화
- □ faculty 기능, 능력
- □ outcome 결과
- □ manipulation 조작, 조종
- □ rapidity 신속성

글의 흐름 파악

주제(①)	본론 1(②~⑥)	본론 2(⑦~⑩)	결론(⑪)
자기 향상	인간 지능의 자기 향상의 특징	기계 지능의 자기 향상의 특징	인간의 한계
인간 지능과 기계 지능을 구별하는 요점	• 학자들, 교사들, 안내자들을 통하여 자기 향상을 이룸 • 더디고 간접적인 과정임 • 다른 사람의 지능을 복사하여 추가할 수 없음	• 수많은 복사본을 만들고 조작함 • 직접적이고 즉각적인 지능의 조작임	생물학적 지능에 국한되어 있어서 신속성이나 직접성을 가진 자기 향상은 불가능함

전문 해석

①자기 향상은 인간 지능과 기계 지능을 구별하는 요점이다. ②인간은 수천 년 동안 그것을 얻으려고 노력해 왔다. ③우리는 우리의 학자들, 교사들, 그리고 안내자들을 존경하는데, 왜냐하면 그들은 우리가 정신적인 기능을 발휘할 수 있는 능력에서를 포함하여 많은 면에서 배우고 우리 자신을 향상하도록 도와주기 때문이다. ④이러한 향상, 즉 우리의 정신적 능력의 증대는 우리에게 더딘 과정이며, 간접적인 과정이기도 하다. ⑤우리는 행동을 통해, 즉 지식의 직접적인 인식이나 입력을 통해 배운다. ⑥우리는 단순히 다른 사람의 지능을 '복사하'여 우리 자신의 지능에 추가할 수 없다. ⑦사실, 우리에게 '어떤 것들은 경험을 통해서만 배울 수 있다'와 같은 속담이 있다. ⑧기계 지능은 이러한 형태의 자기 향상에 제한되지 않는다. ⑨사실, 기계 지능은 자체에 대한 수많은 복사본을 만들고, 각각의 그러한 표현을 조작하고, 결과를 테스트한 다음, 열등한 변화들은 버릴 수 있다. ⑩이것은 직접적이고 즉각적인 지능의 조작이며, 원본에는 아무런 손실이나 영향도 없다. ⑪인간이 우리의 생물학적 지능에 오로지 국한되어 있는 한, 이런 수준의 신속성이나 직접성을 가진 자기 향상은 언제나 불가능할 것이다.

배경 지식

기계 지능(machine intelligence)
기계 지능은 인공 지능 또는 기계 학습과 관련된 개념으로, 컴퓨터 시스템이 사람과 유사한 지능적인 작업을 수행하는 능력을 말한다. 이것은 문제 해결, 의사 결정, 언어 이해, 시각 인식, 학습, 계획 수립 등 다양한 작업을 포함한다. 기계 지능은 주어진 환경에서 목표를 달성하기 위해 논리적인 추론, 패턴 인식, 지식 표현, 자동화, 자기 학습 및 응용 프로그램 개발 등 다양한 기술을 사용하여 작업을 수행할 수 있다.

구문 해설

④ This improvement, [an increase in our mental ability], is a slow process for us — and also an indirect **one**.

[ ]는 주어인 This improvement와 동격의 관계에 있고, one은 (a) process를 대신한다.

⑪ **As long as** humans are limited solely to our biological intelligence, [self-improvement with this level of rapidity or directness] will always be impossible.

「as long as」는 '~하는 한'의 의미이며, [ ]는 주절의 주어이다.

Quick Check 적절한 말 고르기

1. We respect our scholars, teachers, and guides because they help us learn and improve [us / ourselves] in many ways, including in our ability to exercise our mental faculty.

2. In fact, machine intelligence can create a million copies of [it / itself], manipulate each such representation, test outcomes, and then discard inferior changes.

정답 1. ourselves 2. itself

21번 관용의 의미 변질

Mini Test 2

| Keywords | tolerance, alter, superficial, judging, difference

주어 분사구

❶ Anyone / [reading policy documents, mission statements, school textbooks / and

사람은 누구나 / 정책 문서, (기업이나 조직의) 강령, 학교 교과서를 읽어 보는 / 그리고

분사구 술어 동사 ~에 강한 인상을 받다

speeches {made by politicians and policymakers}] / is likely to be struck / by the

정치인들과 정책 입안자들이 쓴 연설문을 / 강한 인상을 받을 것이다 / '관용'이라는

관계절 형식상의 주어 내용상의 주어

frequency [with which the term 'tolerance' is celebrated]. // ❷ It is difficult / [to encounter

용어가 찬양받는 빈도에 // 어렵다 / 불관용에 관한 어떤 의미

형식상의 주어

any significant acclaim for intolerance]. // ❸ However, / on closer inspection / it becomes

있는 찬사도 접하는 것은 // 그러나 / 더 자세히 조사해 보면 / 분명해진다 /

내용상의 주어 분사구문(the meaning of this term이 의미상의 주어)

evident / [that the meaning of this term has radically altered, / {mutating into a

이 용어의 의미가 근본적으로 바뀌어 / 수용과 긍정에 대한 피상적인

superficial signifier of acceptance and affirmation}]. // ❹ In official documents and school

기호로 변했음이 // 공문서와 학교 교과서에서 /

~이 아니라

texts, / tolerance is used / as a desirable character trait / rather than as a way of

관용은 사용된다 / 바람직한 성격 특성으로 / 상충하는 신념과 행동을 관리하는 방법으로서가

managing conflicting beliefs and behaviour. // ❺ So / one can be tolerant / without any

아니라 // 그래서 / 사람들은 관용을 베풀 수 있다 / 일련의 신념이나

주어 동격 관계

reference to a set of beliefs or opinions. // ❻ Moreover, / the idea / [that tolerance means

의견에 대한 어떠한 언급도 없이 // 더욱이 / 생각은 / 관용이 간섭하지 않거나 억압하려고

with와 suppress의 목적어 관계절

not interfering with, or attempting to suppress, / {beliefs ⟨that contradict one's own

시도하지 않는다는 것을 의미한다는 / 자기 자신의 정서와 상충하는 믿음을 /

술어 동사 동격 관계

sentiments⟩}] / has given way to the idea / [that tolerance involves not judging other

생각으로 바뀌었다 / 관용이 다른 사람들과 그들의 견해를 비판하지 않는 것을 포함한다는 //

~ 대신

people and their views]. // ❼ Instead of serving / as a way of responding to differences

역할을 하는 대신 / 견해의 차이에 대응하는 방식으로서의 /

of views, / tolerance has become / a way of not taking them seriously. //

관용은 ~이 되었다 / 그것들을 심각하게 받아들이지 않는 방식이 //

* acclaim: 찬사 ** mutate: 변하다 *** affirmation: 긍정

어휘

- □ policy document 정책 문서
- □ mission statement (기업이나 조직의) 강령
- □ politician 정치인, 정치가
- □ policymaker 정책 입안자
- □ frequency 빈도
- □ encounter 접하다
- □ inspection 조사, 검사
- □ radically 근본적으로
- □ alter 바뀌다
- □ superficial 피상적인
- □ signifier 기호, 기표(記標)
- □ reference 언급
- □ suppress 억압하다
- □ contradict 상충하다, 모순되다
- □ sentiment 정서
- □ give way to ~로 바뀌다[대체되다]

글의 흐름 파악

도입(❶~❷)	전개(❸~❺)	결론(❻~❼)
관용이라는 용어의 사회적 사용 현황	변질된 관용의 의미	변질되어 수용되는 관용의 의미
• '관용'이라는 용어가 찬양받는 빈도에 강한 인상을 받을 것임 • 불관용에 관한 어떤 의미 있는 찬사도 접하기 어려움	• 관용의 의미가 수용과 긍정에 대한 피상적인 기호로 변했음 • 공문서와 학교 교과서에서 관용은 바람직한 성격 특성으로 사용됨 • 일련의 신념이나 의견에 대한 어떠한 언급도 없이 관용을 베풀 수 있음	• 관용이 다른 사람들과 그들의 견해를 비판하지 않는 것을 포함한다는 생각으로 바뀜 • 관용은 견해의 차이에 대응하는 방식으로서의 역할을 하는 대신, 그것들을 심각하게 받아들이지 않는 방식이 되었음

전문 해석

❶정책 문서, (기업이나 조직의) 강령, 학교 교과서, 정치인들과 정책 입안자들이 쓴 연설문을 읽어 보는 사람은 누구나 '관용'이라는 용어가 찬양받는 빈도에 강한 인상을 받을 것이다. ❷불관용에 관한 어떤 의미 있는 찬사도 접하기 어렵다. ❸그러나 더 자세히 조사해 보면 이 용어의 의미가 근본적으로 바뀌어 수용과 긍정에 대한 피상적인 기호로 변했음이 분명해진다. ❹공문서와 학교 교과서에서 관용은 상충하는 신념과 행동을 관리하는 방법으로서가 아니라 바람직한 성격 특성으로 사용된다. ❺그래서 사람들은 일련의 신념이나 의견에 대한 어떠한 언급도 없이 관용을 베풀 수 있다. ❻더욱이 관용이 자기 자신의 정서와 상충하는 믿음을 간섭하지 않거나 억압하려고 시도하지 않는다는 것을 의미한다는 생각은 관용이 다른 사람들과 그들의 견해를 비판하지 않는 것을 포함한다는 생각으로 바뀌었다. ❼관용은 견해의 차이에 대응하는 방식으로서의 역할을 하는 대신, 그것들을 심각하게 받아들이지 않는 방식이 되었다.

구문 해설

❶ **Anyone [reading policy documents, mission statements, school textbooks and speeches {made by politicians and policymakers}] is likely to be struck by the frequency [with which the term 'tolerance' is celebrated].**

첫 번째 [ ]는 Anyone을 수식하는 분사구이고, { }는 speeches를 수식하는 분사구이다. 두 번째 [ ]는 the frequency를 수식하는 관계절이다.

❸ **However, on closer inspection it becomes evident [that the meaning of this term has radically altered, {mutating into a superficial signifier of acceptance and affirmation}].**

it은 형식상의 주어이고 [ ]가 내용상의 주어이다. { }는 the meaning of this term을 의미상의 주어로 하는 앞의 내용을 부가적으로 설명하는 분사구문이다.

Quick Check T, F 고르기

1. In official documents and school texts, tolerance is used as a desirable character trait rather than as a way of managing conflicting beliefs and behaviour. T / F
2. It is possible to be tolerant without any reference to a set of beliefs or opinions. T / F

정답 1. T 2. T

22번 생물학적 욕구의 보류

Mini Test 2

| Keywords | hidden goals, biological needs, affiliation, emotional reaction

hidden goals를 설명 / 관계절

❶We have hidden goals / — [goals we are not attending to consciously] / — [that move
우리에게는 숨어 있는 목표가 있다 / 즉 의식적으로 처리하지 않고 있는 목표 / 우리에게 일을 할

주어 / 술어 동사

us to do things and cause all sorts of feelings]. // ❷[Strong biological needs] function /
마음이 내키게 하고 온갖 종류의 감정을 유발하는 // 강한 생물학적 욕구는 작용한다 /

관계절

as hidden goals. // ❸An astronaut / [who chooses to spend a year in space without any
숨어 있는 목표로 // 우주 비행사는 / 어떤 인간 접촉도 없이 우주에서 1년을 보내기로 선택한 /

~ 때문에

human contact] / may experience great sadness / due to hidden goals of affiliation /
큰 슬픔을 겪을 수도 있다 / 관계 맺기의 숨어 있는 목표 때문에 /

관계절 / see의 목적어(명사절)

[that she has consciously decided to put on hold]. // ❹This example lets us see / [that a
자신이 의식적으로 보류하기로 결심한 // 이 사례로 우리는 볼 수 있다 / 하나의

병렬 구조

single goal can be {present / to our conscious minds at one time} / but {hidden from us
목표가 존재할 수 있다는 것을 / 한때 우리의 의식적인 마음에 / 하지만 다른 때에는 우리로부터

동격의 of

at another}]. // ❺The astronaut may have been very much aware of the goal / of
숨어 있을 (수 있다는 것을) // 그 우주 비행사는 목표를 매우 잘 알고 있었을지도 모른다 /

the goal을 설명

[forming close relationships with other people] / while she was dating in college. //
다른 사람들과 친밀한 관계를 형성하는 / 대학에서 데이트하는 동안 //

❻But when she decides to concentrate / on space exploration for a while, / she turns
하지만 그 사람이 집중하기로 결심할 때 / 잠깐 우주 탐사에 / 그 사람은 자기의

분사구문(not+-ing ~) / = the goal ~ other people

her focus away from relationships, / [not seeing it as an important goal at the moment]. //
관심의 초점을 관계로부터 멀어지도록 돌린다 / 당장은 그것을 중요한 목표로 간주하지 않게 된다 //

분사구문(부가적 설명)

❼And yet / the goal of relationships may still be there, / [hidden / but powerful
그런데도 / 관계라는 목표는 여전히 거기에 있을 수도 있다 / 숨어 있는 채로 / 하지만 고립에 대한

형용사+enough(부사) / think of A as B: A를 B로 간주하다

enough to cause an emotional reaction to isolation]. // ❽We could think of conscious
감정적인 반응을 일으킬 만큼 충분히 강력한 채로 // 우리는 의식적인 관심을 간주할 수 있다 /

병렬 구조(술어부)

attention / as a flashlight with limited reach / : it [illuminates some of our goals] / and
도달 범위가 제한된 손전등으로 / 그것은 우리의 목표들 중 일부를 비춘다 / 그리고

[brings them to conscious awareness], / but many of them remain in the dark / until we
그것들을 의식적으로 인식하게 한다 / 하지만 그것들 중 많은 것들은 어둠 속에 남아 있다 / 우리가 우리의

change our focus. //
관심의 초점을 바꿀 때까지 //

* affiliation: 관계 맺기, 소속 ** illuminate: 비추다

어휘

- □ attend to ~을 처리하다, ~을 돌보다
- □ due to ~ 때문에
- □ at the moment 당장은, 바로 지금
- □ flashlight 손전등
- □ astronaut 우주 비행사
- □ put ~ on hold ~을 보류하다
- □ isolation 고립

글의 흐름 파악

도입(❶~❷)		사례(❸~❼)		비유(❽)
숨어 있는 목표		우주 비행사의 관계 목표		손전등 도달 범위
강한 생물학적 욕구는 숨어 있는 목표로 작용함	→	• 인간 접촉이 없이 우주에서 1년을 보내기로 한 우주 비행사는 관계 맺기의 숨어 있는 목표 때문에 슬픔을 겪을 수 있음 • 대학에서 데이트하는 동안 친밀한 관계 형성의 목표를 잘 알고 있었을 수 있음 • 우주 비행 시 자기 관심의 초점을 돌리지만 고립에 대한 감정적인 반응을 일으킬 수 있음	→	• 의식적인 관심을 도달 범위가 제한된 손전등으로 비유함 • 일부 목표는 비추어져 의식하게 되지만 많은 목표는 어둠 속에 존재함

전문 해석

❶우리에게는 우리에게 일을 할 마음이 내키게 하고 온갖 종류의 감정을 유발하는 숨어 있는 목표, 즉 의식적으로 처리하지 않고 있는 목표가 있다. ❷강한 생물학적 욕구는 숨어 있는 목표로 작용한다. ❸어떤 인간 접촉도 없이 우주에서 1년을 보내기로 선택한 우주 비행사는 자신이 의식적으로 보류하기로 결심한 관계 맺기의 숨어 있는 목표 때문에 큰 슬픔을 겪을 수도 있다. ❹이 사례로 우리는 하나의 목표가 한때 우리의 의식적인 마음에 존재할 수 있지만 다른 때에는 우리로부터 숨어 있을 수 있다는 것을 볼 수 있다. ❺그 우주 비행사는 대학에서 데이트하는 동안 다른 사람들과 친밀한 관계를 형성하는 목표를 매우 잘 알고 있었을지도 모른다. ❻하지만 그 사람이 잠깐 우주 탐사에 집중하기로 결심할 때, 그 사람은 자기의 관심의 초점을 관계로부터 멀어지도록 돌리는데 당장은 그것(그 목표)을 중요한 목표로 간주하지 않게 된다. ❼그런데도 관계라는 목표는 숨어 있지만 고립에 대한 감정적인 반응을 일으킬 만큼 충분히 강력한 채로 여전히 거기에 있을 수도 있다. ❽우리는 의식적인 관심을 도달 범위가 제한된 손전등으로 간주할 수 있는데, 그것은 우리의 목표들 중 일부를 비추고 그것들을 의식적으로 인식하게 하지만, 그것들 중 많은 것들은 우리가 우리의 관심의 초점을 바꿀 때까지 어둠 속에 남아 있다.

배경 지식

숨어 있는 목표(hidden goals)
이 글의 필자는 숨어 있는 목표가 작동하는 다른 사례로, 남들을 기쁘게 하고자 하는 동기가 강한 사람은 자기 문화에 부응하는 친구, 직업, 생활방식을 선택할 가능성이 크다고 한다.

구문 해설

❸ **An astronaut [who chooses to spend a year in space without any human contact] may experience great sadness due to hidden goals of affiliation [that she has consciously decided to put on hold].**

첫 번째 [ ]는 An astronaut을 수식하는 관계절이다. 두 번째 [ ]는 hidden goals of affiliation을 수식하는 관계절이다.

❹ **This example lets us see [that a single goal can be {present to our conscious minds at one time} but {hidden from us at another}].**

[ ]는 see의 목적어이다. 두 개의 { }가 but에 의해 연결되어 병렬 구조를 이루고 있다.

Quick Check 어순 배열하기

1. When an astronaut decides to concentrate on space exploration for a while, she turns her focus away from relationships, (an, as, goal, important, it, not, seeing) at the moment.
2. And yet the goal of relationships may still be there, (but, cause, enough, hidden, powerful, to) an emotional reaction to isolation.

정답 1. not seeing it as an important goal 2. hidden but powerful enough to cause

23번 말하는 목소리와 노래하는 목소리의 관계

Mini Test 2

| Keywords | singing voice, speaking voice, independent, effect

❶ [Although the singing voice might be thought of / as an extension to or development of the speaking voice], / the experience of actors and singers suggests / [that the two modes of vocal delivery / remain independent]. // ❷ Many classical singers / refrain from talking for long periods / before a difficult performance, / [because they are sensitive to / the adverse effects of speaking]. // ❸ The ubiquitous tool of our time, the telephone, / has long been known / as the creator of many vocal problems / because we do not speak on the phone / [as we would face to face]. // ❹ Apparently, / we overcompensate for the lack of visual communication / by exaggerating certain speech habits. // ❺ This seems to be in line with the ideas of Lucie Manén / [when she lamented the lack of facial and emotional gestures / {when singers perform in front of a microphone / without a visible audience}]. // ❻ Singing has an effect on the speaking voice, / and vice versa / ; most people [who talk immediately after singing] / will discover / [that their speaking voice / will have raised itself a few pitches above the norm]. // ❼ Singers [who train insufficiently in speaking] / may suffer from similar laryngeal problems / to actors [unaccustomed to singing]. // * ubiquitous: 어디서나 볼 수 있는 ** lament: 한탄하다 *** laryngeal: 후두의

(주석: ❶ Although ~ speaking voice: 부사절(양보) / be thought of as: ~로 생각되다 / that ~ independent: suggests의 목적어(명사절) ❷ refrain from: ~을 삼가다 / because ~ speaking: 부사절(이유) ❸ The ubiquitous tool of our time, the telephone: 동격 관계 / been known as: ~로 알려지다 / as we would face to face = as we would speak face to face ❺ be in line with: ~과 일치하다 / when she lamented ~: 부사절(시간) / when singers perform ~: 부사절(시간) ❻ vice versa: 반대의 경우도 마찬가지이다 / who talk immediately after singing: 관계절 / that their ~ norm: discover의 목적어(명사절) ❼ who train insufficiently in speaking: 관계절 / unaccustomed to singing: 분사구)

비록 노래하는 목소리가 말하는 목소리의 확장이나 발전으로 생각될 수 있지만 / 배우와 가수의 경험은 보여 준다 / 두 가지 양식의 목소리 내기가 / 여전히 독립적이라는 것을 // 많은 성악가는 / 긴 시간 동안 말하는 것을 삼간다 / 힘든 공연 전에 / 그들은 ~에 민감하기 때문에 / 말하기의 부작용 // 우리 시대에 어디서나 볼 수 있는 도구인 전화기는 / 오랫동안 알려져 왔다 / 많은 목소리 문제를 만들어 낸 것으로 / 왜냐하면 우리는 전화 통화를 하지 않기 때문에 / 대면해서 말하듯 // 겉으로 보기에는 / 우리는 시각적 의사소통의 부족을 과도하게 보완한다 / 특정한 말하기 습관을 과장함으로써 // 이는 Lucie Manén의 생각과 일치하는 것으로 보인다 / 표정과 감정적인 제스처가 부족하다고 한탄했을 때의 / 가수들이 마이크 앞에서 공연할 때 / 눈에 보이는 관객 없이 // 노래하는 것은 말하는 목소리에 영향을 미친다 / 그리고 그 반대의 경우도 마찬가지인데 / 노래한 후에 바로 말하는 대부분의 사람은 / 알게 될 것이다 / 그들의 말하는 목소리가 / 표준보다 몇 음 더 높아져 있을 것을 // 말하기 훈련이 불충분한 가수들은 / 비슷한 후두 문제를 겪을 수도 있다 / 노래에 익숙하지 않은 배우들과 //

어휘

- □ extension 확장, 연장
- □ vocal 목소리의
- □ independent 독립적인
- □ classical singer 성악가
- □ refrain from ~을 삼가다
- □ adverse effect 부작용
- □ overcompensate for ~을 과도하게 보완하다
- □ exaggerate 과장하다
- □ vice versa 반대의 경우도 마찬가지이다
- □ insufficiently 불충분하게
- □ unaccustomed to ~에 익숙하지 않은

글의 흐름 파악

도입(❶~❷)	전개(❸~❺)	결론(❻~❼)
노래하는 목소리와 말하는 목소리의 관계	시각적 의사소통이 부족한 경우	노래와 말하기가 목소리에 미치는 영향
• 노래하는 목소리 내기와 말하는 목소리 내기는 독립적임 • 성악가는 힘든 공연 전에 긴 시간 동안 말하는 것을 삼감	• 전화기는 오랫동안 많은 목소리 문제를 만들어 냈음 • 특정한 말하기 습관을 과장함으로써 시각적 의사소통의 부족을 과도하게 보완함	• 노래하는 것은 말하는 목소리에 영향을 미치며, 그 반대의 경우도 마찬가지임 • 말하기 훈련이 불충분한 가수들은 노래에 익숙하지 않은 배우들과 비슷한 후두 문제를 겪을 수 있음

전문 해석

❶비록 노래하는 목소리가 말하는 목소리의 확장이나 발전으로 생각될 수 있지만, 배우와 가수의 경험은 두 가지 양식의 목소리 내기가 여전히 독립적이라는 것을 보여 준다. ❷많은 성악가는 힘든 공연 전에 긴 시간 동안 말하는 것을 삼가는데, 그들이 말하기의 부작용에 민감하기 때문이다. ❸우리 시대에 어디서나 볼 수 있는 도구인 전화기는 오랫동안 많은 목소리 문제를 만들어 낸 것으로 알려져 왔는데, 왜냐하면 우리는 대면해서 말하듯 전화 통화를 하지 않기 때문이다. ❹우리는 특정한 말하기 습관을 과장함으로써 시각적 의사소통의 부족을 과도하게 보완하는 것처럼 보인다. ❺이는 가수들이 눈에 보이는 관객 없이 마이크 앞에서 공연할 때 표정과 감정적인 제스처가 부족하다고 한탄했을 때의 Lucie Manén의 생각과 일치하는 것으로 보인다. ❻노래하는 것은 말하는 목소리에 영향을 미치며, 그 반대의 경우도 마찬가지인데, 노래한 후에 바로 말하는 대부분의 사람은 그들의 말하는 목소리가 표준보다 몇 음 더 높아져 있을 것을 알게 될 것이다. ❼말하기 훈련이 불충분한 가수들은 노래에 익숙하지 않은 배우들과 비슷한 후두 문제를 겪을 수도 있다.

배경 지식

후두(larynx)

후두는 인두(咽頭)와 기관(氣管) 사이의 부분으로 소리를 내고 이물질이 기도로 들어가는 것을 막는다.

구문 해설

❶ **[Although the singing voice might be thought of as an extension to or development of the speaking voice], the experience of actors and singers suggests [that the two modes of vocal delivery remain independent].**

첫 번째 [ ]는 접속사 Although가 이끄는 양보의 부사절이다. 두 번째 [ ]는 suggests의 목적어 역할을 하는 명사절이다.

❻ **Singing has an effect on the speaking voice, and vice versa; most people [who talk immediately after singing] will discover [that their speaking voice will have raised itself a few pitches above the norm].**

첫 번째 [ ]는 most people을 수식하는 관계절이다. 두 번째 [ ]는 discover의 목적어 역할을 하는 명사절이다.

Quick Check T, F 고르기

1. Many classical singers practice talking for long periods before a difficult performance. T / F
2. The telephone has long been known as the creator of many vocal problems. T / F

정답 1. F 2. T

24~25 번

상황에 따라 변화해 온 감정 (체계)

Mini Test 2

| Keywords | automatic response system, emotional system, evolved, survival value

❶Like many other animals, / we benefit from a rapid, automatic response system /
다른 많은 동물처럼 / 우리는 신속하고 자동화된 대응 시스템으로부터 혜택을 받는다 /

관계절
[which keeps us out of trouble]. // ❷ 명령문 [Imagine walking in a forest / 부사절(시간) {when a wolf leaps
우리를 곤경에서 벗어나게 해 주는 // 숲속을 걷는 것을 상상해 보라 / 늑대가 뛰쳐나온다고 //

수동태
out}]. // ❸Information about the situation is promptly forwarded / to certain parts of the
상황에 대한 정보가 즉시 전달된다 / 뇌의 특정 부분들로 /

관계절(certain parts of the brain을 부가적으로 설명) 주어
brain, / [which swiftly screen it, / initiate a response, / and you leap back]. // ❹[Whatever
그 부분들은 그것을 신속히 선별하여 / 대응을 시작한다 / 그리고 여러분은 급히 뒤로 물러난다 // 이전에 생각하고

수동태
you were thinking before] is suppressed / and you give your full attention / to the
있던 것이 무엇이든 억제된다 / 그리고 여러분은 온전히 주의를 기울인다 / 감지된

관계절
perceived threat. // ❺At the same time, / substances are released in your body / [which,
위협에 // 동시에 / 물질이 몸에서 분비된다 / 다른 무엇

삽입구 make+목적어+동사원형
{amongst other things}, / make your heart beat faster / in readiness for further action]. //
보다도 / 여러분의 심장을 더 빨리 뛰게 하는 / 추가 조치에 대비하여 //

call A B: A를 B라고 부르다
❻In these circumstances, / you would probably call the sensation fear. // ❼Others might
이런 상황에서 / 여러분은 아마도 그 느낌을 공포라고 부를 것이다 // 다른 사람들은 위험

병렬 구조
be alerted to the danger / by [your posture], / [involuntary cry] / and [facial expression]. //
경보를 받을 수 있다 / 여러분의 자세에 의해 / 자신도 모르게 내뱉은 외침 / 그리고 얼굴 표정 //

주어 술어 동사 전치사구
❽[This emotional system] probably evolved / [because of its survival value]. // ❾But, /
이 감정 체계는 아마도 진화했을 것이다 / 생존가(生存價) 때문에 // 그러나 /

관계절(other parts of the brain을 부가적으로 설명)
in humans, / the information is also sent to other parts of the brain, / [where it is
인간의 경우 / 정보는 뇌의 다른 부분으로도 보내진다 / 그곳에서 그것(정보)에

부사절(조건) 부사절(이유)
reflected upon at a more leisurely pace]. // ❿[If you deduce that you are safe / {because
대해 더 여유롭게 곰곰이 생각해 보게 된다 // 만약 여러분이 안전하다고 추정하면 / 늑대의 경로가

수동태 수동태
the wolf's path is blocked}], / the emotional system is informed, / and you relax a little /
차단되었기 때문에 / 감정 체계에 (정보가) 전달되고 / 여러분은 약간 긴장이 풀린다 /

experience의 목적어(명사구) argued의 목적어(명사절)
and experience [a spreading feeling of relief]. // ⓫Some people have argued / [that
그리고 안도감이 퍼지는 것을 경험하게 된다 // 어떤 사람들은 주장해 왔다 / 다른

관계절 may have p.p.: ~했을 수도 있다
some of the other emotions / {which support our welfare} / may have evolved similarly]. //
감정들 중 일부도 / 우리의 안녕에 도움을 주는 / 비슷하게 진화했을 수 있다고 //

전치사구
⓬For instance, / our ancestors also had a vested interest / [in supportive, personal
예를 들어 / 우리 조상들도 또한 사적인 관심을 갖고 있었다 / 힘이 되는 개인적인 관계에 대해 /

부사절(이유) =supportive, personal relationships
relationships] / [because the welfare of hunter-gatherers depended on them]. // ⓭Threats
수렵 채집인들의 안녕은 그것에 달려 있었기 때문에 // 이러한 관계에

may have+p.p.: ~했을 수도 있다
to these relationships may have produced / feelings of anxiety, embarrassment, shame
대한 위협은 유발했을 수도 있다 / 불안, 당황, 수치심 또는 죄책감을 //

→ may have+p.p.: ~했을 수도 있다

or guilt. // [14] On the other hand, / support for them / may have led to feelings of thankfulness. //

반면에 / 그것에 대한 도움은 / 감사의 감정으로 이어졌을 수 있다 //

* deduce: 추정[추론]하다 ** vested interest: (어떤 일이 일어나기를 바라는) 사적인 관심

어휘

- □ rapid 신속한, 빠른
- □ leap out (갑자기) 뛰쳐나오다
- □ forward 전달하다, 보내다
- □ screen 선별하다, 가려내다
- □ substance 물질
- □ amongst other things(= among other things) (다른) 무엇보다도
- □ beat (심장이) 뛰다, 고동치다
- □ sensation 느낌
- □ posture 자세
- □ evolve 진화하다, 발달하다
- □ leisurely 여유로운, 느긋한
- □ welfare 안녕, 복지
- □ guilt 죄책감
- □ automatic 자동의
- □ promptly 즉시
- □ swiftly 신속히
- □ initiate 시작하다
- □ release 분비하다, 방출하다
- □ circumstance (흔히 복수형으로) 상황
- □ alert 경보를 발하다
- □ involuntary 자기도 모르게 하는
- □ reflect upon ~을 곰곰이 생각해 보다
- □ block 차단하다, 막다
- □ shame 수치심

글의 흐름 파악

주제(❶)		예시(❷~❼)		부연(❽~❿)		마무리(⓫~⓮)
신속하고 자동화된 대응 시스템		자동화된 대응 시스템 작동 사례		감정 체계		비슷하게 진화했을 다른 감정들
우리를 곤경에서 벗어나게 해 줌	➡	늑대가 뛰쳐나옴 → 뇌의 특정 부분들에 전달된 정보를 선별하여 대응을 시작함 → 급히 뒤로 물러남 → 추가 조치에 대비하여 심장을 뛰게 하는 물질이 분비됨	➡	• 생존가(生存價) 때문에 진화했을 것임 • 뇌의 다른 부분으로 보내진 정보에 대해 곰곰이 생각해 보게 됨 → 안전하다 추정되면 감정 체계에 정보가 전달됨 → 안도감을 경험함	➡	• 도와주는, 개인적인 관계에 사적인 관심을 가지고 있던 조상들 • 관계에 대한 위협 → 불안, 당황, 수치심 등을 유발함 • 관계에 대한 도움 → 감사의 감정으로 이어짐

전문 해석

❶다른 많은 동물처럼, 우리는 우리를 곤경에서 벗어나게 해 주는 신속하고 자동화된 대응 시스템으로부터 혜택을 받는다. ❷숲속을 걷다가 늑대가 뛰쳐나온다고 상상해 보라. ❸상황에 대한 정보가 뇌의 특정 부분들로 즉시 전달되고, 그 부분들은 그것을 신속히 선별하여 대응을 시작하며, 여러분은 급히 뒤로 물러난다. ❹이전에 생각하고 있던 것이 무엇이든 억제되고 여러분은 감지된 위협에 온전히 주의를 기울인다. ❺동시에, 다른 무엇보다도, 추가 조치에 대비하여 여러분의 심장을 더 빨리 뛰게 하는 물질이 몸에서 분비된다. ❻이런 상황에서, 여러분은 아마도 그 느낌을 공포라고 부를 것이다. ❼다른 사람들은 여러분의 자세, 자신도 모르게 내뱉은 외침, 그리고 얼굴 표정에 의해 위험 경보를 받을 수 있다. ❽이 감정 체계는 아마도 생존가(生存價) 때문에 진화했을 것이다. ❾그러나 인간의 경우, 정보는 뇌의 다른 부분으로도 보내지며, 그곳에서 그것(정보)에 대해 더 여유롭게 곰곰이 생각해 보게 된다. ❿만약 여러분이 늑대의 경로가 차단되어 안전하다고 추정하면, 감정 체계에 (정보가) 전달되고, 여러분은 약간 긴장이 풀리고 안도감이 퍼지는 것을 경험하게 된다. ⓫어떤 사람들은 우리의 안녕에 도움을 주는 다른 감정들 중 일부도 비슷하게 진화했을 수 있다고 주장해 왔다. ⓬예를 들어, 우리 조상들도 또한 힘이 되는, 개인적인 관계에 대해 사적인 관심을 갖고 있었는데 수렵 채집자인의 안녕은 그것에 달려 있었기 때문이었다. ⓭이러한 관계에 대한 위협은 불안, 당황, 수치심 또는 죄책감을 유발했을 수도 있다. ⓮반면에, 그것에 대한 도움은 감사의 감정으로 이어졌을 수 있다.

구문 해설

⑨ **But, in humans, the information is also sent to other parts of the brain, [where it is reflected upon at a more leisurely pace].**

[ ]는 other parts of the brain을 부가적으로 설명하는 관계절이고, 대명사 it은 the information을 가리킨다.

⑪ **Some people have argued [that some of the other emotions {which support our welfare} may have evolved similarly].**

[ ]는 argued의 목적어로 쓰인 명사절이고, { }는 the other emotions를 수식하는 관계절이다.

Quick Check 어순 배열하기

1. Like many other animals, we benefit from a rapid, automatic response system (us, trouble, keeps, of, which, out).
2. At the same time, substances are released in your body which, amongst other things, (your, faster, heart, beat, make) in readiness for further action.

정답 1. which keeps us out of trouble 2. make your heart beat faster

Mini Test 3

1번 도서관 저녁 시간 운영 중단

| Keywords | residents, library, evening hours

Dear Mr. Andersen, //
Andersen 씨께 //

부사구 / 주어(동명사구) / 병렬 구조(and로 연결됨)

❶[For many residents in the town of Wolfville], / [{strolling downtown to the library in the evening} / and {enjoying some time in the cool, quiet reading room}] / has been a treat / [many of us enjoy]. //
Wolfville 시의 많은 주민에게는 / 저녁에 시내에서 도서관으로 산책하고 / 그리고 시원하고 조용한 열람실에서 얼마간의 시간을 즐기는 것이 / 기쁨이었습니다 / 우리 중 많은 이들이 누리는 //

관계절 / learned의 목적어(명사절)

❷However, / I recently learned / [that the library board / has decided to eliminate / the evening hours this summer], / [which is quite disappointing]. //
하지만 / 저는 최근에 알게 되었습니다 / 도서관 이사회에서 / 없애기로 결정했다는 것을 / 이번 여름에 저녁 운영 시간을 / 이것은 매우 실망스럽습니다 //

관계절(앞 절의 내용을 부수적으로 설명) / believe의 목적어(명사절)

❸Everyone understands / the difficult economy, / but I have to believe / [there were alternatives to / {eliminating this much-appreciated pleasure}] / ; in my experience / there were nights / [when every seat was taken]. //
모두가 이해합니다 / 어려운 경제 상황을 / 하지만 저는 생각하지 않을 수 없습니다 / ~에 대한 대안이 있었다고 / 이렇게 매우 고마운 즐거움을 없애는 것 / 제 경험에 비추어 / 밤이 있었기 때문입니다 / 모든 좌석이 찬 //

to의 목적어(동명사구) / 관계절 / ask+목적어+to *do*: ~에게 …하도록 요청하다

❹I ask the board to / [reconsider their decision] / and [find a better solution / {that accommodates / the needs of the community}]. //
저는 이사회가 (~하도록) 요청합니다 / 결정을 재고하고 / 그리고 더 나은 해결책을 찾아 주기를 / 수용하는 / 지역 사회의 요구를 //

병렬 구조(and로 연결되어 to에 이어짐) / 관계절 / think의 목적어(명사절) / 병렬 구조(or로 연결되어 명사절의 주어 역할)

❺I think / [{closing the library early on Saturday} / or {even closing it completely on a weekday} / would be a possible solution]. //
저는 생각합니다 / 토요일에 도서관을 일찍 닫거나 / 혹은 심지어 평일 하루에 완전히 휴관하는 것도 / 가능한 해결책이 될 수 있다고 //

look forward to -ing: ~하기를 기대하다

❻I look forward to hearing from you soon. //
귀하의 조속한 회신을 기대합니다 //

Sincerely,

Randolph Pennington
Randolph Pennington 드림

어휘

- □ **resident** 주민
- □ **downtown** 시내에서
- □ **board** 이사회
- □ **alternative** 대안
- □ **reconsider** 재고하다
- □ **stroll** 산책하다
- □ **treat** (뜻밖의) 기쁨, 즐거움
- □ **eliminate** 없애다
- □ **much-appreciated** 매우 고마운
- □ **accommodate** (요구 등을) 수용하다

글의 흐름 파악

도입(❶)	문제점 지적(❷~❸)	해결 요청(❹~❻)
도서관 저녁 시간 운영	저녁 시간 운영 중단	결정 재고 요청 및 대안 제시
그동안 Wolfville 시 주민들에게 큰 즐거움을 주었음	이사회에서 저녁 시간 운영을 중단하기로 한 결정에 실망감을 표시함 → 모든 좌석이 찬 밤이 있었을 만큼 주민들의 호응이 좋았음	• 이사회가 결정을 재고하고 지역 사회의 요구를 수용하는 더 나은 해결책을 찾아 주기를 요청함 • 토요일에 도서관을 일찍 닫거나 평일 하루에 완전히 휴관하는 대안을 제시함

전문 해석

Andersen 씨께

❶Wolfville 시의 많은 주민에게는 저녁에 시내에서 도서관으로 산책하여 시원하고 조용한 열람실에서 얼마간의 시간을 즐기는 것이 우리 중 많은 이들이 누리는 기쁨이었습니다. ❷하지만 최근 도서관 이사회에서 이번 여름에 저녁 운영 시간을 없애기로 결정했다는 것을 알게 되었는데, 이것은 매우 실망스럽습니다. ❸모두가 어려운 경제 상황을 이해하지만, 이렇게 매우 고마운 즐거움을 없애는 것에 대한 대안이 있었다고 생각하지 않을 수 없는데, 제 경험에 비추어 모든 좌석이 찬 밤이 있었기 때문입니다. ❹저는 이사회가 결정을 재고하고 지역 사회의 요구를 수용하는 더 나은 해결책을 찾아 주기를 요청합니다. ❺토요일에 도서관을 일찍 닫거나 심지어 평일 하루에 완전히 휴관하는 것도 가능한 해결책이 될 수 있다고 생각합니다. ❻귀하의 조속한 회신을 기대합니다.

Randolph Pennington 드림

구문 해설

❷ **However, I recently learned [that the library board has decided to eliminate the evening hours this summer], [which is quite disappointing].**

첫 번째 [ ]는 learned의 목적어 역할을 하는 명사절이다. 두 번째 [ ]는 앞선 절의 내용을 부수적으로 설명하는 관계절이다.

❸ **Everyone understands the difficult economy, but I have to believe [there were alternatives to {eliminating this much-appreciated pleasure}]; in my experience there were nights [when every seat was taken].**

첫 번째 [ ]는 believe의 목적어 역할을 하는 명사절이고, { }는 전치사 to의 목적어 역할을 하는 동명사구이다. 두 번째 [ ]는 nights를 수식하는 관계절이다.

Quick Check T, F 고르기 / 적절한 말 고르기

1. The library board decided to extend the opening hours of the library in response to the growing needs of the local community. T / F

2. I think closing the library early on Saturday or even to close / closing it completely on a weekday would be a possible solution.

정답 1. F 2. closing

2번 Mini Test 3

눈 덮인 세상이 보여 준 환희

| Keywords | cheerless, winter, sparkling, shining, delight, monster, life

❶I was in the middle of a particularly cheerless February, / and [even though I {had gone through this feeling / many times before} / and {knew ⟨it would eventually pass⟩}], / I had gotten to the point / [where I was beginning to believe {it would never get better}]. //
나는 특히 생기 없는 2월을 보내고 있었다 / 그리고 이런 기분을 겪었음에도 불구하고 / 전에도 여러 번 / 그리고 결국 지나가리라는 것을 알았음에도 (불구하고) / 나는 지경에 이르렀었다 / 그것(그 기분)이 결코 나아지지 않을 거라고 믿기 시작하는 //
(부사절(양보) / 병렬 구조 / knew의 목적어(명사절) / 관계절 / believe의 목적어(명사절))

❷I can remember thinking / [as I went to sleep that night] / [that this time / I would be stuck forever in winter]. //
나는 생각했던 것이 기억난다 / 그날 밤 잠들면서 / 이번에는 / 영원히 겨울에 갇히게 될 거라고 //
(부사절(시간) / thinking의 목적어(명사절))

❸[When I woke up] / there was an unsettling silence / all over the house. //
내가 잠에서 깨어났을 때 / 불안한 정적이 감돌았다 / 집안 전체에 //
(부사절(시간))

❹ I walked over to the front door / and opened it. //
나는 현관으로 걸어갔다 / 그리고 문을 열었다 //
(it = the front door)

❺Outside, / the world had remade itself / into the most sparkling, beautiful, and inviting place imaginable. //
밖에서는 / 세상이 자신을 탈바꿈해 놓았었다 / 상상할 수 있는 가장 반짝이고, 아름답고, 그리고 매력적인 공간으로 //
(itself: 재귀대명사(the world를 가리킴))

❻A late-night snowstorm / had covered everything with white. //
심야의 눈보라가 / 모든 것을 하얗게 덮어 버렸었다 //
(had covered: 과거완료)

❼The sun was up and shining brightly / ; everywhere [I looked] / the snow was dancing with light. //
해가 떠서 밝게 빛나고 있었다 / 내가 보는 모든 곳에서 / 눈이 빛과 함께 춤을 추고 있었다 //
(관계절(관계사 생략))

❽Suddenly / all the dark clouds in my mind / were gone / and I started laughing in delight. //
갑자기 / 내 마음속의 먹구름이 모두 / 사라졌다 / 그리고 나는 크게 기뻐하며 웃기 시작했다 //

❾ Winter, / [the monster eating my soul], / had pulled a fast one / and (had) slipped in a day of incredible purity and beauty / [just to remind me of the possibilities in life]. //
겨울이 / 내 영혼을 갉아먹는 괴물인 / (나를 슬쩍) 속이고 / 믿을 수 없이 순수하고 아름다운 하루를 끼워 넣어 줬었던 것이었다 / 그저 나에게 삶의 가능성을 상기시켜 주기 위해 //
(동격 관계 / to부정사구(목적) / remind A of B: A에게 B를 상기시키다)

* pull a fast one: 속이다

어휘

- ☐ particularly 특히
- ☐ cheerless 생기 없는
- ☐ eventually 결국
- ☐ unsettling 불안한
- ☐ slip 끼워 넣다, (슬머시) 놓다
- ☐ incredible 믿을 수 없는
- ☐ purity 순수

글의 흐름 파악

도입(❶~❷)	전개(❸~❻)	마무리(❼~❾)
'영원한 겨울'에 갇힌 마음	변화의 순간	관점의 전환
• 생기 없는 2월을 보내고 있었음 • 기분이 결코 나아지지 않을 것이라 믿기 시작함 • 잠들면서 영원히 겨울에 갇히게 될 거라고 생각함	• 잠에서 깨어 불안한 정적 속에서 현관문을 염 • 심야의 눈보라가 밖의 세상을 가장 반짝이고, 아름답고, 그리고 매력적인 공간으로 바꾸어 놓았음	• 마음속의 먹구름이 사라짐 • 영혼을 갉아먹는 괴물인 겨울이 삶의 가능성을 상기시켜 줌

전문 해석

❶나는 특히 생기 없는 2월을 보내고 있었고, 전에도 이런 기분을 여러 번 겪었었으며 결국 지나가리라는 것을 알았음에도 불구하고, 나는 그것(그 기분)이 결코 나아지지 않을 거라고 믿기 시작하는 지경에 이르렀었다. ❷그날 밤 잠들면서 이번에는 영원히 겨울에 갇히게 될 거라고 생각했던 것이 기억난다. ❸내가 잠에서 깨어났을 때 집안 전체에 불안한 정적이 감돌았다. ❹나는 현관으로 걸어가 문을 열었다. ❺밖에서는 세상이 상상할 수 있는 가장 반짝이고, 아름답고, 그리고 매력적인 공간으로 자신을 탈바꿈해 놓았었다. ❻심야의 눈보라가 모든 것을 하얗게 덮어 버렸었다. ❼해가 떠서 밝게 빛나고 있었고, 내가 보는 모든 곳에서 눈이 빛과 함께 춤을 추고 있었다. ❽갑자기 내 마음속의 먹구름이 모두 사라지고 나는 크게 기뻐하며 웃기 시작했다. ❾내 영혼을 갉아먹는 괴물인 겨울이 그저 나에게 삶의 가능성을 상기시켜 주기 위해 (나를 슬쩍) 속이고 믿을 수 없이 순수하고 아름다운 하루를 끼워 넣어 줬었던 것이었다.

구문 해설

❶ I was in the middle of a particularly cheerless February, and [even though I {had gone through this feeling many times before} and {knew 〈it would eventually pass〉}], I had gotten to the point [where I was beginning to believe {it would never get better}].

첫 번째 [ ]는 양보의 의미를 나타내는 부사절이고, 두 개의 { }는 술어부로 and로 연결되어 I에 이어진다. 〈 〉는 knew의 목적어 역할을 하는 명사절이다. 두 번째 [ ]는 the point를 수식하는 관계절이고, 세 번째 { }는 believe의 목적어 역할을 하는 명사절이다.

❷ I can **remember thinking** [as I went to sleep that night] [that this time I would be stuck forever in winter].

「remember -ing」는 '~했던 것을 기억하다'라는 의미이다. 첫 번째 [ ]는 시간의 부사절이고, 두 번째 [ ]는 thinking의 목적어 역할을 하는 명사절이다.

Quick Check 빈칸 완성하기

1. Suddenly all the dark clouds in my mind were gone and I started laughing in d______________.
2. Winter, the monster eating my soul, had pulled a fast one and slipped in a day of incredible purity and beauty just to r______________ me of the possibilities in life.

정답 1. (d)elight 2. (r)emind

3번 유전자 분야에 관한 의사의 소양

Mini Test 3

| Keywords | physicians, patients, genetic information, familiar

to부정사구(목적) / serve the interests of: ~의 이익에 기여하다

❶Physicians work hard / [to serve the best interests of their patients]. // ❷"Do no harm" /
의사는 열심히 일한다 / 환자의 최선의 이익에 기여하기 위해 // "(환자에게) 해를 끼치지 말라."가 /

관계절

is the code / [they live by]. // ❸Presently / there is a strong feeling among many
규범이다 / 의사들이 따르며 사는 // 현재 / 많은 의사들 사이에 확고한 생각이 있다 /

동격 관계 / 술어 1 / 술어 2

physicians / [that genetic and genomic information / {is harmful} / and thus {should not
유전자 및 게놈 정보는 / 해롭다 / 그리고 따라서 사용되어서는

in의 목적어(동명사구)

be used / in ⟨managing the health of healthy people⟩}]. // ❹Moreover, / most physicians /
안 된다 / 건강한 사람의 건강을 관리하는 데 // 게다가 / 의사 대부분은 /

are not trained / to understand this information. // ❺Ironically, / many of them / [are
훈련을 받지 않는다 / 이러한 정보를 이해하도록 // 아이러니하게도 / 그들 중 많은 이들은 / 이야기

병렬 구조(but으로 연결되어 many of them에 이어짐)

very comfortable discussing / family history with their patients] / but [are uncomfortable
하는 것은 매우 편안해한다 / 환자와 가족력에 관해 / 하지만 유전체학에 관해 이야기하는

주어

talking about genomics]. // ❻[The technologies, applications, and value of genetics and
것은 불편해한다 // 유전학과 게놈 시퀀싱의 기술, 응용 그리고 가치는 /

~의 일부가 되다

genome sequencing] / must be part of / medical school education and continuing
~의 일부가 되어야 한다 / 의과 대학 교육과 의학 보습 교육 /

~을 감안할 때 / given의 목적어(명사절)

medical education, / [given / {how rapidly the field is changing}]. // ❼Most importantly, /
부사구 ~을 감안할 때 / 그 분야가 얼마나 빠르게 변화하고 있는지 // 가장 중요한 것은 /

patients are truly eager for / this information. // ❽Various genetic information
환자들이 진정으로 열망하고 있다는 점이다 / 이러한 정보를 // 다양한 유전자 정보 회사들은 /

관계절

companies / have well over 900,000 people / [who already have contributed samples]. //
90만 명을 훌쩍 넘는 사람들을 갖고 있다 / 이미 샘플을 기증한 //

분사구문 / in의 목적어(동명사구)

❾Many of these people / approach their physicians / [asking for help / in {interpreting
이들 중 상당수는 / 그들의 의사를 찾아가 이야기한다 / 도움을 요청하며 / 검사 결과의 의미를

형식상의 주어 / 내용상의 주어 / (should+)동사원형

the meaning of their results}]. // ❿It is essential / [that doctors be familiar with this
해석하는 데 // 필수적이다 / 이 분야에 대해 의사가 잘 알고 있는 것이 //

subject area]. //

* genomic: 게놈[유전체]의

어휘

- □ physician 의사
- □ code 규범, 관례
- □ live by (신조에) 따라 살다
- □ genetic 유전자의
- □ family history 가족력
- □ continuing education 보습 교육
- □ contribute 제공하다, 기증하다
- □ approach (다가가서) 말을 하다, 접촉하다
- □ essential 필수적인

글의 흐름 파악

도입(❶~❷)	현재 상황(❸~❺)	주장 1(❻~❼)	주장 2(❽~❿)
의사의 소명 의식	유전자 정보 활용에 대한 의사들의 거부감	유전자 분야에 대한 의사의 소양 증진의 필요성 1	유전자 분야에 대한 의사의 소양 증진의 필요성 2
의사는 환자의 최선의 이익에 기여하기 위해 열심히 일함 → "해를 끼치지 말라."가 의사가 따르는 규범임	• 유전자 및 게놈 관련 정보가 해로우며 건강한 사람의 건강 관리에 사용되지 않아야 한다는 생각이 팽배함 • 의사 대부분은 이러한 정보를 이해하도록 훈련을 받지 않음	• 의과 대학 교육과 의학 보습 교육의 일부가 되어야 함 • 환자들이 이러한 정보를 진정으로 열망함	많은 환자가 자기 유전자 샘플을 유전자 정보 회사에 기증하며 의사를 찾아가 검사 결과를 해석하는 데 도움을 요청함 → 의사는 이 분야에 대해서 잘 알고 있어야 함

전문 해석

❶의사는 환자의 최선의 이익에 기여하기 위해 열심히 일한다. ❷"(환자에게) 해를 끼치지 말라."가 의사들이 따르며 사는 규범이다. ❸현재 많은 의사들 사이에 유전자 및 게놈 정보는 해로우며, 따라서 건강한 사람의 건강을 관리하는 데 사용되어서는 안 된다는 확고한 생각이 있다. ❹게다가 의사 대부분은 이러한 정보를 이해하도록 훈련을 받지 않는다. ❺아이러니하게도 그들 중 많은 이들은 환자와 가족력에 관해 이야기하는 것은 매우 편안해하지만, 유전체학에 관해 이야기하는 것은 불편해한다. ❻유전학과 게놈 시퀀싱의 기술, 응용 그리고 가치는 그 분야가 얼마나 빠르게 변화하고 있는지를 감안할 때 의과 대학 교육과 의학 보습 교육의 일부가 되어야 한다. ❼가장 중요한 것은 환자들이 이러한 정보를 진정으로 열망하고 있다는 점이다. ❽다양한 유전자 정보 회사들은 이미 샘플을 기증한 90만 명을 훌쩍 넘는 사람들을 갖고 있다. ❾이들 중 상당수는 검사 결과의 의미를 해석하는 데 도움을 요청하며 그들의 의사를 찾아가 이야기한다. ❿이 분야에 대해 의사가 잘 알고 있는 것이 필수적이다.

구문 해설

❸ Presently there is a strong feeling among many physicians [that genetic and genomic information {is harmful} and thus {should not be used in ⟨managing the health of healthy people⟩}].

[ ]는 a strong feeling among many physicians의 구체적인 내용을 설명하는 동격절이다. 동사구인 두 개의 { }가 and로 연결되어 동격절의 주어인 genetic and genomic information에 이어진다. ⟨ ⟩는 전치사 in의 목적어 역할을 하는 동명사구이다.

❾ Many of these people approach their physicians [asking for help in {interpreting the meaning of their results}].

[ ]는 문장의 주어인 Many of these people의 부수적인 상황을 나타내는 분사구문이고, { }는 전치사 in의 목적어 역할을 하는 동명사구이다.

Quick Check T, F 고르기 / 적절한 말 고르기

1. Today, most doctors are open to the idea of using genetic information to manage their patients' health. T / F

2. The technologies, applications, and value of genetics and genome sequencing must be part of medical school education and continuing medical education, given how rapid / rapidly the field is changing.

정답 1. F 2. rapidly

4번 재매개와 스토리텔링

Mini Test 3

| Keywords | rectangular screens, narratives, anywhere, Virtual Reality, remediation, digital media

→현재완료 분사구문(audiences의 부수적 동작을 나타냄)

[1] For well over 100 years, / audiences have looked into rectangular screens, / [ignoring everything peripheral to the edges of the frame]. //
100년이 훨씬 넘는 기간 동안 / 관객들은 직사각형의 화면을 들여다보았다 / 프레임의 가장자리 주변에 있는 모든 것을 무시한 채 //

→현재완료 수동태(have been p.p.)

[2] But in recent times, / the edges of the screen have been removed. //
하지만 최근에는 / 화면의 가장자리가 제거되었다 //

to부정사구(형용사적 용법) / 관계절

[3] Narratives now have the potential / [to play out anywhere / {we can crane our necks to glance or stare}]. //
이제 이야기는 잠재력을 가지게 되었다 / 어디에서든지 일어날 수 있는 / 우리가 목을 길게 빼어 흘깃 보거나 응시할 수 있는 //

관계절

[4] Like in life, / any place [we can walk to or journey toward] / becomes the screen for a story. //
생활에서처럼 / 우리가 걷거나 여행할 수 있는 어디든 / 이야기를 위한 화면이 된다 //

→주격 보어 / 관계절 / ~뿐만 아니라 …도 / 관계절

[5] This breakthrough in storytelling / is [changing the way / {audiences engage with the moving image} / as well as the ways / {we create content}] / — and this is only just the beginning. //
이러한 스토리텔링의 획기적인 발전은 / 방식도 바꾸고 있다 / 관객이 움직이는 이미지와 관계를 맺는 / 방식 뿐만 아니라 / 우리가 콘텐츠를 제작하는 / 그리고 이것은 단지 시작에 불과하다 //

→one+of+the+최상급+복수명사: 가장 ~한 … 중의 하나 / 관계절

[6] Virtual Reality (VR) is / one of the latest developments / in the remediation process / [that has come to define digital media]. //
가상 현실(VR)은 ~이다 / 가장 최신의 발전 중 하나 / 재매개 과정에서 / 디지털 미디어의 특징이 된 //

→전치사구 / →주어 / →술어 동사

[7] [According to theorists Bolter and Grusin], / [this process of remediation] / has become integral / to the ongoing progress of media, /
이론가 Bolter와 Grusin에 따르면 / 이러한 재매개 과정은 / 꼭 필요하게 되었다 / 진행 중인 미디어 발전에 /

→관계절(media에 대한 부가적 설명)

[which is now constantly commenting on, reproducing, and eventually replacing itself]. //
미디어는 이제 끊임없이 스스로를 비평하고, (스스로를) 재생산하며, 결국 (스스로를) 바꾸고 있다 //

→재귀대명사(media를 가리킴)

* peripheral: 주변에 있는, 주변적인 ** crane: (목 등을) 길게 빼다

*** remediation: 재매개(새로운 미디어가 앞선 미디어 형식들을 개조하는 것)

어휘

- □ rectangular 직사각형의
- □ stare 응시하다
- □ define ~의 특징이 되다, ~을 분명히 하다
- □ integral 꼭 필요한, 필요 불가결한
- □ comment 비평하다, 논평하다
- □ glance 흘깃[휙] 보다
- □ breakthrough 획기적인 발전, 돌파구
- □ theorist 이론가
- □ ongoing 진행 중인
- □ replace 바꾸다, 교체하다

글의 흐름 파악

도입(❶)		전개(❷~❺)		마무리(❻~❼)
직사각형의 화면		화면의 가장자리 제거		재매개 과정과 미디어
100년이 넘도록 관객들은 직사각형의 화면만 들여다보고 주변적인 것은 무시해 옴	➜	• 이제 이야기는 관객인 우리의 시선이 미치는 어디에서나 펼쳐질 수 있으며, 어디든 이야기를 위한 화면이 됨 • 스토리텔링의 획기적인 발전은 콘텐츠 제작과 관객이 움직이는 이미지와 관계를 맺는 방식에 변화를 가져옴	➜	• 가상 현실(VR)은 재매개 과정에서 가장 최신의 발전 중 하나임 • 재매개 과정은 진행 중인 미디어 발전에 꼭 필요하게 됨

전문 해석

❶100년이 훨씬 넘는 기간 동안 관객들은 프레임의 가장자리 주변에 있는 모든 것을 무시한 채 직사각형의 화면을 들여다보았다. ❷하지만 최근에는 화면의 가장자리가 제거되었다. ❸이제 이야기는 우리가 목을 길게 빼어 흘낏 보거나 응시할 수 있는 어디에서든지 일어날 수 있는 잠재력을 가지게 되었다. ❹생활에서처럼, 우리가 걷거나 여행할 수 있는 어디든 이야기를 위한 화면이 된다. ❺이러한 스토리텔링의 획기적인 발전은 우리가 콘텐츠를 제작하는 방식뿐만 아니라 관객이 움직이는 이미지와 관계를 맺는 방식도 바꾸고 있는데 — 이것은 단지 시작에 불과하다. ❻가상 현실(VR)은 디지털 미디어의 특징이 된 재매개 과정에서 가장 최신의 발전 중 하나이다. ❼이론가 Bolter와 Grusin에 따르면, 이러한 재매개 과정은 진행 중인 미디어 발전에 꼭 필요하게 되었는데, 미디어는 이제 끊임없이 스스로를 비평하고, (스스로를) 재생산하며, 결국 (스스로를) 바꾸고 있다.

구문 해설

❺ This breakthrough in storytelling is [changing {the way ⟨audiences engage with the moving image⟩} **as well as** {the ways ⟨we create content⟩}] — and this is only just the beginning.

[ ]는 주격 보어이며, '~뿐만 아니라 …도'라는 의미의 「as well as」에 두 개의 { }가 연결되어 있다. 첫 번째 ⟨ ⟩는 the way를 수식하는 관계절이고, 두 번째 ⟨ ⟩는 the ways를수식하는 관계절이다.

❻ Virtual Reality (VR) is **one of the latest developments** in the remediation process [that has come to define digital media].

「one+of+the+최상급+복수명사」 구문이 사용되어 '가장 ~한 … 중의 하나'라는 의미를 갖는다. [ ]는 the remediation process를 수식하는 관계절이다.

Quick Check T, F 고르기 / 빈칸 완성하기

1. For over a century, audiences have been constrained to see what was within the confines of rectangular screens. T / F

2. Narratives now have the potential to play out anywhere we can crane our necks to g____________ or stare.

정답 1. T 2. (g)lance

감각을 통한 경험

| Keywords | mental image, experience, sensations

❶ [If someone flashes / a camera bulb in your face], / others might see you / [blink, wince and throw your arms up / reflexively in response], / but they will not, and cannot, / see the after-image / [that occupies / your visual field / for a few moments]. // ❷ [If you form / a mental image of the Eiffel Tower, / or think of / the way / {your favorite song goes}], / others will be totally unable to / see that image / or hear that song, / [however vivid the images are] / and [however close they get their eyes and ears to your skull]. // ❸ [Performing brain surgery on you] / won't give them access either / — it's not as if they'll [see / a little picture of the Eiffel Tower / {inscribed in your grey matter}] / or [hear music / {coming from your hypothalamus}]. // ❹ Nor can others directly experience / [what you experience / {as you eat a cheeseburger}]. // ❺ [Your sensations of the taste, texture, smell and look of the thing] / are available only to you / ; they can have similar experiences, / [should they eat their own burgers], / but their experiences would then be theirs, not yours. //

(주석: 부사절(조건) / 지각동사(see)+목적어+동사원형 / 목적격 보어 / 관계절 / 부사절(조건) / 관계절 / 병렬 구조(양보의 부사절(however+형용사/부사+주어+동사)이 and로 연결) / 주어(동명사구) / give ~ access: ~에게 접근을 허용하다 / ~하지는 않다 / 분사구 / 병렬 구조(동사구가 or로 연결됨) / 분사구 / 도치(nor+조동사(can)+주어) / experience의 목적어 / 부사절(시간) / 주어 / =the cheeseburger / 술어 동사(주어의 핵심어가 sensations) / if가 생략된 가정법 구문(=If they should eat their own burgers))

만약 어떤 사람이 번쩍 비추면 / 여러분의 얼굴에 카메라 전구를 / 다른 사람들은 여러분이 (~하는 것을) 볼 수도 있다 / 눈을 깜박이고 움찔하며 팔을 들어 올리는 모습을 / 이에 반응하여 반사적으로 / 하지만 그들은 ~하지 않을 것이며 ~할 수도 없다 / 잔상을 볼 / 차지하는 / 여러분의 시야를 / 잠깐 // 만약 여러분이 그려 본다면 / 에펠탑의 이미지를 머릿속에서 / 혹은 떠올려 본다(면) / 전개를 / 좋아하는 노래의 / 다른 사람들은 전혀 ~할 수 없을 것이다 / 그 이미지를 볼 / 혹은 그 노래를 들을 / 그 이미지가 아무리 선명하더라도 / 그리고 여러분의 두개골에 눈과 귀를 아무리 가까이 가져가더라도 // 여러분에게 뇌 수술을 하는 것은 / 그들(다른 사람)은 또한 그것에 접근할 수 없다 / 그들이 볼 법하지는 않다 / 작은 에펠탑 그림을 / 여러분의 회백질에 새겨진 / 혹은 음악을 들을 / 시상 하부에서 흘러나오는 // 다른 사람이 직접 경험할 수도 없다 / 여러분이 경험하는 것을 / 여러분이 치즈버거를 먹으면서 // 그것(치즈버거)의 맛, 식감, 냄새 그리고 모양에 대한 여러분의 감각은 / 오직 여러분만 느낄 수 있으며 / 그들(다른 사람)도 유사한 경험을 할 수 있다 / 다른 사람도 자신의 버거를 먹는다면 / 하지만 그 경험은 여러분의 것이 아니라 그들의 것이 될 것이다 //

* wince: 움찔하다 ** inscribe: 새기다 *** hypothalamus: (뇌의) 시상 하부

어휘

- □ blink 눈을 깜박이다
- □ reflexively 반사적으로
- □ after-image 잔상
- □ occupy 차지하다
- □ visual field 시야, 시계
- □ vivid 선명한, 생생한
- □ skull 두개골
- □ surgery 수술
- □ access 접근
- □ grey matter (뇌의) 회백질, 지능
- □ sensation 감각
- □ texture 식감, 질감

글의 흐름 파악

도입 및 요지(❶)	예시 1(❷~❸)	예시 2(❹~❺)
감각 경험의 주관성	다양한 감각에서의 주관성 1	다양한 감각에서의 주관성 2
카메라 전구를 번쩍 비추었을 때 다른 사람이 우리의 시야를 차지하는 잔상을 볼 수 없음	우리가 감각과 두뇌를 통해 경험하는 이미지와 노래의 전개는 다른 사람이 접근할 수 없음	치즈버거를 먹으면서 느끼는 감각도 다른 사람이 직접 경험할 수 없음 → 맛, 식감, 냄새 그리고 모양에 대한 감각은 오직 그것을 느끼는 본인만 경험할 수 있음

전문 해석

❶만약 어떤 사람이 여러분의 얼굴에 카메라 전구를 번쩍 비추면 다른 사람들은 여러분이 이에 반응하여 반사적으로 눈을 깜박이고 움찔하며 팔을 들어 올리는 모습을 볼 수도 있지만, 그들은 여러분의 시야를 잠깐 차지하는 잔상을 보지 않을 것이며 볼 수도 없다. ❷만약 여러분이 에펠탑의 이미지를 머릿속에서 그려 보거나 좋아하는 노래의 전개를 떠올려 보면, 다른 사람들은 그 이미지가 아무리 선명하더라도 그리고 여러분의 두개골에 눈과 귀를 아무리 가까이 가져가도 전혀 그 이미지를 보거나 그 노래를 들을 수 없을 것이다. ❸여러분에게 뇌 수술을 해도 그들(다른 사람)은 그것에 접근할 수 없다 — 그들이 여러분의 회백질에 새겨진 작은 에펠탑 그림을 보거나 시상 하부에서 흘러나오는 음악을 들을 법하지는 않다. ❹여러분이 치즈버거를 먹으면서 경험하는 것을 다른 사람이 직접 경험할 수도 없다. ❺그것(치즈버거)의 맛, 식감, 냄새 그리고 모양에 대한 여러분의 감각은 오직 여러분만 느낄 수 있으며, 다른 사람도 자신의 버거를 먹는다면 유사한 경험을 할 수 있지만, 그 경험은 여러분의 것이 아니라 그들의 것이 될 것이다.

구문 해설

❷ [If you form a mental image of the Eiffel Tower, or think of the way {your favorite song goes}], others will be totally unable to see that image or hear that song, [however vivid the images are] and [however close they get their eyes and ears to your skull].

첫 번째 [ ]는 조건의 부사절이고, { }는 the way를 수식하는 관계절이다. 두 번째와 세 번째 [ ]는 '아무리 ~하더라도'의 의미를 나타내는 양보의 부사절로, 「however+형용사/부사+주어+동사」의 어순으로 사용되고 있다.

❺ [**Your sensations** of the taste, texture, smell and look of the thing] **are** available only to you; they can have similar experiences, [**should they** eat their own burgers], but their experiences would then be theirs, not yours.

첫 번째 [ ]는 문장의 주어로 주어의 핵심 어구가 Your sensations이므로 복수형 동사 are가 사용되었다. 두 번째 [ ]는 if가 생략된 가정법 구문으로 조동사 should와 주어 they가 도치되었다.

Quick Check T, F 고르기 / 적절한 말 고르기

1. Even if a person is able to look inside your brain, that person would never be able to experience what you experience through your senses. T / F
2. Nor others can / can others directly experience what you experience as you eat a cheeseburger.

정답 1. T 2. can others

Mini Test 3

6번 미국 노인이 겪는 여러 문제

| Keywords | older Americans, problems

주어 / 분사구

❶[Ten percent of the total number of people / in the American population / {living below

전체 인원수의 10퍼센트는 / 미국 인구에서 / 빈곤선 아래로 생활

술어 동사 / with+목적어+분사구

the poverty line}] / are over the age of 65, / [with many / living on {an average social

하는 / 65세가 넘는다 / 많은 이들이 / 평균 사회 보장 연금으로 살고 있다 /

동격 관계 / 주어

security pension} / of {$12,500 a year} / with no other source of income]. // ❷[Forty-two

연간 12,500달러의 / 다른 수입원 없이 // 42퍼센트가 /

~로 고통받다 / 관계절

percent / of all Americans 65 and older] / suffer from disabilities / [that affect their daily

65세 이상의 모든 미국인의 / 장애로 고통받고 있다 / 그들의 일상적인 기능에 영향을

부사절(시간) / 술어 동사 / 주어

functioning]. // ❸[As the number of older Americans grows], / so does the recognition /

미치는 // 미국의 노인 수가 증가함에 따라 / 인식도 마찬가지로 증가하고 있다 /

동격 관계

[that many older Americans have serious social, emotional, health and financial

많은 미국 노인이 심각한 사회적, 정서적, 건강 및 재정 문제를 가지고 있다는 /

관계절 / make의 목적격 보어

problems / {that make aging / 〈a joyless / and sometimes anxious and depressing

나이 드는 것을 ~로 만드는 / 기쁘지 않고 / 그리고 때로는 불안하며 우울한 경험으로 //

형용사구

experience〉}]. // ❹Many older adults / [with social and emotional problems] / have

많은 노인은 / 사회적, 정서적 문제를 가진 / 질환을

관계절 / 부사절(이유)

conditions / [that go undiagnosed and untreated] / [because underlying symptoms / of

가지고 있다 / 진단되지 않고 치료되지 않은 / 그 이유는 기저 증상이 ~이기 때문이다 /

수동태(be p.p.)

anxiety and depression / are thought to be physical in nature], / and health and mental

불안과 우울증의 / 본질적으로 신체적인 것으로 생각되기 (때문이다) / 그리고 건강 전문가와 정신 건강 전문가는

believe의 목적어(명사절) / neither A nor B: A도 B도 아닌

health professionals frequently believe / [that older adults are neither motivated for

생각할 때가 많다 / 노인이 치료받고자 하는 동기도 없고 /

=therapy / leave+목적어+목적격 보어

therapy / nor find it an appropriate treatment]. // ❺This often leaves many older adults /

또 그것을 적절한 치료로 여기지도 않는다고 // 이 때문에 흔히 많은 노인이 ~이 된다 /

~에 대처하다

trying to cope with serious emotional problems / without adequate help. //

심각한 정서적 문제에 대처하려고 애쓰게 / 적절한 도움 없이 //

* pension: 연금

어휘

- ☐ poverty 빈곤
- ☐ therapy 치료
- ☐ cope with ~에 대처하다
- ☐ undiagnosed 진단되지 않은
- ☐ appropriate 적절한
- ☐ adequate 적절한
- ☐ underlying 기저의, 아래에 깔린
- ☐ treatment 치료

글의 흐름 파악

도입(❶~❷)	전개 1(❸)	전개 2(❹~❺)
미국 노인의 실상	미국 노인에 대한 인식	미국 노인의 사회 · 정서적 문제
• 빈곤선 아래로 사는 인구의 10퍼센트가 65세가 넘는 노인임 • 65세 이상의 노인 중 상당수가 장애를 겪고 있음	나이 드는 것이 부정적인 경험이라는 인식이 증가함	많은 노인이 사회 · 정서적 문제를 진단받지도, 치료받지도 않고 있음

전문 해석

❶미국 인구에서 빈곤선 아래로 생활하는 전체 인원수의 10퍼센트는 65세가 넘으며, 많은 이들이 다른 수입원 없이 연간 12,500달러의 평균 사회 보장 연금으로 살고 있다. ❷65세 이상의 모든 미국인의 42퍼센트가 그들의 일상적인 기능에 영향을 미치는 장애로 고통받고 있다. ❸미국의 노인 수가 증가함에 따라, 많은 미국 노인이 나이 드는 것을 기쁘지 않고 때로는 불안하며 우울한 경험으로 만드는 심각한 사회적, 정서적, 건강 및 재정 문제를 가지고 있다는 인식도 마찬가지로 증가하고 있다. ❹사회적, 정서적 문제를 가진 많은 노인은 진단되지 않고 치료되지 않은 질환을 가지고 있는데 그 이유는 불안과 우울증의 기저 증상이 본질적으로 신체적인 것으로 생각되기 때문이며, 건강 전문가와 정신 건강 전문가는 노인이 치료받고자 하는 동기도 없고 또 그것을 적절한 치료로 여기지도 않는다고 생각할 때가 많다. ❺이 때문에 흔히 많은 노인이 적절한 도움 없이 심각한 정서적 문제에 대처하려고 애쓰게 된다.

배경 지식

빈곤선(poverty line)

빈곤선은 육체적 능률을 유지하는 데 필요한 최소한도의 생활 수준을 말한다. 영국의 사회학자 벤저민 S. 라운트리(Benjamin S. Rowntree)가 《빈곤-도시 생활의 한 연구(Poverty-a Study of Town Life)》(1901)에서 제기하였다. 이 개념은 각국의 연구자들에게 이용 · 연구되어 사회 복지 대상을 규정하는 데 큰 역할을 하게 되었다.

구문 해설

❶ [Ten percent of the total number of **people** in the American population living below the poverty line] **are** over the age of 65, [with many living on an average social security pension of $12,500 a year with no other source of income].

첫 번째 [ ]가 문장의 주어이다. 술어 동사는 people에 맞춰 복수형 동사 are가 쓰였다. 두 번째 [ ]는 「with+목적어+분사구」의 구조로 이루어져 있다.

❹ [Many older adults with social and emotional problems have conditions that go undiagnosed and untreated {because underlying symptoms of anxiety and depression are thought to be physical in nature}], and [health and mental health professionals frequently believe that older adults are **neither** motivated for therapy **nor** find it an appropriate treatment].

두 개의 [ ]는 and로 연결되어 병렬 구조를 이룬다. { }는 이유를 나타내는 부사절이다. 「neither A nor B」는 'A도 B도 아닌'의 의미이다.

Quick Check 적절한 말 고르기

1. Forty-two percent of all Americans 65 and older suffer from disabilities [that / in that] affect their daily functioning.
2. This often leaves many older adults [to try / trying] to cope with serious emotional problems without adequate help.

정답 1. that 2. trying

7번 진로 평가의 이점

Mini Test 3

| Keywords | assessments, confirmatory, validation

❶In my experience, / assessments provide information / [that is confirmatory] / — that is, / they confirm patterns / [of which you are already aware]. // ❷In my own life, / these assessments [have reinforced / the career path {I have chosen}] / and [have helped give me confidence / in my next step]. // ❸For example, / career assessments usually paint a similar picture of me / ; they illustrate / [that I am a strong fit / for fields like consulting, psychology, and business, / {where I can problem-solve one-on-one / with people and teams}]. // ❹Similarly, / personality-focused assessments tell me / [that I prefer people to things, / and rely on feelings and intuition / more often than data and facts]. // ❺Why do such results matter? // ❻Quite simply, / [when you find a career / {that leverages your dominant personality traits, preferences, and career interests}], / work is not a chore or bother, / rather it feels natural and effortless. // ❼Assessments also give you / a confidence boost / by reinforcing / [{what you may have long suspected}, / but {for which you did not necessarily have outside validation}]. //

나의 경험에 따르면 / 평가는 정보를 제공한다 / 확증적인 / 다시 말해 / 그것은 유형을 확증해 준다 / 여러분이 이미 자각하고 있는 // 나 자신의 인생에서 / 이러한 평가는 강화해 주었다 / 내가 이미 선택한 진로를 / 그리고 나에게 자신감을 갖도록 도와주었다 / 나의 다음 단계에 대한 // 예를 들어 / 진로 평가는 보통 나와 유사한 모습을 그려 낸다 / 즉, 그것은 보여 준다 / 내가 꼭 맞는 사람이라는 것을 / 컨설팅, 심리학, 그리고 사업 같은 분야에 / 거기서 일대일로 문제 해결을 할 수 있는 / 사람들 및 팀들과 // 마찬가지로 / 성격 중심의 평가는 나에게 말해 준다 / 내가 사물보다 사람을 더 좋아한다는 것을 / 그리고 감정과 직관에 의존한다(는 것을) / 데이터와 사실보다 더 자주 // 왜 그런 결과가 중요한가 // 간단히 말해서 / 여러분이 진로를 찾을 때 / 자신의 지배적인 성격 특성, 선호, 그리고 직업적 흥미를 활용하는 / 일은 하기 싫거나 귀찮은 것이 아니라 / 오히려 그것은 자연스럽고 힘이 들지 않게 느껴진다 // 평가는 또한 여러분에게 준다 / 자신감 향상을 / 강화함으로써 / 여러분이 오랫동안 있을 것으로 생각했을지 모르는 것을 / 그러나 외부의 확인을 반드시 받지는 않았던 것을 //

(문법 주석: information ← 관계절 [that is confirmatory]; that is: 연결사; they = assessments; patterns ← 관계절 [of which ...]; 술어부 1 have reinforced: 현재완료; the career path ← 관계절 {I have chosen}; 술어부 2 have helped: 현재완료; For example: 연결사(예시); they = career assessments; [that I am a strong fit ...]: illustrate의 목적어(명사절); {where ...}: 관계절(fields like ~ business를 부가적으로 설명); Similarly: 연결사(비교); me: tell의 간접목적어; [that I prefer ...]: tell의 직접목적어(명사절); prefer A to B: …보다 ~을 더 좋아하다; rely on: ~에 의존하다; when: 부사절(시간); a career ← 관계절 {that leverages ...}; it = work; [...]: reinforcing의 목적어; may have p.p.(추측); {for which ...}: 관계절(앞의 { }가 선행사); not necessarily: 부분 부정)

* leverage: 활용하다 ** chore: 하기 싫은 일

어휘

- ☐ assessment 평가
- ☐ confirmatory 확증적인
- ☐ reinforce 강화하다
- ☐ illustrate 보여 주다, 나타내다
- ☐ intuition 직관
- ☐ dominant 지배적인
- ☐ trait 특성
- ☐ effortless 힘이 들지 않는
- ☐ boost 향상, 증진
- ☐ validation 확인

글의 흐름 파악

도입(❶)		예시(❷~❹)		전개(❺~❼)
평가의 의미		글쓴이의 사례		성격 평가의 결과의 중요성
자신이 인지하고 있는 유형을 확증해 줌	→	진로 평가와 성격 평가를 통해 자신에 대한 이해를 얻었음	→	• 자신의 성격과 관련된 진로를 찾을 때 일이 편안해짐 • 자신감을 향상해 줌

전문 해석

❶나의 경험에 따르면, 평가는 확증적인 정보를 제공한다 – 다시 말해 그것은 여러분이 이미 자각하고 있는 유형을 확증해 준다. ❷나 자신의 인생에서, 이러한 평가는 내가 이미 선택한 진로를 강화해 주었고 나의 다음 단계에 대한 자신감을 갖도록 도와주었다. ❸예를 들어, 진로 평가는 보통 나와 유사한 모습을 그려 낸다. 즉, 그것은 내가 컨설팅, 심리학, 그리고 사업 같은 분야에 꼭 맞는 사람이며, 거기서 사람들 및 팀들과 일대일로 문제 해결을 할 수 있다는 것을 보여 준다. ❹마찬가지로, 성격 중심의 평가는 내가 사물보다 사람을 더 좋아하고, 데이터와 사실보다 감정과 직관에 더 자주 의존한다는 것을 나에게 말해 준다. ❺왜 그런 결과가 중요한가? ❻간단히 말해서, 여러분이 자신의 지배적인 성격 특성, 선호, 그리고 직업적 흥미를 활용하는 진로를 찾을 때, 일은 하기 싫거나 귀찮은 것이 아니라, 오히려 자연스럽고 힘이 들지 않게 느껴진다. ❼평가는 또한 여러분이 오랫동안 있을 것으로 생각했을지는 모르나, 외부의 확인을 반드시 받지는 않았던 것을 강화함으로써 자신감을 향상해 준다.

구문 해설

❶ In my experience, assessments provide information [that is confirmatory] — [that is, **they** confirm patterns of which you are already aware].

첫 번째 [ ]는 information을 수식하는 관계절이다. 두 번째 [ ]는 앞 절의 내용에 대한 재진술이다. 대명사 they는 assessments를 대신한다.

❹ Similarly, personality-focused assessments tell me [that I {prefer people to things}, and {rely on feelings and intuition more often than data and facts}].

[ ]는 tell의 직접목적어로 쓰인 명사절이다. 두 개의 { }는 I를 공통의 주어로 갖는다.

Quick Check T, F 고르기

1. When you find a career that leverages your dominant personality traits, work becomes a chore or bother. T / F

2. Assessments take away your confidence by reinforcing what you may have long suspected. T / F

정답 1. F 2. F

자율 주행차의 안전성에 관한 의견

| Keywords | self-driving vehicles, safety

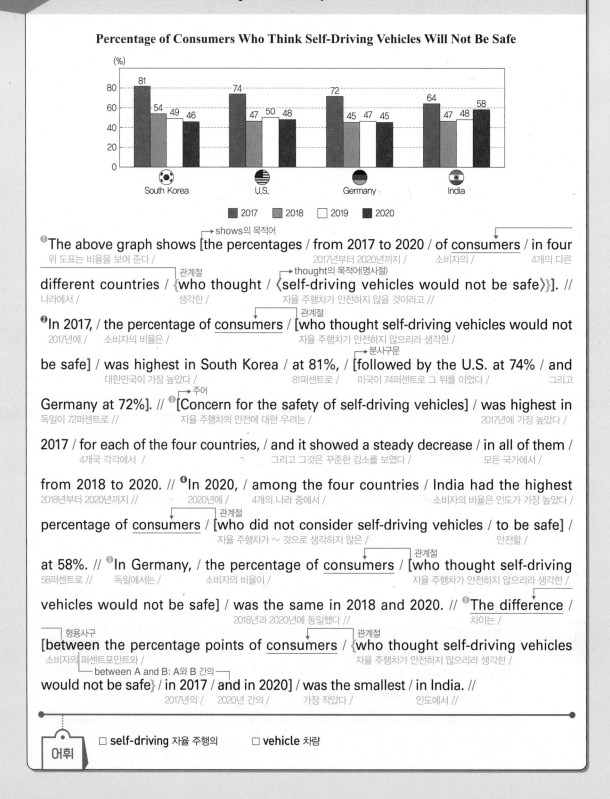

Percentage of Consumers Who Think Self-Driving Vehicles Will Not Be Safe

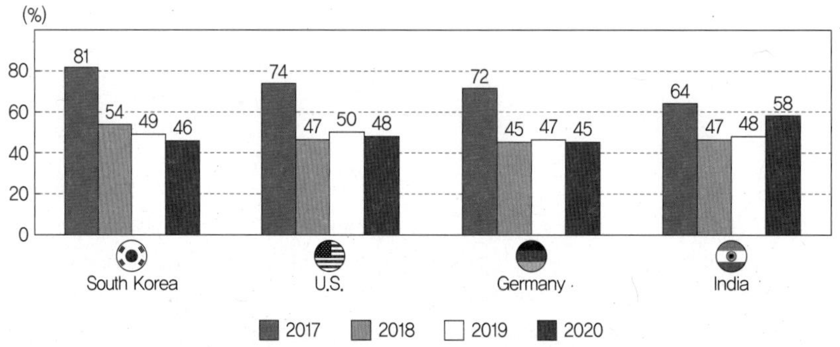

shows의 목적어

❶The above graph shows [the percentages / from 2017 to 2020 / of consumers / in four
위 도표는 비율을 보여 준다 / 2017년부터 2020년까지 / 소비자의 / 4개의 다른

관계절 thought의 목적어(명사절)

different countries / {who thought / ⟨self-driving vehicles would not be safe⟩}]. //
나라에서 / 생각한 / 자율 주행차가 안전하지 않을 것이라고 //

관계절

❷In 2017, / the percentage of consumers / [who thought self-driving vehicles would not
2017년에 / 소비자의 비율은 / 자율 주행차가 안전하지 않으리라 생각한 /

분사구문

be safe] / was highest in South Korea / at 81%, / [followed by the U.S. at 74% / and
대한민국이 가장 높았다 / 81퍼센트로 / 미국이 74퍼센트로 그 뒤를 이었다 / 그리고

주어

Germany at 72%]. // ❸[Concern for the safety of self-driving vehicles] / was highest in
독일이 72퍼센트로 // 자율 주행차의 안전에 대한 우려는 / 2017년에 가장 높았다 /

2017 / for each of the four countries, / and it showed a steady decrease / in all of them /
4개국 각각에서 / 그리고 그것은 꾸준한 감소를 보였다 / 모든 국가에서 /

from 2018 to 2020. // ❹In 2020, / among the four countries / India had the highest
2018년부터 2020년까지 // 2020년에 / 4개의 나라 중에서 / 소비자의 비율은 인도가 가장 높았다 /

관계절

percentage of consumers / [who did not consider self-driving vehicles / to be safe] /
자율 주행차가 ~ 것으로 생각하지 않은 / 안전할 /

관계절

at 58%. // ❺In Germany, / the percentage of consumers / [who thought self-driving
58퍼센트로 // 독일에서는 / 소비자의 비율이 / 자율 주행차가 안전하지 않으리라 생각한 /

vehicles would not be safe] / was the same in 2018 and 2020. // ❻The difference /
2018년과 2020년에 동일했다 // 차이는 /

형용사구 관계절

[between the percentage points of consumers / {who thought self-driving vehicles
소비자의 퍼센트포인트와 / 자율 주행차가 안전하지 않으리라 생각한 /

between A and B: A와 B 간의

would not be safe} / in 2017 / and in 2020] / was the smallest / in India. //
2017년의 / 2020년 간의 / 가장 작았다 / 인도에서 //

어휘

□ self-driving 자율 주행의　□ vehicle 차량

글의 흐름 파악

도입(❶)
도표의 주제
4개국에서 자율 주행차가 안전하지 않으리라 생각한 소비자의 비율을 보여 줌

→

전개(❷~❻)
도표의 주요 수치 기술
• 2017년의 수치와 그 이후의 추세 • 인도와 독일에서의 수치 • 2017년과 2020년의 퍼센트 변화

전문 해석

❶위 도표는 2017년부터 2020년까지 4개의 다른 나라에서 자율 주행차가 안전하지 않으리라 생각한 소비자의 비율을 보여 준다. ❷2017년에, 자율 주행차가 안전하지 않으리라 생각한 소비자의 비율은 대한민국이 81퍼센트로 가장 높았고, 미국이 74퍼센트 그리고 독일이 72퍼센트로 그 뒤를 이었다. ❸자율 주행차의 안전에 대한 우려는 4개국 각각에서 2017년에 가장 높았으며, 2018년부터 2020년까지 그것은 모든 국가에서 꾸준한 감소를 보였다.(×) ❹2020년에, 4개의 나라 중에서 자율 주행차가 안전할 것으로 생각하지 않은 소비자의 비율은 인도가 58퍼센트로 가장 높았다. ❺독일에서는, 자율 주행차가 안전하지 않으리라 생각한 소비자의 비율이 2018년과 2020년에 동일했다. ❻자율 주행차가 안전하지 않으리라 생각한 소비자의 2017년과 2020년의 퍼센트포인트 차이는 인도에서 가장 작았다.

배경 지식

자율 주행차(self-driving vehicles)

자율 주행차는 운전자가 핸들과 가속 페달, 브레이크 등을 조작하지 않아도 정밀한 지도, 위성 항법 시스템(GPS) 등 차량의 각종 센서로 상황을 파악해 스스로 목적지까지 찾아가는 자동차를 말한다. 엄밀한 의미에서 사람이 타지 않은 상태에서 움직이는 무인 자동차(driverless cars)와 다르지만 실제로는 혼용되고 있다.

구문 해설

❷ In 2017, the percentage of consumers [who thought self-driving vehicles would not be safe] was highest in South Korea at 81%, [followed by the U.S. at 74% and Germany at 72%].

첫 번째 [ ]는 consumers를 수식하는 관계절이다. 두 번째 [ ]는 앞 절의 내용에 대해 부가적으로 설명하는 분사구문이다.

❹ In 2020, among the four countries India had the highest percentage of consumers [who did not consider self-driving vehicles to be safe] at 58%.

[ ]는 consumers를 수식하는 관계절이다.

Quick Check 세부 내용 파악하기

1. Which year showed the highest concern for the safety of self-driving vehicles for each of the four countries?

① 2017 ② 2018 ③ 2019 ④ 2020

2. Which country showed the same percentage of consumers who thought self-driving vehicles would not be safe in 2018 and 2020?

① South Korea ② U.S. ③ Germany ④ India

정답 1. ① 2. ③

9번 최초의 아시아계 할리우드 배우 Anna May Wong

Mini Test 3

| Keywords | movie star, Asian actresses, global success

❶Anna May Wong is still considered / Hollywood's first-ever Asian American movie star. // ❷She was born / on January 3, 1905 / in Los Angeles. // ❸Her parents owned a laundromat / near the city's Chinatown neighborhood, / and [while she and her seven brothers and sisters frequently helped out / at the family business], / [from a young age] / she dreamed of [starring in the movies / {she saw filmed all over town}]. // ❹[After dropping out of high school / for her career], / the star earned her first leading role / in the silent film *The Toll of the Sea*. // ❺[As they say in the business], / it was her big break. // ❻[Though the actress did get to live out her dream / of being a movie star], / it was still America / in the early 20th century. // ❼Roles were few and far between / for Asian actresses / and those [that did exist] / were steeped in racial stereotypes. // ❽With all this / Wong [grew frustrated / with the U.S.] / and [moved to Berlin / in 1928]. // ❾It was [in Europe] / that she found global success in movies / [filmed in France, Germany, and England], / according to *Time*. // ❿A year before her death, / she was honored with a star / on the Hollywood Walk of Fame. //

Anna May Wong은 여전히 여겨진다 / 할리우드 사상 최초의 아시아계 미국인 영화배우로 // 그녀는 태어났다 / 1905년 1월 3일에 / 로스앤젤레스에서 // 그녀의 부모는 빨래방을 소유하고 있었다 / 그 도시의 차이나타운 지역 인근에서 / 그리고 그녀와 그녀의 7명의 형제자매가 자주 일을 돕는 와중에 / 가족 사업장에서 / 어렸을 때부터 / 그녀는 영화에서 주연을 맡는 것을 꿈꿨다 / 자신이 도시 곳곳에서 촬영되는 것을 봤던 // 고등학교를 중퇴한 후 / 자신의 커리어를 위해 / 그 스타는 첫 주연을 따냈다 / 무성 영화 *The Toll of the Sea*에서 // 그 사업 분야에서 사람들이 말하는 것처럼 / 그것으로 그녀는 큰 성공을 거두었다 // 비록 그 여배우가 자신의 꿈을 정말로 이룰 수 있었지만 / 영화배우가 되겠다는 / 그때는 여전히 미국이었다 / 20세기 초의 // 역할이 극히 드물었다 / 아시아계 여배우에게는 / 그리고 실제로 존재했던 역할들은 / 인종적 고정 관념에 푹 젖어 있었다 // 이 모든 것 때문에 / Wong은 좌절감을 느끼게 되었다 / 미국에 / 그리고 베를린으로 이주했다 / 1928년에 // 바로 유럽에서였다 / 그녀가 영화에서 세계적인 성공을 거둔 것은 / 프랑스, 독일, 영국에서 촬영된 / '타임'지에 따르면 // 그녀가 사망하기 1년 전에 / 그녀는 별이 새겨지는 영예를 안았다 / 할리우드 명예의 거리에 //

(문법 표시: is considered — 수동태; and — 접속사; while ~ — 부사절(시간); from a young age — 부사구(시간); starring ~ — of의 목적어(동명사구); she saw filmed all over town — 관계절; After ~ — 분사구문; As ~ — 부사절; Though ~ — 부사절(양보); did — 강조; her dream / of being a movie star — 동격 관계; those = roles; that did exist — 관계절; did — 강조; were steeped — 수동태; grew frustrated — 술어부 1; moved to Berlin — 술어부 2; It was ~ that ... 강조 구문; in Europe — 강조되는 부분; filmed ~ — 분사구; was honored — 수동태)

* laundromat: 빨래방 ** be steeped in: ~에 푹 젖어 있다

어휘

- □ star (인기) 배우; 주연을 맡다
- □ leading role 주연
- □ racial 인종적인
- □ be honored with ~의 영예를 안다
- □ drop out of ~을 중퇴하다, ~에서 탈퇴하다
- □ few and far between 극히 드문
- □ stereotype 고정 관념

글의 흐름 파악

도입(❶)	전개 1(❷~❺)	전개 2(❻~❾)	마무리(❿)
인물 소개	어린 시절	유럽으로 이주하게 된 배경	일생의 마지막 무렵
Anna May Wong은 할리우드 사상 최초의 아시아계 미국인 영화배우였음	도시의 곳곳에서 영화 촬영을 하는 모습을 보면서 영화배우를 꿈꾸게 되었음	미국은 아시아계 여배우에게 호락호락하지 않았기 때문에 미국에서 독일로 이주하게 되었고, 거기에서 세계적인 성공을 거둠	할리우드 명예의 거리에 자신의 별이 새겨짐

전문 해석

❶Anna May Wong은 여전히 할리우드 사상 최초의 아시아계 미국인 영화배우로 여겨진다. ❷그녀는 1905년 1월 3일에 로스앤젤레스에서 태어났다. ❸그녀의 부모는 그 도시의 차이나타운 지역 인근에서 빨래방을 소유하고 있었고, 그녀와 그녀의 7명의 형제자매가 가족 사업장에서 자주 일을 돕는 와중에, 그녀는 어렸을 때부터 자신이 도시 곳곳에서 촬영되는 것을 봤던 영화에서 주연을 맡는 것을 꿈꿨다. ❹자신의 커리어를 위해 고등학교를 중퇴한 후, 그 스타는 무성 영화 *The Toll of the Sea*에서 첫 주연을 따냈다. ❺그 사업 분야에서 사람들이 말하는 것처럼, 그것으로 그녀는 큰 성공을 거두었다. ❻비록 그 여배우가 영화배우가 되겠다는 자신의 꿈을 정말로 이룰 수 있었지만, 그때는 여전히 20세기 초의 미국이었다. ❼아시아계 여배우에게는 역할이 극히 드물었고, 실제로 존재했던 역할들은 인종적 고정 관념에 푹 젖어 있었다. ❽이 모든 것 때문에 Wong은 미국에 좌절감을 느끼게 되었고 1928년에 베를린으로 이주했다. ❾'타임'지에 따르면, 그녀가 프랑스, 독일, 영국에서 촬영된 영화에서 세계적인 성공을 거둔 것은 바로 유럽에서였다. ❿그녀가 사망하기 1년 전에, 그녀는 할리우드 명예의 거리에 별이 새겨지는 영예를 안았다.

구문 해설

❻ [Though the actress **did** get to live out her dream of being a movie star], it was still America in the early 20th century.

[ ]는 부사절이고, did는 강조를 위해 쓰였다.

❼ Roles were few and far between for Asian actresses and **those** [that **did** exist] were steeped in racial stereotypes.

대명사 those는 roles를 대신한다. [ ]는 those를 수식하는 관계절이며, did는 강조를 위해 쓰였다.

Quick Check 세부 내용 파악하기

1. What kind of family business did Anna May Wong's parents run?

① a supermarket ② a laundromat ③ a bookstore ④ a movie star

2. Where did Anna May Wong move to after she got frustrated with the U.S.?

① Africa ② South America ③ Asia ④ Europe

정답 1. ② 2. ④

12번 소모임의 문화적 특성

Mini Test 3

| Keywords | tiny publics, interaction, culture, society

❶While all sites of interaction inform us / of the structure of social life, / we find this
모든 상호 작용의 현장이 우리에게 알려 주지만 / 사회생활의 구조를 / 우리는 이것을 가장

부사구
[most clearly] / when individuals have a commitment to a civil consciousness. // ❷Tiny
분명하게 알게 된다 / 개인이 시민 의식에 헌신할 때 // 소모임은,

Tiny publics를 설명
publics, [grounded in interaction], / combine group culture with attention to civic
상호 작용에 기반을 두고 있는데 / 집단의 문화를 시민 참여에 관한 관심과 결합한다 //

병렬 구조
engagement. // ❸A *tiny public* is a group / with [a recognizable interaction order] / and
'소모임'이란 집단이다 / 알아볼 수 있는 상호 작용의 질서를 가진 / 그리고

관계절
[a local culture {that hopes to shape society}]. // ❹In other words / tiny publics, such as
사회의 모습을 형성하기를 바라는 지역 문화를 // 다시 말해서 / Chicago Seniors Together 같은

관계절
Chicago Seniors Together, have / both an internal order and a communal face [that is
소모임들은 가지고 있다 / 내부적인 질서와 외부로 바라보는 공동의 얼굴을 둘 다 /

앞의 내용을 설명
outward-looking] / : [they are Janus-faced / and must negotiate the dilemmas of
즉, 그들은 야누스의 얼굴을 가지고 있다 / 그래서 복수의 청중 집단에게 호소하는 딜레마를 타개해야 한다 //

appealing to multiple audiences]. // ❺These communities may have small
이 공동체들은 회원 수가 적을지 모른다 /

memberships, / but they address a broader politics, / and in their sociality / they
하지만 그들은 더 폭넓은 정치를 다룬다 / 그리고 그들의 사회성에서 / 그들은

주어
develop a collaborative commitment. // ❻[One challenge faced by societies composed
협력적인 헌신을 발전시킨다 // 소모임으로 구성된 사회가 직면하는 한 가지 어려움은 ~이다 /

술어 동사 / 주격 보어
of tiny publics] is / [that the desire for smooth interaction may make them conflict-
순탄한 상호 작용에 대한 욕구가 그들이 갈등을 꺼리게 할 수 있다는 것 /

분사구문 / 관계절
averse, / {avoiding controversies / ⟨that might productively be addressed⟩}, / or may
논쟁을 피한다 / 생산적으로 다루어질 수도 있는 / 또는 그들이

the+형용사(최상급): 복수명사
lead them to simply bow / to the demands of the most powerful]. // ❼As a result, / tiny
그저 복종하게 할 수도 있다 / 가장 힘이 있는 자들의 요구에 // 그 결과 / 대립

관계절
publics [that hope to be adversarial] / are vital in bettering society / precisely because
관계에 있기를 바라는 소모임들은 / 사회를 개선하는 데에서 매우 중요하다 / 바로 그들의 어려움 때문에 //

of their challenge. //

* conflict-averse: 갈등을 꺼리는 ** adversarial: 대립 관계에 있는

어휘

- □ site 현장, 장소
- □ civic 시민의, 시의
- □ negotiate 타개하다, 극복하다
- □ address 다루다, 대처하다
- □ better 개선하다
- □ commitment 헌신, 전념, 약속
- □ shape ~의 모습을 형성하다
- □ appeal 호소하다, 관심을 끌다
- □ controversy 논쟁, 논란
- □ public 모임, 사회, 대중
- □ communal 공동의, 공동 사회의
- □ membership 회원 수
- □ bow to ~에 복종하다

글의 흐름 파악

도입(❶~❸)		전개(❹~❺)		발전(❻~❼)
시민 의식 헌신 소모임		소모임의 양면성		소모임의 어려움
• 상호 작용 집단이 시민 의식에 헌신할 때 사회생활의 구조를 잘 드러냄 • 소모임은 내부 상호 작용의 질서를 갖고 사회 변화를 위해 노력하는 집단	➡	• 내부 질서와 외부의 변화를 위해 노력하는 야누스 • 폭넓은 정치를 다루며 협력적인 헌신을 발전시킴	➡	• 내부에서 순탄한 상호 작용의 욕구로 갈등과 논쟁을 피하거나 힘 있는 자들의 요구에 복종할 수도 있음 • 소모임들은 그들의 어려움 때문에 사회 개선에서 매우 중요함

전문 해석

❶모든 상호 작용의 현장이 우리에게 사회생활의 구조를 알려 주지만, 우리는 개인이 시민 의식에 헌신할 때 이것을 가장 분명하게 알게 된다. ❷소모임은, 상호 작용에 기반을 두고 있는데, 집단의 문화를 시민 참여에 관한 관심과 결합한다. ❸'소모임'이란 알아볼 수 있는 상호 작용의 질서를, 그리고 사회의 모습을 형성하기를 바라는 지역 문화를 가진 집단이다. ❹다시 말해서, Chicago Seniors Together(시카고 노인 모임) 같은 소모임들은 내부적인 질서와 외부로 바라보는 공동의 얼굴을 둘 다 가지고 있다. 즉, 그들은 야누스의 얼굴을 가지고 있어 복수의 청중 집단에게 호소하는 딜레마를 타개해야 한다. ❺이 공동체들은 회원 수가 적을지 모르지만, 더 폭넓은 정치를 다루며, 그들의 사회성에서 협력적인 헌신을 발전시킨다. ❻소모임으로 구성된 사회가 직면하는 한 가지 어려움은 순탄한 상호 작용에 대한 욕구가 그들이 갈등을 꺼리게 하여 생산적으로 다루어질 수도 있는 논쟁을 피하게 할 수 있거나, 그들이 가장 힘이 있는 자들의 요구에 그저 복종하게 할 수도 있다는 것이다. ❼그 결과, 대립 관계에 있기를 바라는 소모임들은 바로 그들의 어려움 때문에 사회를 개선하는 데에서 매우 중요하다.

배경 지식

야누스(Janus)

야누스는 로마 신화에 나오는 두 얼굴을 가진 신으로 성과 집의 문을 지키며, 전쟁과 평화를 상징한다. 그리스 신화에 대응하는 신이 없는 유일한 로마 신화의 신이다. 영어에서 1월을 뜻하는 January는 '야누스의 달'을 뜻하는 라틴어에서 유래한 것이다.

구문 해설

❸ A *tiny public* is a group with [a recognizable interaction order] and [a local culture {that hopes to shape society}].

두 개의 [ ]가 and에 의해 연결되어 병렬 구조를 이루고 있다. { }는 a local culture를 수식하는 관계절이다.

❹ In other words tiny publics, such as Chicago Seniors Together, have both an internal order and a communal face [that is outward-looking]: [they are Janus-faced and must negotiate the dilemmas of appealing to multiple audiences].

첫 번째 [ ]는 a communal face를 수식하는 관계절이다. 콜론(:)의 뒤에 쓰인 두 번째 [ ]는 앞 내용을 설명하고 있다.

Quick Check T, F 고르기

1. Tiny publics with small memberships address a broader politics, and develop a collaborative commitment. T / F

2. Tiny publics that hope to shape society are very important in improving society. T / F

정답 1. T 2. T

13번 Mini Test 3

디지털 기술의 발전과 개인의 책임

| Keywords | digital humanism, machine, automata, human responsibility, autonomous systems

❶ [The utopia of digital humanism] / demands a consistent departure from the paradigm of the machine. //
(→ 주어; → 술어 동사)
디지털 휴머니즘의 유토피아는 / 기계 패러다임에서 일관되게 벗어날 것을 요구한다 //

❷ Neither nature as a whole nor humans / should be conceived of as machines. //
(→ neither A nor B: A도 B도 아닌)
자연 전체도 인간도 (아닌) / 기계로 생각해서는 안 된다 //

❸ The world is not a clock, / and humans are not *automata*. //
세상은 시계가 아니다 / 그리고 인간은 '자동 인형'이 아니다 //

❹ Machines can expand, even strengthen, / the scope [of human agency and creative power]. //
(→ 전치사구)
기계는 확장하고 심지어 강화할 수도 있다 / 인간의 행위 능력과 창조력의 범위를 //

❺ They can be used / for the good and to the detriment / of the development of humanity, / but they cannot replace / [{the human responsibility of individual agents} / and {the cultural and social responsibility of human societies}]. //
(→ = Machines; → replace의 목적어(명사구); 병렬 구조)
그것(기계)들은 사용될 수 있다 / 도움이 되거나 해를 입히는 데 / 인류의 발전에 / 하지만 그것들은 대체할 수는 없다 / 개별적 행위자의 인간적 책임을 / 그리고 인간 사회의 문화적 그리고 사회적 책임을 //

❻ Paradoxically, / the responsibility [of individuals and groups] / is broadened / by machine technology and digital technologies. //
(→ 전치사구; → 수동태)
역설적으로 / 개인과 집단의 책임은 / 넓어진다 // 기계 기술과 디지털 기술에 의해 //

❼ The expanded possibilities of interaction / [enabled through {digital technologies} and {the development of communicative and interactive networks}] / rather present new challenges / for the ethos of responsibility, / [which the rational human being cannot avoid / by entrusting responsibility to autonomous systems, / whether they are robots or self-learning software systems]. //
(분사구; 병렬 구조; 관계절(new challenges for the ethos of responsibility에 대한 부가적 설명); → by -ing: ~함으로써; → whether ~ or ...: ~이든 …이든 간에; → = autonomous systems)
상호 작용의 확대된 가능성은 / 디지털 기술과 소통하고 상호 작용을 하는 네트워크의 발달을 통해 가능해진 / 도리어 새로운 난제를 제시하고 있다 / 책임 정신에 / 그것은 이성적인 인간이 피할 수 없다 / 자율적 시스템에 책임을 위임함으로써 / 그것들이 로봇이든 자가 학습 소프트웨어 시스템이든 간에 //

* automaton (*pl.* automata): 자동 인형, 자동 장치 ** detriment: 해, 손상 *** ethos: 정신

어휘

- □ digital humanism 디지털 휴머니즘
- □ consistent 일관된
- □ agency 행위 능력
- □ humanity 인류
- □ agent 행위자
- □ paradoxically 역설적으로
- □ enable 가능하게 하다
- □ rational 이성적인
- □ autonomous 자율적인

글의 흐름 파악

도입(❶~❸)		주장(❹~❺)		부연(❻~❼)
기계 패러다임의 탈피		인간적, 문화적, 사회적 책임		개인과 집단의 책임 확장
• 자연 전체나 인간을 기계로 생각해서는 안 됨 • 세상은 정해진 대로 움직이는 기계가 아니며 인간은 '자동 인형'이 아님	➡	• 기계는 인간의 행위 능력과 창조력의 범위를 확장하고 강화할 수 있음 • 기계는 개별적 행위자의 다양한 책임을 대체할 수 없음	➡	• 기계와 디지털 기술에 의해 개인과 집단의 책임이 넓어짐 • 책임 정신에 새로운 난제 제시 → 자율적 시스템에 책임을 위임함으로써 이성적 인간이 피할 수 없음

전문 해석

❶디지털 휴머니즘의 유토피아는 기계 패러다임에서 일관되게 벗어날 것을 요구한다. ❷자연 전체도 인간도 기계로 생각해서는 안 된다. ❸세상은 시계(정해진 대로 움직이는 기계)가 아니며, 인간은 '자동 인형'이 아니다. ❹기계는 인간의 행위 능력과 창조력의 범위를 확장하고 심지어 강화할 수도 있다. ❺그것(기계)들은 인류의 발전에 도움이 되거나 해를 입히는 데 사용될 수 있지만, 개별적 행위자의 인간적 책임과 인간 사회의 문화적 그리고 사회적 책임을 대체할 수는 없다. ❻역설적으로, 개인과 집단의 책임은 기계 기술과 디지털 기술에 의해 넓어진다. ❼디지털 기술과 소통하고 상호 작용을 하는 네트워크의 발달을 통해 가능해진 상호 작용의 확대된 가능성은 도리어 책임 정신에 새로운 난제를 제시하고 있는데, 그것은 이성적인 인간이 로봇이든 자가 학습 소프트웨어 시스템이든 간에 자율적 시스템에 책임을 위임함으로써 피할 수 없다.

구문 해설

❷ **Neither** nature as a whole **nor** humans should be conceived of as machines.

「neither ~ nor ...」는 '~도 …도 아닌'이라는 의미이다.

❺ They can be used for the good and to the detriment of the development of humanity, but they cannot replace [{the human responsibility of individual agents} and {the cultural and social responsibility of human societies}].

[ ]는 replace의 목적어이고, 두 개의 { }는 and로 연결되어 있다.

Quick Check 적절한 말 고르기

1. The utopia of digital humanism demands a [consistent / consistently] departure from the paradigm of the machine.
2. The expanded possibilities of interaction [blocked / enabled] through digital technologies and the development of communicative and interactive networks rather present new challenges for the ethos of responsibility, which the rational human being cannot avoid by entrusting responsibility to autonomous systems, whether they are robots or self-learning software systems.

정답 1. consistent 2. enabled

Mini Test 3

14번 환경 문제에서 과학의 권위

| Keywords | science, environmental issue, authority

❶ Science often even determines / [what becomes an environmental issue / in the first place]. //
과학은 흔히 결정하기조차 한다 / 무엇이 환경 문제가 되는지를 / 애초에 //
(what ~ place: determines의 목적어(명사절))

❷ [Several of the most serious environmental problems, / such as the transport of toxic pollutants over long distances, / depletion of the ozone layer, / and climate change], / were only recognized as problems / [once scientists had described them]. //
가장 심각한 환경 문제 중 몇 가지는 / 독성 오염 물질의 장거리 운송과 같은 / 오존층 감소 / 그리고 기후 변화 / 문제로 인식되었다 / 일단 과학자들이 이를 설명하고 나서야 //
(Several ~ change: 주어 / Several: 주어의 핵 / such as: ~과 같은 / were recognized: 술어 동사 / once ~ them: 부사절(일단 ~하고 나서))

❸ Indeed, / the view / [that an issue only exists / {once science has described it}] / is common in environmental politics. //
실제로 / 견해는 / 문제가 존재한다는 / 과학이 일단 문제를 설명하고 나서야 / 환경 정치에서 흔하다 //
(the view — that ~: 동격 관계 / once ~ it: 부사절(일단 ~하고 나서) / is: 술어 동사)

❹ For instance, / I am writing this on a hot September day, / [the air tinted an unhealthy orange]. //
예를 들어 / 나는 9월의 어느 더운 날 이 글을 쓰고 있는데 / 공기가 건강에 해로운 주황색으로 물들어 있다 //
(the air ~ orange: 분사구문(the air가 의미상 주어))

❺ The Ontario provincial government / has just announced / [it will upgrade its air quality monitoring network]. //
온타리오주 정부는 / 방금 발표했다 / 대기질 감시망을 개선할 것이라고 //
(it will ~ network: announced의 목적어(명사절))

❻ It already measures ground-level ozone, / [which, as a product of hot days and chemical reactions in the atmosphere, / is usually a problem only in summer]. //
그 감시망은 지표 근처의 오존을 이미 측정하고 있는데 / 그것은 더운 날과 대기 중 화학 반응의 산물로서 / 보통 여름에만 문제가 된다 //
(which ~ summer: 관계절(ground-level ozone을 부가적으로 설명))

❼ Soon / the network will also measure fine particulates, / [which may be present throughout the year]. //
곧 / 그 감시망은 미세 먼지도 측정할 것인데 / 그것은 일 년 내내 존재할지도 모른다 //
(which ~ year: 관계절(fine particulates를 부가적으로 설명))

❽ As a result, / the television reporter explained, / [poor air quality days may now occur / at any time of the year]. //
결과적으로 / 텔레비전 기자가 설명한 바로는 / 이제 대기질이 좋지 않은 날이 발생할 수 있다 / 일 년 중 언제라도 //
(poor ~ year: explained의 목적어(명사절))

❾ In effect, / "poor air quality" has become a state / [that only exists / {once it can be measured scientifically}]. //
사실상 / '나쁜 대기질'은 상태가 되었다 / 존재하는 / 일단 그것이 과학적으로 측정될 수 있고 나서야 //
(that ~: 관계절 / once ~ scientifically: 부사절(일단 ~하고 나서))

❿ Such is the authority of science / in environmental affairs. //
그러한 것이 바로 과학의 권위이다 / 환경 문제에서 //

* depletion: 감소, 고갈 ** tint: 물들이다, 빛깔을 내다 *** fine particulate: 미세 먼지

어휘

- □ determine 결정하다
- □ toxic 독성의
- □ pollutant 오염 물질
- □ provincial 주의, 지방의
- □ atmosphere 대기

글의 흐름 파악

도입(❶~❸)		예시(❹~❽)		결론(❾~❿)
환경 문제를 결정하는 과학		온타리오주 정부의 대기질 감시망 개선 발표		환경 문제에서 과학의 권위
• 과학은 무엇이 환경 문제가 되는지를 결정함 • 가장 심각한 환경 문제 중 몇 가지는 일단 과학자들이 이를 설명하고 나서야 문제로 인식됨	→	• 온타리오주 정부는 방금 대기질 감시망을 개선할 것이라고 발표했음 • 감시망은 지표 근처의 오존을 측정하고 미세 먼지도 측정할 것임 • 대기질이 좋지 않은 날이 일 년 중 언제라도 발생할 수 있음	→	• '나쁜 대기질'은 일단 그것이 과학적으로 측정될 수 있고 나서야 존재하는 상태가 되었음 • 그러한 것이 환경 문제에서 과학의 권위임

전문 해석

❶과학은 흔히 애초에 무엇이 환경 문제가 되는지를 결정하기조차 한다. ❷독성 오염 물질의 장거리 운송, 오존층 감소, 기후 변화와 같은 가장 심각한 환경 문제 중 몇 가지는 일단 과학자들이 이를 설명하고 나서야 문제로 인식되었다. ❸실제로 과학이 일단 문제를 설명하고 나서야 문제가 존재한다는 견해는 환경 정치에서 흔하다. ❹예를 들어, 나는 9월의 어느 더운 날 이 글을 쓰고 있는데, 공기가 건강에 해로운 주황색으로 물들어 있다. ❺온타리오주 정부는 방금 대기질 감시망을 개선할 것이라고 발표했다. ❻그 감시망은 지표 근처의 오존을 이미 측정하고 있는데, 그것은 더운 날과 대기 중 화학 반응의 산물로서 보통 여름에만 문제가 된다. ❼곧 그 감시망은 미세 먼지도 측정할 것인데, 그것은 일 년 내내 존재할지도 모른다. ❽결과적으로, 텔레비전 기자가 설명한 바로는, 이제 대기질이 좋지 않은 날이 일 년 중 언제라도 발생할 수 있다. ❾사실상 '나쁜 대기질'은 일단 그것이 과학적으로 측정될 수 있고 나서야 존재하는 상태가 되었다. ❿그러한 것이 바로 환경 문제에서 과학의 권위이다.

구문 해설

❷ [**Several** of the most serious environmental problems, such as the transport of toxic pollutants over long distances, depletion of the ozone layer, and climate change], **were** only recognized as problems [once scientists had described them].

[ ]가 주어이며 주어의 핵이 Several이므로 술어 동사는 복수형 동사인 were가 쓰였다. 두 번째 [ ]는 접속사 once가 이끄는 부사절이다.

❸ Indeed, the view [that an issue only exists {once science has described it}] is common in environmental politics.

[ ]는 the view와 동격 관계에 있는 명사절이고, { }는 접속사 once가 이끄는 부사절이다.

Quick Check 적절한 말 고르기

1. It already measures ground-level ozone, which, as a product of hot days and chemical reactions in the atmosphere, is / being usually a problem only in summer.
2. In effect, "poor air quality" has become a state where / that only exists once it can be measured scientifically.

정답 1. is 2. that

15번 자녀의 능력에 대한 너무 이른 기대

Mini Test 3

| Keywords | parents, overstimulate, unusual abilities, children

to부정사구

❶The temptation and desire of some parents / [to take advantage of and overstimulate
일부 부모가 유혹에 빠져 그것을 갈망하는 것은 / 자녀의 특별한 능력을 이용하고 지나치게 자극하려는 /

술어 동사

unusual abilities of their children] / cause some children to be rushed through infancy
일부 아이들로 하여금 너무 빨리 유아기를 거쳐 가게 한다 //

관계절

too rapidly. // ❷This is apparent / in the pride of the father and mother / [who tell of a
이는 분명히 드러난다 / 부모의 자부심에서 / 자녀에 대해 이야기

관계절

child / {who never used "baby talk" / but pronounced words with clarity / from an early
하는 / '아기 말'을 전혀 사용하지 않고 / 하지만 또렷하게 단어를 발음한 / 어릴 때부터 /

관계절(위의 the father and mother 수식)

period}], / or [who boast of a child / {who was trained to bladder control / before the
혹은 자녀에 대해 자랑하는 / 방광을 제어하도록 훈련된 / 처음 몇 달이

관계절

first few months were over}]. // ❸These are samples of achievements of questionable
지나가기도 전에 // 이것들은 가치가 의심스러운 성취의 표본이다 /

관계절

value, / as they are not natural for the level of development / [at which the child was]. //
왜냐하면 그것은 발달 단계에 자연스럽지 않기 때문이다 / 아이가 처한 //

❹Too frequently / such a child will begin to talk "baby talk" / or develop enuresis /
너무 잦아서 / 그런 아이는 '아기 말'을 하기 시작하거나 / 혹은 야뇨증이 생기기 시작하는 경우가 /

부사절(시간) 관계절

[when he is four or five years old], / much to the discouragement of the parents / [who
네댓 살이 되면 / 부모들은 몹시 낙담하게 된다 / 자신의

had come to regard their child as "grown up."] // ❺An unhappy, neurotic girl of fourteen /
자녀를 '어른'으로 여기게 되었던 // 14세의 불행한 신경과민의 한 소녀는 /

her major complaint가 의미상 주어임 형식상의 주어

formulated her major complaint / as [being that she was "born too soon,"] / and it was
자신의 주요 불만을 표현했다 / '너무 빨리 태어났다(충분히 유아 시기를 보내지 못했다)'는 것이라고 / 그리고 사실이었다 /

내용상의 주어 관계절(앞의 내용에 대한 부가적 설명)

true / [that she never had had the chance to be an infant, / {which fact, in turn, distorted
그녀에게 유아가 될 기회가 전혀 없었던 것이 / 이 사실은 결국 아이인 상태의 만족감을 왜곡했다 //

the satisfactions of being a child}]. //

* bladder: 방광 ** enuresis: 야뇨증 *** neurotic: 신경과민의

어휘

- □ temptation 유혹, 유혹됨
- □ overstimulate 지나치게 자극하다
- □ pronounce 발음하다
- □ boast of ~을 자랑스러워하다
- □ formulate 표현하다
- □ take advantage of ~을 이용하다
- □ apparent 분명히 드러나는
- □ clarity 또렷함
- □ discouragement 낙담
- □ distort 왜곡하다

글의 흐름 파악

전개(❶)	전개(❷~❸)	결론(❹~❺)
자녀의 특별한 능력에 대한 부모의 자랑	의심스러운 성취의 표본	왜곡된 아이인 상태의 만족감
일부 부모가 자녀의 특별한 능력을 이용하고 지나치게 자극하려는 유혹에 빠져 그것을 갈망하는 것은 일부 아이들로 하여금 너무 빨리 유아기를 거쳐 가게 함	• 아기 말을 사용하지 않고 어릴 때부터 또렷하게 단어를 발음하는 자녀, 처음 몇 달이 지나기도 전에 방광을 제어하도록 훈련된 자녀에 대한 부모의 자부심 • 이것들은 가치가 의심스러운 성취의 표본임	• 네댓 살에 아기 말을 시작하거나 야뇨증이 생기기 시작하는 경우 부모는 낙담함 • 너무 빨리 태어나 유아가 될 기회가 없었던 소녀의 경우 아이인 상태의 만족감을 왜곡한 것임

전문 해석

❶일부 부모가 자녀의 특별한 능력을 이용하고 지나치게 자극하려는 유혹에 빠져 그것을 갈망하는 것은 일부 아이들로 하여금 너무 빨리 유아기를 거쳐 가게 한다. ❷이는 '아기 말'을 전혀 사용하지 않고 어릴 때부터 또렷하게 단어를 발음한 자녀에 대해 이야기하거나, 혹은 처음 몇 달이 지나가기도 전에 방광을 제어하도록 훈련된 자녀에 대해 자랑하는 부모의 자부심에서 분명히 드러난다. ❸이것들은 가치가 의심스러운 성취의 표본인데, 왜냐하면 그것은 아이가 처한 발달 단계에 자연스럽지 않기 때문이다. ❹그런 아이는 네댓 살이 되면 '아기 말'을 하기 시작하거나 야뇨증이 생기기 시작하는 경우가 너무 잦아서, 자신의 자녀를 '어른'으로 여기게 되었던 부모들은 몹시 낙담하게 된다. ❺14세의 불행한 신경과민의 한 소녀는 자신의 주요 불만을 '너무 빨리 태어났다(충분히 유아 시기를 보내지 못했다)'는 것이라고 표현했는데, 그녀에게 유아가 될 기회가 전혀 없었던 것이 사실이었고, 이 사실은 결국 아이인 상태의 만족감을 왜곡했다.

구문 해설

❸ **These are samples of achievements of questionable value, as they are not natural for the level of development [at which the child was].**

[ ]는 the level of development를 수식하는 관계절이다.

❺ **An unhappy, neurotic girl of fourteen formulated her major complaint as [being that she was "born too soon,"] and it was true [that she never had had the chance to be an infant, {which fact, in turn, distorted the satisfactions of being a child}].**

첫 번째 [ ]의 의미상의 주어는 her major complaint이다. it은 형식상의 주어이고 두 번째 [ ]가 내용상의 주어이다. { }는 앞의 내용을 부가적으로 설명하는 관계절이다.

Quick Check T, F 고르기

1. It is the temptation and desire of some parents to take advantage of and overstimulate unusual abilities of their children that cause some children to be rushed through infancy too rapidly. T / F

2. Parents who had come to regard their child as "grown up" are pleased when their child begin to talk "baby talk" or develop enuresis when he is four or five years old. T / F

정답 1. T 2. F

16번 독서를 통한 글쓰기 향상법

Mini Test 3

| Keywords | deliberate, read, effective, writing, imitate, avoid

→ pay attention to: ~에 주의를 기울이다

❶You can learn a lot / by paying deliberate attention to your reactions / as you read. //
여러분은 많은 것을 배울 수 있다 / 자신의 반응에 의도적으로 주의를 기울임으로써 / 여러분이 글을 읽을 때 //

→ 목적격 보어

❷If you find a paper [particularly easy or pleasurable to read], / what made it so? //
만약 여러분이 어떤 논문이 읽기가 특별히 쉽거나 즐겁다고 생각한다면 / 무엇이 그것을 그렇게 만들었는가 //

→ 간접의문문(의문사구+did you think ~?)

❸[What wording, structure, or graphics / did you think / were effective?] // ❹If you found
어떤 표현, 구조 또는 그래픽이 / 여러분은 생각했는가 / 효과적이라고 // 만약 여러분이 논문이

관계절

a paper hard, / what elements made you struggle? // ❺Can you imagine a change / [that
어렵다고 생각했다면 / 어떤 요소들이 여러분을 힘겹게 했는가 // 여러분은 변화를 상상할 수 있는가 / 그 글을

→ offers의 목적어

would have made the writing clearer]? // ❻Steven Pinker offers / [some concrete
더 명료하게 만들었을 // Steven Pinker는 제시한다 / 이 글 읽기 방식의 몇 가지

examples of this way of reading]. // ❼Make notes about examples of effective or
구체적인 예를 // 효과적이거나 효과적이지 않은 글의 사례를 적어라 /

ineffective writing / and save them in a folder for later reference. // ❽When you write, /
그리고 나중에 참조할 수 있도록 폴더에 그것을 저장하라 // 글을 쓸 때 /

→ imitate의 목적어(명사절) → avoid의 목적어 → re-creating의 목적어

imitate [what you liked] / and avoid [re-creating {what you didn't}]. // ❾Actually, / doing
좋아했던 것을 모방하라 / 그리고 그러지 않았던 것을 재현하는 것을 피하라 // 사실 / 이것을

→ of의 목적어 부사절(시간)

this deliberately is just an extension / of [what you've been doing subconsciously / {ever
의도적으로 하는 것은 확장일 뿐이다 / 여러분이 잠재의식적으로 해 오고 있는 것의 / 글을

since you learned to read}]. // ❿Just as children develop an ear for spoken language /
읽는 것을 배운 이후로 // 아이들이 구어에 대한 식별력을 발달시키는 것처럼 /

→ by의 목적어

by [listening to their families, friends, and neighbors] — / and therefore speak with a
그들의 가족, 친구, 그리고 이웃의 말에 귀를 기울임으로써 / 그리하여 어휘와 억양으로 말을 하는 (것처럼) /

관계절

vocabulary and accent / [that can pinpoint their origins] / decades later — / so you
그 기원을 정확히 보여 줄 수 있는 / 수십 년 뒤에 / 그렇게 여러분은

관계절

develop an ear for written language by reading. // ⓫Things [you've liked as a reader] /
글 읽기를 통해 문어에 대한 식별력을 발달시킨다 // 독자로서 좋아했던 것이 /

will naturally crop up in your writing, / but you can greatly accelerate the process / with
여러분의 글에 자연스럽게 나타날 것이다 / 하지만 여러분은 그 과정을 크게 가속할 수 있다 / 그 문제에

some conscious attention to the matter. //
대한 약간의 의식적인 주의 집중으로 //

* crop up: (불쑥) 나타나다

어휘

- □ deliberate 의도적인, 신중한
- □ wording (신중히 골라 쓴) 표현
- □ element 요소
- □ concrete 구체적인
- □ reference 참조
- □ imitate 모방하다
- □ extension 확장
- □ subconsciously 잠재의식적으로
- □ ear 식별력, 이해력
- □ vocabulary 어휘
- □ pinpoint (위치 · 시간을) 정확히 보여 주다[찾아내다]

글의 흐름 파악

요지(❶)	설명 1(❷~❺)	설명 2(❻~❽)	설명 3(❾~⓫)
읽기에서 배우기	반응에 주목하기	모방하기	해 오던 것의 확장
글을 읽을 때 자신의 반응에 의도적으로 주의하여 쓰는 것을 배움	• 읽은 논문이 쉽거나 즐겁거나 효과적이거나 어렵다고 생각한 경우 그 요소를 구체적으로 생각하기 • 글을 명료하게 만들었을 변화를 상상하기	• 효과적이거나 효과적이지 않은 글의 사례를 적어 폴더에 저장하기 • 글을 쓸 때, 좋아했던 것을 모방하고 그러지 않았던 것의 재현을 피하기	• 읽기를 배운 이후로, 글 읽기를 통해 문어에 대한 식별력을 발달시킴 • 주의 집중으로 읽으면서 배우는 과정을 가속할 수 있음

전문 해석

❶여러분은 글을 읽을 때 자신의 반응에 의도적으로 주의를 기울임으로써 많은 것을 배울 수 있다. ❷만약 여러분이 어떤 논문이 읽기가 특별히 쉽거나 즐겁다고 생각한다면, 무엇이 그것을 그렇게 만들었는가? ❸어떤 표현, 구조 또는 그래픽이 효과적이라고 여러분은 생각했는가? ❹만약 여러분이 논문이 어렵다고 생각했다면, 어떤 요소들이 여러분을 힘겹게 했는가? ❺여러분은 그 글을 더 명료하게 만들었을 변화를 상상할 수 있는가? ❻Steven Pinker는 이 글 읽기 방식의 몇 가지 구체적인 예를 제시한다. ❼효과적이거나 효과적이지 않은 글의 사례를 적어 나중에 참조할 수 있도록 폴더에 그것을 저장하라. ❽글을 쓸 때, 좋아했던 것을 모방하고 그러지 않았던 것을 재현하는 것을 피하라. ❾사실, 이것을 의도적으로 하는 것은 여러분이 글을 읽는 것을 배운 이후로 잠재의식적으로 해 오고 있는 것의 확장일 뿐이다. ❿아이들이 그들의 가족, 친구, 그리고 이웃의 말에 귀를 기울임으로써 구어에 대한 식별력을 발달시키는 — 그리하여 수십 년 뒤에 그 기원을 정확히 보여 줄 수 있는 어휘와 억양으로 말을 하는 — 것처럼 그렇게 여러분은 글 읽기를 통해 문어에 대한 식별력을 발달시킨다. ⓫독자로서 좋아했던 것이 여러분의 글에 자연스럽게 나타날 것이지만, 여러분은 그 문제에 대한 약간의 의식적인 주의 집중으로 그 과정을 크게 가속할 수 있다.

배경 지식

독서와 글쓰기 능력의 상관관계

글을 잘 쓰는 사람들은 대부분 독서를 많이 하는 사람들이다. 글을 상대적으로 많이 읽지 않지만 자신의 경험에 대한 성찰을 중심으로 글을 잘 쓰는 사람과 같은 예외는 있다. 독서를 많이 하는 사람들이 모두 글을 잘 쓰는 것은 아니다. 글쓰기에는 논리력, 분석적 사고 능력, 종합적 사고 능력, 창의력, 단어 선택 능력, 문장 조합 능력 등이 필요하다. 게다가 글을 잘 쓰려면 글을 많이 써 봐야 한다.

구문 해설

❽ **When you write, imitate [what you liked] and avoid [re-creating {what you didn't}].**

첫 번째 [ ]는 imitate의 목적어이다. 동명사구인 두 번째 [ ]는 avoid의 목적어이고, { }는 re-creating의 목적어이다.

❾ **Actually, doing this deliberately is just an extension of [what you've been doing subconsciously {ever since you learned to read}].**

[ ]는 of의 목적어이고, { }는 시간을 나타내는 부사절이다.

Quick Check 어순 배열하기

1. If you (a, find, paper, pleasurable, read, to), what made it so?
2. (did, graphics, think, what, you) were effective?

정답 1. find a paper pleasurable to read 2. What graphics did you think

17번 Mini Test 3

18세기 말 이후 평등의 진전

| Keywords | equality, unjust, developments, criterion

[1] At least since the end of the eighteenth century, / there has been [a historical movement toward equality]. // [2] The world of the early 2020s, / [no matter how unjust it may seem], / is more egalitarian / than that of 1950 or that of 1900, / [which were themselves in many respects more egalitarian / than those of 1850 or 1780]. // [3] The precise developments vary / depending on [the period], / and on [whether we are studying inequalities between social classes / {defined by legal status, ownership of the means of production, income, education, national or ethno-racial origin}]. // [4] But over the long term, / [no matter which criterion we employ], / we arrive at the same conclusion. // [5] Between 1780 and 2020, / we see developments tending toward [greater equality / of status, property, income, genders, and races] / within most regions and societies on the planet, / and to a certain extent / when we compare these societies on the global scale. // [6] If we adopt a global, multidimensional perspective on inequalities, / we can see / [that, in several respects, {this advance toward equality} has also continued / during the period from 1980 to 2020, / {which is more complex and mixed / than is often thought}]. //

(주석) 주어 / 부사절(양보) / 관계절(that of 1950 or that of 1900를 부가적으로 설명) / =the world / =the world / the worlds / depending on의 목적어 / (depending) on의 목적어 / 분사구 / 부사절(양보) / toward의 목적어 / see의 목적어(명사절) / 명사절의 주어 / 관계절(앞 내용을 부가적으로 설명)

(해석) 적어도 18세기 말부터 / 평등 쪽으로 역사상의 움직임이 있었다 // 2020년대 초반의 세계는 / 아무리 불공평하게 보일지라도 / 더 평등하다 / 1950년의 세계나 1900년의 세계보다 / 그것들 자체는 많은 측면에서 더 평등했다 / 1850년이나 1780년의 세계보다 // 정확한 발전의 결과는 달라진다 / 시기에 따라 / 그리고 우리가 사회 계층 간의 불평등을 연구하고 있는지의 여부에 따라 / 법적 지위, 생산 수단 소유권, 소득, 교육, 국가적 혹은 민족·인종적 기원에 의해 정의되는 // 그러나 장기적으로 / 우리가 어떤 기준을 사용하든 / 우리는 같은 결론에 도달한다 // 1780년과 2020년 사이에 / 우리는 발전의 결과가 더 큰 평등으로 나아가고 있는 것을 보고 있다 / 지위, 재산, 소득, 성별 및 인종의 / 지구상 대부분의 지역과 사회 내에서 / 그리고 어느 정도는 / 우리가 이 사회들을 세계적 규모에서 비교할 때 // 우리가 불평등에 대한 세계적이고 다차원적인 관점을 채택한다면 / 우리는 알 수 있다 / 여러 측면에서 평등을 향한 이 진전이 또한 지속되었다는 것을 / 1980년부터 2020년까지의 기간에 / 이는 더 복잡하고 뒤섞여 있다 / 흔히 생각되는 것보다 //

* egalitarian: 평등한

어휘

- □ unjust 불공평한, 부당한
- □ ethno-racial 민족·인종의
- □ scale 규모, 척도
- □ respect 측면, 점
- □ criterion (판단) 기준
- □ multidimensional 다차원적인
- □ status 지위
- □ property 재산, 특성
- □ advance 진전, 발전

글의 흐름 파악

요지(❶)	설명 1(❷)	설명 2(❸~❹)	설명 3(❺)	설명 4(❻)
평등 쪽으로 역사상의 움직임	시기별 경향	기준별 경향	지역별 경향	최근의 경향
18세기 말부터 평등 쪽으로 역사상의 움직임이 있었음	세계는 2020년대 초반이 1950년이나 1900년보다, 그 두 시기는 1850년이나 1780년보다 더 평등함	법적 지위, 생산 수단 소유권, 소득, 교육, 국가적 혹은 민족 · 인종적 기원에 따른 사회 계층 간의 불평등의 연구 기준을 달리해 보아도 장기적으로 평등으로의 경향	전 세계 대부분 지역과 사회 내에서, 그리고 세계적 규모에서 평등으로의 경향	평등으로의 진전은 1980년부터 2020년의 기간에도 지속되었음

전문 해석

❶적어도 18세기 말부터 평등 쪽으로 역사상의 움직임이 있었다. ❷2020년대 초반의 세계는 아무리 불공평하게 보일지라도 1950년의 세계나 1900년의 세계보다 더 평등한데, 그것들 자체는 많은 측면에서 1850년이나 1780년의 세계보다 더 평등했다. ❸정확한 발전의 결과는 시기에 따라, 그리고 우리가 법적 지위, 생산 수단 소유권, 소득, 교육, 국가적 혹은 민족 · 인종적 기원에 의해 정의되는 사회 계층 간의 불평등을 연구하고 있는지의 여부에 따라 달라진다. ❹그러나 장기적으로 우리가 어떤 기준을 사용하든, 우리는 같은 결론에 도달한다. ❺1780년과 2020년 사이에, 지구상 대부분의 지역과 사회 내에서, 그리고 어느 정도는 우리가 이 사회들을 세계적 규모에서 비교할 때, 발전의 결과가 지위, 재산, 소득, 성별 및 인종의 더 큰 평등으로 나아가고 있는 것을 보고 있다. ❻불평등에 대한 세계적이고 다차원적인 관점을 채택한다면, 우리는 여러 측면에서 평등을 향한 이 진전이 1980년부터 2020년까지의 기간에도 지속되었는데, 이는 흔히 생각되는 것보다 더 복잡하고 뒤섞인 것임을 알 수 있다.

배경 지식

평등(equality)

평등의 논의는 '형식적 평등'과 '실질적 평등', '기회의 평등'과 '결과의 평등'으로 진행되기도 한다. '형식적 평등'은 개개의 사람을 동등하게 다루는 것이고 '실질적 평등'은 사실상 불리한 위치에 있는 자를 보다 유리하게 다룸으로써 결과의 평등을 추구한다. '기회의 평등'은 여러 특권을 폐기하고 전원에게 평등한 기회를 보장하고자 하며, '결과의 평등'은 기회의 평등의 조건이 만족되어도 결과적으로 발생하는 불평등을 바로잡고자 한다.

구문 해설

❷ The world of the early 2020s, [no matter how unjust it may seem], is more egalitarian than **that** of 1950 or **that** of 1900, [which were themselves in many respects more egalitarian than **those** of 1850 or 1780].

첫 번째 [ ]는 양보를 나타내는 부사절이고, 두 번째 [ ]는 that of 1950 or that of 1900을 부가적으로 설명하는 관계절이다. that은 둘 다 the world를 대신하고 those는 the worlds를 대신한다.

❸ The precise developments vary depending on [the period], and on [whether we are studying inequalities between social classes {defined by legal status, ownership of the means of production, income, education, national or ethno-racial origin}].

첫 번째 [ ]는 depending on의 목적어이고, 두 번째 [ ]는 (depending) on의 목적어이다. { }는 social classes를 수식하는 분사구이다.

Quick Check T, F 고르기 / 어순 배열하기

1. There has been a historical trend toward equality since the late 18th century. T / F
2. Over the long term, (criterion, employ, matter, no, we, which), we arrive at the same conclusion.

정답 1. T 2. no matter which criterion we employ

18번 토양 탄소 격리의 긍정적 효과

Mini Test 3

| Keywords | soil carbon sequestration, transfer, CO_2

부사구 / 동명사 주어
❶[In the context of global climate change], / [understanding the carbon sequestration
지구 기후 변화의 상황에서 / 토양의 탄소 격리 잠재력을 이해하는 것이 /

술어 동사
potential of soils] / has assumed renewed importance. // ❷Soil carbon sequestration /
새로워진 중요성을 띠어 왔다 // 토양 탄소 격리는 /

~을 가리키다 / 목적어
refers to [the process of transfer of CO_2 / from the atmosphere into the soil / through
이산화 탄소를 이동하는 과정을 가리킨다 / 대기에서 토양 안으로 / 다양한 원천을

various sources의 구체적 예시 / ~ 등
various sources, / {such as plant residues, organic solids and so on}]. // ❸The soil
통해 / 식물 잔류물, 유기 고체 등과 같은 // 토양 탄소

help+to *do*/동사원형: ~하는 데 도움이 되다 / counterbalance의 목적어
carbon sequestration / significantly helps counterbalance / [emissions from / {fossil fuel
격리는 / 균형을 맞추는 데 크게 도움이 된다 / ~에서 나오는 배출물의 / 화석 연료 연소 /

병렬 구조 / 분사구문(The soil carbon sequestration을 의미상의 주어로 함) / 병렬 구조
combustion} / and {other carbon-emitting activities}] / [while enhancing / {soil quality} /
그리고 다른 탄소 배출 활동 / 향상하면서 / 토질 /

부사절(대조) / 주어
and {long-term crop productivity}]. // ❹[While in the atmosphere, / {the enhanced levels
그리고 장기적인 작물 생산성을 // 하지만 대기 중에서 / 탄소의 높아진 수치는 /

매우 / 부사구(이유) / =carbon's
of carbon} / are highly undesirable / {due to its contribution / to global warming and
매우 바람직하지 않다 / 원인을 제공하기 때문에 / 지구 온난화와 온실 효과의 /

술어 동사(levels에 수 일치) / 주어 / 술어 동사(amounts에 수 일치)
greenhouse effect}], / in soil systems / [higher amounts of carbon] / are very much
토양 시스템에서는 / 더 많은 양의 탄소가 / 매우 바람직하다 //

주어
desirable. // ❺This is because / in soils, / [higher amounts of organic carbon] / contribute
이것은 ~이기 때문이다 / 토양에서 / 더 많은 양의 유기 탄소가 / 토양 건강에 크게

부사구 / 병렬 구조(on의 목적어)
significantly to soil health / [in terms of its influence / on {soil structure}, {biological
기여한다 / 영향 측면에서 / 토양 구조, 생물 구성 및 미생물 활동에 미치는 //

composition} and {microbial activity}]. //

* carbon sequestration: 탄소 격리 ** residue: 잔류물 ** combustion: 연소

어휘

- ☐ potential 잠재력
- ☐ renewed 새로워진
- ☐ transfer 이동, 전달
- ☐ counterbalance (반대되는 힘으로) 균형을 맞추다
- ☐ fossil fuel 화석 연료
- ☐ crop 작물
- ☐ in terms of ~의 측면에서
- ☐ microbial 미생물의
- ☐ assume (특질 · 양상을) 띠다, 취하다
- ☐ refer to ~을 가리키다, ~과 관련 있다
- ☐ solid 고체
- ☐ emission 배출물, 배출
- ☐ enhance 향상하다, 높이다
- ☐ contribution 원인 제공, 기여
- ☐ composition 구성

글의 흐름 파악

도입(❶)		전개(❷~❸)		결론(❹~❺)
토양 탄소 격리의 잠재력	→	토양 탄소 격리의 효과	→	탄소 격리가 토양 건강에 미치는 효과
토양의 탄소 격리 잠재력을 이해하는 것이 새로워진 중요성을 띠어 옴		토양 탄소 격리는 토질과 장기적인 작물 생산성을 향상하면서 화석 연료와 다른 탄소 배출 활동에서 나오는 배출물의 균형을 맞추는 데 크게 도움이 됨		더 많은 유기 탄소가 토양 건강에 크게 기여하기 때문에, 토양 시스템에서의 더 많은 탄소는 매우 바람직함

전문 해석

❶지구 기후 변화의 상황에서 토양의 탄소 격리 잠재력을 이해하는 것이 새로워진 중요성을 띠어 왔다. ❷토양 탄소 격리는 식물 잔류물, 유기 고체 등과 같은 다양한 원천을 통해 이산화 탄소를 대기에서 토양 안으로 이동하는 과정을 가리킨다. ❸토양 탄소 격리는 토질과 장기적인 작물 생산성을 향상하면서 화석 연료 연소와 다른 탄소 배출 활동에서 나오는 배출물의 균형을 맞추는 데 크게 도움이 된다. ❹대기 중에서 탄소의 높아진 수치는 지구 온난화와 온실 효과의 원인을 제공하기 때문에 매우 바람직하지 않지만, 토양 시스템에서는 더 많은 양의 탄소가 매우 바람직하다. ❺이것은 토양에서 더 많은 양의 유기 탄소가 토양 구조, 생물 구성 및 미생물 활동에 미치는 영향 측면에서 토양 건강에 크게 기여하기 때문이다.

구문 해설

❹ [While in the atmosphere, the enhanced levels of carbon are highly undesirable {**due to** its contribution to global warming and greenhouse effect}], in soil systems higher amounts of carbon are very much desirable.

[ ]는 While이 이끄는 부사절이며, { }는 '~ 때문에'라는 의미의 전치사 due to가 이끄는 부사구이다.

❺ This is because in soils, [higher **amounts** of organic carbon] **contribute** significantly to soil health [**in terms of** its influence on soil structure, biological composition and microbial activity].

첫 번째 [ ]는 문장의 주어로, 주어의 핵심어가 amounts이므로 복수형 동사 contribute가 사용되었다. 두 번째 [ ]는 '~ 측면에서'라는 의미의 전치사구 in terms of가 이끄는 부사구이다.

Quick Check 빈칸 완성하기

1. In the context of global climate change, understanding the carbon sequestration potential of soils has assumed renewed i______________.

2. The soil carbon sequestration significantly helps counterbalance emissions from fossil fuel combustion and other carbon-emitting activities while enhancing soil quality and long-term crop p______________.

정답 1. (i)mportance 2. (p)roductivity

19번 소리 세기 전쟁

Mini Test 3

| Keywords | loudness, prefer, amplitude

→ 부사절(~할 때마다) / 병렬 구조
❶We create sonic space / [every time we press "play" / on our {smartphones} / and {CD
우리는 소리의 공간을 만든다 / '재생' 버튼을 누를 때마다 / 우리의 스마트폰과 / CD 재생기의 /

→ 부사절(이유) / → have의 목적어
players} / at home]. // ❷[Because we have / {an abundant choice of music}], / albums and
집에서 // 우리는 가지고 있으므로 / 풍부한 음악 선택권을 / 앨범과 트랙은 경쟁

tracks are set into competition / with one another / for our attention. // ❸The loudest
상태에 놓인다 / 서로 / 우리의 관심을 끌기 위해 // 가장 소리가 큰 것이

→ = albums and tracks / → 비록 ~이라고 할지라도 / → think의 목적어(접속사 that 생략)
ones usually win, / even if we think / [we have no preference for loudness]. // ❹Our
보통 이긴다 / 비록 우리가 생각할지라도 / 큰 소리를 선호하지 않는다고 // 우리의

brains consistently judge / louder music / as "better." // ❺Moreover, our brains also
뇌는 일관되게 판단한다 / 더 소리가 큰 음악을 / '더 좋다'고 // 게다가 우리의 뇌는 또한 음악을 선호한다 /

관계절 / → have+목적어+과거분사: ~이 …되도록 하다
prefer music / [that has had its quiet passages amplified]. // ❻This psychological quirk /
조용한 악절이 증폭된 // 이런 심리적인 별난 점이 /

병렬 구조
sparked the "loudness wars," / [starting with CDs / in the 1990s] / and [continuing to the
'소리의 세기 전쟁'을 촉발했다 / 이는 CD를 시작으로 / 1990년대 / 그리고 현재까지 이어지고 있다 //

→ increase의 목적어 / → of의 목적어
present day]. // ❼Producers increase / [the amplitude / of {every part of the music}], /
제작자들은 증가시킨다 / 진폭을 / 음악의 모든 부분의 /

→ 분사구문(결과) / → A / turn A into B: A를 B로 바꾸다 / → B / 동격 관계
[turning {the variable loudness of a piece of music} / into {what they call a brick wall}, / {a
한 곡의 가변적인 소리의 세기를 바꾼다 / 그들이 'brick wall'이라고 부르는 것으로 /

관계절
final product / ⟨in which every part of the track / is boosted / to the highest level
즉 최종 결과물 / 트랙의 모든 부분이 / 상승하는 / 가능한 최고 수준으로 //

→ 주어 / → shows의 목적어
possible⟩}]. // ❽[The resulting sound file / on a computer screen] / shows [a tall and
그 결과로 생기는 소리 파일은 / 컴퓨터 화면상에서의 / 높고 변화 없는 강도의 벽을

→ 부사구
unvarying wall of intensity] / [instead of the ups and downs / of the volume of most
보여 준다 / 상승과 하강 대신 / 대부분의 라이브 음악 음량의 //

live music]. // ❾The overall impression is of louder, more present music. //
전체적인 느낌은 더 크고 더 존재감이 있는 음악이다 //

* sonic: 소리의 ** quirk: (사람의 성격에서) 별난 점, 기벽 *** amplitude: 진폭

어휘

- ☐ abundant 풍부한
- ☐ loudness 큰 소리, 소리의 세기
- ☐ passage 악절
- ☐ spark 촉발하다
- ☐ unvarying 변화 없는
- ☐ impression 느낌
- ☐ preference 선호
- ☐ consistently 일관되게, 항상
- ☐ amplify 증폭하다
- ☐ variable 가변적인
- ☐ intensity 강도
- ☐ present 존재감이 있는, 존재하는

글의 흐름 파악

전개(❶~❷)		전개(❸~❼)		결론(❽~❾)
우리의 관심을 끌기 위해 경쟁하는 음악		소리의 세기 전쟁의 촉발		높고 변화 없는 강도의 소리 세기의 벽
우리는 풍부한 음악 선택권을 가지고 있으므로, 앨범과 트랙은 우리의 관심을 끌기 위해 서로 경쟁하기 시작함	→	우리의 뇌는 일관되게 소리가 더 큰 음악을 더 좋다고 판단하므로, 가장 소리가 큰 것이 보통 이기며, 이런 심리적 별난 점이 소리의 세기 전쟁을 촉발함	→	그 결과로 생기는 컴퓨터 화면상의 소리 파일은 대부분의 라이브 음악 음량의 상승과 하강 대신 높고 변화 없는 강도의 벽을 보여 줌

전문 해석

❶우리는 집에서 스마트폰과 CD 재생기의 '재생' 버튼을 누를 때마다 소리의 공간을 만든다. ❷우리는 풍부한 음악 선택권을 가지고 있으므로, 앨범과 트랙은 우리의 관심을 끌기 위해 서로 경쟁 상태에 놓인다. ❸비록 우리가 큰 소리를 선호하지 않는다고 생각할지라도, 가장 소리가 큰 것이 보통 이긴다. ❹우리의 뇌는 일관되게 더 소리가 큰 음악을 '더 좋다'고 판단한다. ❺게다가 우리의 뇌는 또한 조용한 악절이 증폭된 음악을 선호한다. ❻이런 심리적인 별난 점이 '소리의 세기 전쟁'을 촉발했고, 이는 1990년대 CD를 시작으로 현재까지 이어지고 있다. ❼제작자들은 음악의 모든 부분의 진폭을 증가시켜 한 곡의 가변적인 소리의 세기를 그들이 'brick wall'이라고 부르는 것, 즉 트랙의 모든 부분이 가능한 최고 수준으로 상승하는 최종 결과물로 바꾼다. ❽그 결과로 생기는 컴퓨터 화면상에서의 소리 파일은 대부분의 라이브 음악 음량의 상승과 하강 대신 높고 변화 없는 강도의 벽을 보여 준다. ❾전체적인 느낌은 더 크고 더 존재감이 있는 음악이다.

구문 해설

❻ This psychological quirk sparked the "loudness wars," [starting with CDs in the 1990s] and [continuing to the present day].

두 개의 [ ]는 the "loudness wars"를 의미상의 주어로 하는 분사구문이고, and로 대등하게 연결되어 있다.

❽ [The resulting sound file on a computer screen] shows a tall and unvarying wall of intensity [**instead of** the ups and downs of the volume of most live music].

첫 번째 [ ]는 문장의 주어이고, 두 번째 [ ]는 '~ 대신'이라는 의미를 가진 전치사 instead of가 이끄는 부사구이다.

Quick Check 적절한 말 고르기

1. Moreover, our brains also prefer music that has had its quiet passages [amplify / amplified].
2. Producers increase the amplitude of every part of the music, turning the variable loudness of a piece of music into what they call a brick wall, a final product [which / in which] every part of the track is boosted to the highest level possible.

정답 1. amplified 2. in which

20번 업무 자동화

Mini Test 3

| Keywords | work automation, substituting, reinvent

involves의 목적어

❶Work automation only rarely involves / [substituting a robot, chatbot, or AI for the
업무 자동화는 단지 드물게만 수반한다 / 특정 작업에서 인간 노동자를 로봇, 챗봇 또는 인공 지능으로 대체하는

human worker in a particular job]. // ❷Rather, / most work automation effects will
것을 // 오히려 / 대부분의 업무 자동화 효과는 업무를 재창조할 것이다 //

require의 목적어

reinvent the work. // ❸This will require / [that humans and automation work together], /
이것은 요구할 것이다 / 인간과 자동화가 협업하도록 /

부사절(이유) 분사구

[as {some of the tasks ⟨formerly done by the human worker⟩ / are now done by
이전에 인간 노동자가 수행했던 과업 중 일부는 ~ 때문이다 / 이제 자동화에 의해 수행된다 /

병렬 구조

automation} / but {many of the formerly human tasks will still be done / by the human
하지만 전에는 인간이 했던 과업 중 많은 것은 여전히 수행될 것이다 / 인간 노동자에 의해 //

주어

worker}]. // ❹For example, / [the traditional job of infrastructure inspector/repairperson
예를 들어 / 전선이나 파이프라인과 같은 것들을 다루는 사회 기반 시설 검사 겸 수리 담당자의 전통적인 작업은 /

부사구(삽입) combines의 목적어

for things like power lines or pipelines] / combines [in a single job] / [tasks such as
하나의 작업에 결합한다 / 물리적인 검사, 데이터

병렬 구조(동명사구)

{physically inspecting}, {recording data}, {diagnosing potential faults}, and {repairing
기록, 잠재적 결함 진단 및 결함 수리하기와 같은 과업들을 //

the faults}]. // ❺Increasingly, / the new infrastructure work combines humans / with
점차로 / 그 새로운 사회 기반 시설 업무는 인간을 결합한다 / 자동화된

관계절

automated drones or sensors / [that take on the tasks of physical inspection and
드론이나 센서와 / 물리적 검사 및 데이터 기록 과업을 맡는 //

recording data]. // ❻The human workers are left to focus on diagnosis and creative
인간 노동자는 진단과 창의적 수리 해결책에 집중하게 된다 /

with+명사구+분사구: 그리고 ~이 …한다, ~이 …한 상태에서

repair solutions, / [with the repairs carried out by remotely guided automated
그리고 수리는 원격으로 유도되는 자동화된 기계에 의해 수행된다 //

machines]. //

어휘

- □ rarely 드물게
- □ formerly 예전에
- □ inspector 검사 담당자, 조사관
- □ diagnose 진단하다
- □ take on ~을 맡다
- □ solution 해결책, 해법
- □ substitute 대체하다
- □ infrastructure 사회 기반 시설, 산업 기반 시설
- □ repairperson 수리 담당자
- □ fault 결함, 고장
- □ diagnosis 진단
- □ remotely 원격으로, 멀리서

글의 흐름 파악

도입(❶)	요지(❷~❸)	예시(❹~❻)
업무 자동화	협업	사회 기반 시설 검사 겸 수리
업무 자동화로 아주 드물게만 인간 노동자가 로봇, 챗봇, 또는 인공 지능으로 대체됨	업무 자동화는 업무를 재창조하여 인간과 자동화의 협업 체계가 됨	• 작업을 여러 과업으로 세분화함 • 자동화된 드론이나 센서가 물리적 검사 및 데이터 기록 과업을 담당함 • 인간은 진단과 창의적 수리 해결책에 집중함 • 수리는 원격으로 자동화 기계를 이용해 수행함

전문 해석

❶업무 자동화는 단지 드물게만 특정 작업에서 인간 노동자를 로봇, 챗봇 또는 인공 지능으로 대체하는 것을 수반한다. ❷오히려, 대부분의 업무 자동화 효과는 업무를 재창조할 것이다. ❸이것은 인간과 자동화가 협업하도록 요구할 것인데, 이전에 인간 노동자가 수행했던 과업 중 일부는 이제 자동화에 의해 수행되지만 전에는 인간이 했던 과업 중 많은 것은 여전히 인간 노동자에 의해 수행될 것이기 때문이다. ❹예를 들어, 전선이나 파이프라인과 같은 것들을 다루는 사회 기반 시설 검사 겸 수리 담당자의 전통적인 작업은 하나의 작업에 물리적인 검사, 데이터 기록, 잠재적 결함 진단 및 결함 수리하기와 같은 과업들을 결합한다. ❺점차로 그 새로운 사회 기반 시설 업무는 인간을 물리적 검사 및 데이터 기록 과업을 맡는 자동화된 드론이나 센서와 결합한다. ❻인간 노동자는 진단과 창의적 수리 해결책에 집중하게 되고 수리는 원격으로 유도되는 자동화된 기계에 의해 수행된다.

배경 지식

자동화(automation)

automation(자동화)은 '자동적'이란 뜻을 가진 automatic과 '조작'이란 뜻의 operation이 합성된 단어이다. 1947년 미국 포드 자동차사에서 자동화 부서가 신설되었을 때가 시초이다. 자동화는 20세기 후반 기술 혁신의 총아로 모든 분야로 확대되어 갔으며, 최근 인공 지능의 발달로 새 전환기를 맞고 있다.

구문 해설

❸ This will require [that humans and automation work together], [as {some of the tasks 〈formerly done by the human worker〉 are now done by automation} but {many of the formerly human tasks will still be done by the human worker}].

첫 번째 [ ]는 require의 목적어이다. 두 번째 [ ]는 이유를 나타내는 부사절이고, 각각 절인 두 개의 { }가 but에 의해 연결되어 병렬 구조를 이루고 있다. 〈 〉는 the tasks를 수식하는 분사구이다.

❻ The human workers are left to focus on diagnosis and creative repair solutions, [with the repairs carried out by remotely guided automated machines].

[ ]는 「with+명사구+분사구」 구문으로 '그리고 ~이 …한다, ~이 …한 상태에서'의 의미를 나타낸다.

Quick Check T, F 고르기

1. Work automation typically involves replacing a human worker with a robot, chatbot, or AI in a specific job. T / F
2. Increasingly, the reinvented new infrastructure work combines humans for diagnosis and creative solutions with automated devices for physical inspection and data collection. T / F

정답 1. F 2. T

Mini Test 3

21번 정보의 홍수와 인공 지능

| Keywords | information, explosion of AI, flood, curation of information, partial truth, superintelligence

[1] Knowledge is at the root of technology, / information is at the root of knowledge, /
지식은 기술의 근간이고 / 정보는 지식의 근간이다 /

(→ make+목적어+목적격 보어(형용사))
and today's technology / makes information vastly more accessible / than it has ever
그리고 오늘날의 기술은 / 정보에 대해 대단히 더 쉽게 접근할 수 있게 만든다 / 그 어느 때보다 //

(→ help+목적어+동사원형)
been. // [2] Shouldn't this help us solve our problems? // [3] The explosion of AI / feeds the
이것이 우리의 문제를 해결하는 데 도움이 되지 않을까 // 인공 지능의 폭발적인 증가는 / (정보의) 쓰나미에

(→ 분사구문(앞 절의 내용을 부가적으로 설명)) (turn A into B: A를 B로 바꾸다)
tsunami, / [turning every image, every text, and every sound into yet more information],
영양분을 공급하고 / 모든 이미지, 모든 텍스트, 그리고 모든 소리를 더욱더 많은 정보로 바꾸어 /

(→ 분사구문(앞 절의 내용을 부가적으로 설명)) (→ ~ 없이)
[flooding our limited human brains]. // [4] We can't absorb the flood without curation, /
제한된 인간의 두뇌로 물밀듯이 밀려들어 온다 // 우리는 큐레이션 없이 이 (정보의) 홍수를 받아들일 수 없다 /

(→ 주어) (→ 진행형 수동태(be being p.p.)) (→ 주어)
and [curation of information] / is [increasingly being done by AIs]. // [5] [Every subset of
그리고 정보의 큐레이션은 / 점점 더 인공 지능에 의해 수행되고 있다 // 진실의 모든 부분 집합은 /

(→ 주격 보어)
the truth] / is [only a partial truth], / and curated information includes, / necessarily, / a
불완전한 진실일 뿐이다 / 그리고 선별된 정보는 포함한다 / 필연적으로 /

(→ 부사절(이유)) (주어) (관계절)
subset. // [6] [Since our brains can only absorb / a tiny subset of the flood], / [everything {we
부분 집합을 // 우리의 두뇌는 (~만) 받아들일 수 있기 때문에 / 홍수처럼 쏟아지는 정보 중 극히 일부 / 우리가 받아들이는 모든

(→ 주격 보어)
take in}] / is [at best a partial truth]. // [7] The AIs, / in contrast, / seem to have little
것은 / 기껏해야 불완전한 진실이다 // 인공 지능은 / 이와는 대조적으로 / 어려움이 거의 없어 보인다 /

(→ = the AIs) (관계절) (→ 분사구문)
difficulty / with the flood. // [8] To them, / it is the food [that strengthens], / [perhaps
(정보의) 홍수에 // 그들에게 / 그것은 강하게 하는 양식이어서 / 아마도 그 두려운

(관계절)
leading to that feared uncontrollable scenario / {where superintelligence sidelines
통제할 수 없는 시나리오로 이어질지도 모른다 / 초지능이 인간을 열외로 취급하여 무관하게 만드는 //

humans into irrelevance}]. //

* curation: 큐레이션(목적에 따른 정보의 선별과 배포) ** subset: 부분 집합

어휘

- ☐ root 근간, 근원
- ☐ explosion 폭발적인 증가, 폭발
- ☐ flood 물밀듯이 밀려들다; 홍수, 쇄도
- ☐ partial 불완전한, 부분적인
- ☐ sideline 열외로 취급하다
- ☐ vastly 엄청나게
- ☐ feed 영양분을 주다
- ☐ absorb (정보를) 받아들이다, 흡수하다
- ☐ superintelligence 초지능, 초인지
- ☐ irrelevance 무관(함)

글의 흐름 파악

도입(❶~❷)	전개(❸~❻)	마무리(❼~❽)
지식, 정보, 그리고 기술	인간의 한계	인공 지능의 능력
오늘날의 기술은 그 어느 때보다 정보에 대해 대단히 더 쉽게 접근할 수 있게 만듦 → 우리가 당면한 문제 해결에 도움이 될까?	• 제한된 인간의 두뇌로 밀려들어 오는 엄청난 정보 • 인공 지능에 의해 점점 더 수행되는 정보 큐레이션 • 우리의 두뇌는 다량의 정보 중 일부만을 받아들일 수 있음 → 불완전한 진실	인공 지능은 (정보의) 홍수에 어려움이 없음 → 초지능이 인간을 열외로 취급하여 무관하게 만드는 통제할 수 없는 시나리오로 이어질 수 있음

전문 해석

❶지식은 기술의 근간이고, 정보는 지식의 근간이며, 오늘날의 기술은 그 어느 때보다 정보에 대해 대단히 더 쉽게 접근할 수 있게 만든다. ❷이것이 우리의 문제를 해결하는 데 도움이 되지 않을까? ❸인공 지능의 폭발적인 증가는 (정보의) 쓰나미에 영양분을 공급하고, 모든 이미지, 모든 텍스트, 그리고 모든 소리를 더욱더 많은 정보로 바꾸어 제한된 인간의 두뇌로 물밀듯이 밀려들어 온다. ❹우리는 큐레이션 없이 이 (정보의) 홍수를 받아들일 수 없는데, 정보의 큐레이션은 점점 더 인공 지능에 의해 수행되고 있다. ❺진실의 모든 부분 집합은 불완전한 진실일 뿐이며, 선별된 정보는 필연적으로 부분 집합을 포함한다. ❻우리의 두뇌는 홍수처럼 쏟아지는 정보 중 극히 일부만 받아들일 수 있기 때문에, 우리가 받아들이는 모든 것은 기껏해야 불완전한 진실이다. ❼이와는 대조적으로 인공 지능은 (정보의) 홍수에 어려움이 거의 없어 보인다. ❽그들에게 그것은 강하게 하는 양식이어서, 아마도 초지능이 인간을 열외로 취급하여 무관하게 만드는 그 두려운 통제할 수 없는 시나리오로 이어질지도 모른다.

배경 지식

생성형 AI(Generative AI)

생성형 AI는 텍스트, 오디오, 이미지 등 기존 콘텐츠를 활용해 유사한 콘텐츠를 새롭게 만들어 내는 인공 지능(AI) 기술을 가리킨다. 기존 AI가 데이터와 패턴을 학습해서 대상을 이해했다면 생성형 AI는 기존 데이터와 비교 학습을 통해 새로운 창작물을 탄생시킨다. 즉 콘텐츠의 생성자와 만들어진 콘텐츠를 평가하는 판별자가 끊임없이 서로 대립하고 경쟁하면서 새로운 콘텐츠를 만들어 낸다.

구문 해설

❸ **The explosion of AI feeds the tsunami, [turning every image, every text, and every sound into yet more information], [flooding our limited human brains].**

두 개의 [ ]는 각각 바로 앞 절의 내용을 부가적으로 설명하는 분사구문이다.

❻ **[Since our brains can only absorb a tiny subset of the flood], everything [we take in] is at best a partial truth.**

첫 번째 [ ]는 Since가 이끄는 이유의 부사절이다. 두 번째 [ ]는 everything을 수식하는 관계절이다.

Quick Check T, F 고르기

1. Curation of immense information is increasingly carried out by AIs. T / F
2. Humans are better equipped to handle and absorb vast amounts of information compared to AIs. T / F

정답 1. T 2. F

22번 컴퓨터 게임 애니메이션 속 물리학 법칙의 자유로움

Mini Test 3

| Keywords | CG animation, physics, gravity

부사절
❶ [When objects move in a CG animation], / their motion must appear to be / consistent
CG 애니메이션에서 물체들이 움직일 때 / 그것들의 움직임은 ~것처럼 보여야 한다 / ~과 일치하는 /

with의 목적어 / 부사절
with / [the envisioned world's laws of physics]. // ❷ [Because the objects have no / real
마음속에 그려진 세계의 물리학 법칙 // 물체들은 ~이 없으므로 / 실제의

= the objects'
mass or dimensions], / their physics too must be simulated / by an algorithm. //
질량이나 차원이 / 그것들의 물리학적 현상 또한 시뮬레이션되어야 한다 / 알고리즘에 의해 //

그렇지 않으면 / 주어 / 병렬 구조
❸ Otherwise, [the player of *Half-Life: Alyx*] / could accidentally {run through a wall} / and
그렇지 않으면 'Half-Life: Alyx' 게임을 하는 사람이 / 우연히 벽을 뚫고 달려 나갈 수 있다 / 그리고

주어 / 병렬 구조
{emerge on the other side}. // ❹ [{The effects of collisions} / as well as / {the effects of
반대편에서 나타날 (수도 있다) // 충돌의 효과도 / 뿐만 아니라 / 가속과 중력의 효과 /

다시 말해 / 부사절
acceleration and gravity}] / must be simulated /—that is, [if the animators want the
시뮬레이션되어야 한다 / 다시 말해 애니메이션 제작자가 그 장면이 보이고

want+목적어+to *do*: ~이 …하기를 원하다 / 주어
scene to look and act like / our world]. // ❺ But [the physics of computer games] / do not
기능하기를 원한다면 말이다 / 우리의 세계처럼 // 그러나 컴퓨터 게임의 물리학적 현상이 / ~과 같을

= the physics
have to be the same as / those of the physical universe. // ❻ Gravity could have any
필요는 없다 / 물리적 우주의 그것들(물리학적 현상) // 중력은 어떤 값이든 가질 수 있다 /

관계절 / = gravity / 부사절
value / [the animators want], / or it could be absent. // ❼ A ball could gain velocity / [when
애니메이션 제작자가 원하는 / 혹은 그것이 없을 수도 있다 // 공은 오히려 속도를 얻을 수도 있을 것이다 / 벽을 맞고

= a ball / ~하기보다는
it ricochets off a wall], / rather than slowing down. // ❽ Each effect will have / its own
튀어 나갈 때 / 느려지기보다는 // 각각의 효과는 ~을 가질 것이다 / 고유의 시각

분사구문(Each effect를 의미상의 주어로 함)
visual meaning, / [creating a sense of realism or surrealism]. //
적인 의미를 / 사실주의나 초현실주의의 감각을 만들어 낼 것이다 //

* collision: 충돌 ** velocity: 속도 *** ricochet off: ~을 맞고 튀어 나가다

어휘

- □ consistent with ~과 일치하는, ~과 일맥상통하는
- □ physics 물리학적 현상, 물리학
- □ dimension 차원
- □ emerge 나타나다
- □ gravity 중력
- □ envision 마음속에 그리다, 상상하다
- □ mass 질량
- □ simulate 시뮬레이션하다, 모의실험하다
- □ acceleration 가속
- □ surrealism 초현실주의

글의 흐름 파악

도입(❶~❹)	전환(❺~❼)	결론(❽)
CG 애니메이션에서 움직이는 물체의 시뮬레이션	컴퓨터 게임 애니메이션 속 물리학 법칙의 자유로움	물리학 법칙에서 자유로운 애니메이션의 효과
CG 애니메이션에서 물체가 움직일 때, 그것들의 물리학적 현상 또한 알고리즘에 의해 시뮬레이션 되어야 함	그러나 컴퓨터 게임의 물리학적 현상이 물리적 우주의 물리학적 현상과 같을 필요는 없으며, 중력은 애니메이션 제작자가 원하는 어떤 값이든 가질 수 있고 혹은 없을 수도 있음	물리학 법칙에서 벗어난 애니메이션 효과는 고유의 시각적 의미가 있을 것이며, 사실주의나 초현실주의의 감각을 창조함

전문 해석

❶CG 애니메이션에서 물체들이 움직일 때, 그것들의 움직임은 마음속에 그려진 세계의 물리학 법칙과 일치하는 것처럼 보여야 한다. ❷물체들은 실제의 질량이나 차원이 없으므로, 그것들의 물리학적 현상 또한 알고리즘에 의해 시뮬레이션되어야 한다. ❸그렇지 않으면 'Half-Life: Alyx' 게임을 하는 사람이 우연히 벽을 뚫고 달려 나가 반대편에서 나타날 수도 있다. ❹가속과 중력의 효과뿐 아니라 충돌의 효과도 시뮬레이션되어야 하는데, 다시 말해 애니메이션 제작자가 그 장면이 우리의 세계처럼 보이고 기능하기를 원한다면 말이다. ❺그러나 컴퓨터 게임의 물리학적 현상이 물리적 우주의 그것들(물리학적 현상)과 같을 필요는 없다. ❻중력은 애니메이션 제작자가 원하는 어떤 값이든 가질 수 있고 혹은 그것이 없을 수도 있다. ❼공은 벽을 맞고 튀어 나갈 때, 느려지기보다는 오히려 속도를 얻을 수도 있을 것이다. ❽각각의 효과는 고유의 시각적인 의미가 있어서, 사실주의나 초현실주의의 감각을 만들어 낼 것이다.

구문 해설

❹ [The effects of collisions **as well as** the effects of acceleration and gravity] must be simulated — that is, [if the animators want the scene to look and act like our world].

첫 번째 [ ]는 문장의 주어로, '~뿐 아니라 …도'라는 의미의 「as well as」가 쓰였다. 두 번째 [ ]는 조건의 부사절이다.

❽ Each effect will have **its** own visual meaning, [creating a sense of realism or surrealism].

its는 each effect's를 의미하며, [ ]는 Each effect를 의미상의 주어로 하는 분사구문이다.

Quick Check 빈칸 완성하기

1. But the physics of computer games do not have to be the s____________ as those of the physical universe.

2. G____________ could have any value the animators want, or it could be absent.

정답 1. [s]ame 2. [G]ravity

23번 단독 상태가 의견 중요도 인식에 미치는 영향

Mini Test 3

| Keywords | perceptual salience, solo status, contributions, significance

주어 / ~에 기인하는 / 관계절

❶ [The perceptual salience of a characteristic] / is partly due to / the situation / [in which

어떤 특성의 지각적 두드러짐은 / ~에 부분적으로 기인한다 / 상황 / 그것을 접하는 //

found의 목적어(명사절) / 명사절의 주어부

it is encountered]. // ❷ Shelley Taylor and her colleagues / have found / [that {solo status, /

Shelley Taylor와 그녀의 동료들은 / (~이라는 사실을) 발견했다 / 단독 상태(여럿 속에서 오직 하나인 상태)가 /

such as being / the only woman on a committee / or the only Asian student in a class}, /

~이 되는 것과 같이 / 위원회의 유일한 여성 / 또는 한 학급의 유일한 아시아계 학생 /

명사절의 술어 동사(solo status가 주어의 핵심 어구) / 지각동사+목적어+목적격 보어(동사원형): ~이 …하는 것을 지켜보다

commands / others' attention]. // ❸ In one study, / participants watched / a group of six

얻을 수 있다 / 다른 사람의 관심을 // 한 연구에서 / 참가자들은 지켜보았다 / 6명의 학생으로 이루어진

~로 구성되다

students / discuss a topic / ; the groups / consisted of / each possible distribution of men

한 집단이 / 어느 한 주제에 관한 토론하는 것을 / 그 집단들은 / 구성되었다 / 남성과 여성의 각각 가능한 분포로 /

and women / (e.g., six men, no women; five men, one woman, etc.). // ❹ Participants then

예: 남성 6명, 여성 없음 혹은 남성 5명, 여성 1명 등 // 그런 다음 참가자들은

evaluated의 목적어 / showed의 목적어(명사절)

evaluated / [the contributions of a given group member]. // ❺ The results showed / [that

평가했다 / 특정 집단 구성원의 기여도를 // 그 결과 ~인 것으로 나타났다 / 중요도는 /

명사절의 주어 / 분사구 / attribute ~ to ...: ~이 …에 있다고 여기다

{the significance / ⟨attributed to a group member's comments⟩} / was inversely

한 집단 구성원의 의견에 있다고 여겨지는 / 반비례했다 /

be proportional to: ~에 비례하다 / 부사절(시간)

proportional to / the size of their minority group]. // ❻ In other words, / [as people

그들이 속한 소수자 집단의 규모에 // 다시 말해서 / 사람들이 집단에서

분사구문(people의 부수적 동작)

become more noticeable in a group, / {acquiring more solo status}], / their actions /

더 주목받게 되면 / 단독 상태를 더 확보하여 / 그들의 행동이 /

부사절(시간)

stand out and acquire greater importance / in perceivers' eyes. // ❼ This occurs / [even

눈에 띄고 더 큰 중요성을 갖게 된다 / 지각하는 사람들이 봤을 때 // 이는 발생한다 / ~할 때도 /

부사절의 주어

when / {the quantity of the member's contribution to the group} / remains the same /

집단에 대한 구성원의 기여도의 양이 / 같게 유지될 (때) /

across the various group types]. //

다양한 집단 유형들 전체에 걸쳐서 //

* salience: 두드러짐 ** inversely: 반대로, 역으로

어휘

- □ perceptual 지각(력)의
- □ encounter 접하다, 마주치다, 맞닥뜨리다
- □ status 상태, 지위
- □ command 얻다, (응당 받아야 할 것을) 받다
- □ consist of ~로 구성되다
- □ contribution 기여
- □ proportional 비례하는
- □ quantity 양
- □ characteristic 특성, 특징
- □ solo 단독의, 혼자서 하는
- □ committee 위원회
- □ attention 관심, 흥미
- □ distribution 분포
- □ attribute ~ to ... ~이 …에 있다고 여기다
- □ stand out 눈에 띄다, 빼어나다

글의 흐름 파악

도입(❶)	전개 1(❷)	전개 2(❸~❹)	마무리(❺~❼)
특성에 대한 인식	Shelley Taylor와 동료들이 진행한 연구의 시사점	연구 과정 설명	연구 결과 분석
어떤 특성의 지각적 두드러짐은 상황에 부분적으로 기인함	연구에 따르면 단독 상태에 있는 것이 다른 사람의 관심을 끌 수 있음 → 위원회의 유일한 여성, 한 학급의 유일한 아시아계 학생이 되는 것	남성과 여성의 다양한 분포로 이루어진 각기 다른 집단에서 토론을 진행하고 집단 구성원의 기여도를 평가함	의견 중요도는 소수자 집단의 규모와 반비례함 → 소수자 집단에 속함으로써 단독 상태에 있게 되고 더 주목을 받음 → 기여도의 양이 다양한 집단 유형 전체에 걸쳐 같게 유지될 때도 이런 현상이 발생함

전문 해석

❶어떤 특성의 지각적 두드러짐은 그것을 접하는 상황에 부분적으로 기인한다. ❷Shelley Taylor와 그녀의 동료들은 위원회의 유일한 여성 또는 한 학급의 유일한 아시아계 학생이 되는 것과 같이 단독 상태(여럿 속에서 오직 하나인 상태)가 다른 사람의 관심을 얻을 수 있다는 사실을 발견했다. ❸한 연구에서 참가자들은 6명의 학생으로 이루어진 한 집단이 어느 한 주제에 관해 토론하는 것을 지켜보았는데, 그 집단들은 남성과 여성의 각각 가능한 분포(예: 남성 6명, 여성 없음 혹은 남성 5명, 여성 1명 등)로 구성되었다. ❹그런 다음 참가자들은 특정 집단 구성원의 기여도를 평가했다. ❺그 결과 한 집단 구성원의 의견에 있다고 여겨지는 중요도는 그들이 속한 소수자 집단의 규모에 반비례하는 것으로 나타났다. ❻다시 말해서, 사람들이 단독 상태를 더 확보하여 집단에서 더 주목받게 되면, 그들의 행동이 눈에 띄고 지각하는 사람들이 봤을 때 더 큰 중요성을 갖게 된다. ❼이는 집단에 대한 구성원의 기여도의 양이 다양한 집단 유형들 전체에 걸쳐서 같게 유지될 때도 발생한다.

구문 해설

❷ Shelley Taylor and her colleagues have found [that {**solo status**, such as being the only woman on a committee or the only Asian student in a class}, **commands** others' attention].

[ ]는 found의 목적어 역할을 하는 명사절이고, { }는 명사절의 주어부인데 주어의 핵심 어구 solo status에 호응하는 술어 동사로 단수형 동사 commands가 사용되었다.

❺ The results showed [that {the **significance** 〈attributed to a group member's comments〉} **was** inversely proportional to the size of their minority group].

[ ]는 showed의 목적어 역할을 하는 명사절이고, { }는 명사절의 주어이다. 〈 〉는 the significance를 수식하는 분사구이고, 주어의 핵심어인 significance에 호응하는 술어 동사로 단수형 동사 was가 사용되었다.

Quick Check 적절한 말 고르기

1. The perceptual salience of a characteristic is partly due to the situation [which / in which] it is encountered.
2. As people become more noticeable in a group, [acquired / acquiring] more solo status, their actions stand out and acquire greater importance in perceivers' eyes.

정답 1. in which 2. acquiring

24~25 번

Mini Test 3

개인용 로봇에 대한 환상

| Keywords | illusion, personal robots, suspension of disbelief

관계절(the making of illusions를 부가적으로 설명) / 선행사를 포함한 관계대명사(~것)

❶Is the making of illusions, / [which is arguably what the developers of personal robots

환상 만들기라는 것이 ~인가 / 거의 틀림없이 개인용 로봇 개발자들이 하는 것인데 /

부사절(조건) / 관계절

do], / necessarily bad? // ❷For example, / [if an illusion is created / {in which the robot is

반드시 나쁜 것인가 // 예를 들어 / 환상이 생긴다면 / 로봇이 살아 있는 존재나 친구라는 /

병렬 구조 / ~에 이의를 가지다

a 〈living being〉 or 〈friend〉}], / is this bad? // ❸Surely we do not have a problem with

이것은 나쁜 것인가 // 확실히 우리는 환상에 이의를 가지지 않는다 /

부사절(시간) / be happy to *do*: 기꺼이 ~하다

illusions / [when we go to the theater or a magic show]. // ❹We are happy to be

극장이나 마술 쇼에 갈 때 // 우리는 기꺼이 '속는'다 /

부사구

"deceived" / [during the show]. // ❺Before and afterward, however / — and perhaps

쇼가 진행되는 동안 // 그러나 그 이전과 이후 / 그리고 아마도

부사구 / know의 목적어(명사절) / 명사절의 주어

during — / we [at the same time] know / [that {what is seen} / is not real]. // ❻There is a

그동안에 / 우리는 동시에 안다 / 보이는 것이 / 진짜가 아니라는 것을 // 이른바 불신의

이른바

so-called suspension of disbelief / : people temporarily accept a show or story / as

유예가 있다 / 사람들은 일시적으로 쇼나 이야기를 받아들인다 /

to부정사의 수동형(to be p.p.) / 분사구문

reality / in order to be entertained. // ❼[Applied to personal robots], / this would mean /

현실로 / 즐거워하기 위해 // 개인용 로봇에 적용하면 / 이것은 의미한다 /

mean의 목적어(명사절) / 부사구(~동안) / in order to *do*: ~하기 위해서

[that people temporarily suspend disbelief / {during the interaction with the robot} / in

사람들이 일시적으로 불신을 유예한다는 것을 / 로봇과 상호 작용을 하는 동안 /

to부정사구의 의미상의 주어

order {for the robot} to do its "magic."] // ❽Ethically speaking, then, / one could demand /

로봇이 '마법'을 부릴 수 있도록 // 그렇다면 윤리적으로 말해서 / 누군가는 요구할 수도 있을 것이다 /

from의 목적어 / demand의 목적어(명사절) / (should)

from [designers and those who offer the robot to users] / [that users be made aware /

설계자, 그리고 사용자들에게 로봇을 제공하는 사람들에게 / 사용자들이 알고 있게 해야 한다고 /

명사절 1 / 명사절 2(명사절 1을 부가적으로 설명)

{that the robot is creating illusions}, / {that what goes on in the human-robot interaction /

로봇이 환상을 만들고 있다는 것 / 즉, 인간과 로봇의 상호 작용에서 일어나는 일이 /

보어

is 〈"as if" and make-believe〉}]. // ❾This is a challenge / [for designers and developers], /

'가정'이며 환상이라는 것을 // 이것은 문제이다 / 설계자와 개발자들에게 /

병렬 구조 / 관계절 / 관계절

but also [for parents, care workers, and others / {who offer the robot / to those 〈they

부모, 간병인들, 그리고 다른 사람들에게도 / 로봇을 제공하는 / 자신들이 돌봐야 하는

앞 절을 부가적으로 설명 / requires의 목적어 / about의 목적어(명사절)

are supposed to take care of〉}] / ; [it requires / {a kind of honesty / about 〈what the robot

사람들에게 / 그것은 필요로 한다 / 일종의 정직함을 / 로봇이 실제로 무엇인지에 대한 /

really is / and can provide〉}]. // ❿This would go against / much of the current advertising /

그리고 무엇을 제공할 수 있는지 // 이것은 상반될 것이다 / 현재의 광고의 상당 부분과 /

관계절(personal robots를 부가적으로 설명)

for personal robots, / [which are often sold / as your "friend," / {supplying

개인용 로봇에 대한 / 개인용 로봇은 흔히 판매된다 / 여러분의 '친구'로 / '우정'을 제공하고 /

병렬 구조(personal robots를 의미상의 주어로 하는 분사구문)

"companionship"} / and {enabling "conversations,"} and so forth]. //

그리고 '대화'를 가능하게 하는 등의 일을 하는 //

어휘

- □ **illusion** 환상, 착각
- □ **deceive** 속이다
- □ **disbelief** 불신
- □ **entertain** 즐겁게 하다
- □ **ethically** 윤리적으로
- □ **make-believe** 환상의; 환상
- □ **go against** ~과 상반되다
- □ **arguably** 거의 틀림없이
- □ **suspension** 유예, 중지
- □ **temporarily** 일시적으로, 임시로
- □ **apply ~ to ...** ~을 …에 적용하다
- □ **demand** 요구하다
- □ **be supposed to *do*** ~해야 한다
- □ **current** 현재의, 통용되는

글의 흐름 파악

도입(❶~❷)	전개(❸~❼)	결론(❽~❿)
개인용 로봇에 대한 환상	로봇과 상호 작용하는 동안 발생하는 불신의 유예	로봇이 만드는 환상에 대한 윤리적 관점
로봇이 살아 있는 존재나 친구라는 환상이 생긴다면, 이것은 나쁜 것인지 질문을 던짐	우리가 극장이나 마술쇼에 갈 때 불신의 유예가 있는 것처럼, 로봇과 상호 작용하는 동안 사람들은 일시적으로 불신을 유예함	그렇다면 윤리적으로 말해서, 로봇 디자이너와 개발자들에게 로봇이 환상을 만들어 내고 있다는 것을 사용자들이 알고 있게 해야 한다고 요구할 수 있음

전문 해석

❶환상 만들기라는 것이 거의 틀림없이 개인용 로봇 개발자들이 하는 것인데, 반드시 나쁜 것인가? ❷예를 들어 로봇이 살아 있는 존재나 친구라는 환상이 생긴다면, 이것은 나쁜 것인가? ❸확실히 우리는 극장이나 마술 쇼에 갈 때 환상에 이의를 가지지 않는다. ❹우리는 쇼가 진행되는 동안 기꺼이 '속는'다. ❺그러나 그 이전과 이후, 그리고 아마도 그동안에, 우리는 동시에 보이는 것이 진짜가 아니라는 것을 안다. ❻이른바 불신의 유예가 있는데, 사람들은 즐거워하기 위해 일시적으로 쇼나 이야기를 현실로 받아들인다. ❼개인용 로봇에 적용하면, 이것은 로봇이 '마법'을 부릴 수 있도록 로봇과 상호 작용을 하는 동안 사람들이 일시적으로 불신을 유예한다는 것을 의미한다. ❽그렇다면 윤리적으로 말해서, 누군가는 설계자, 그리고 사용자들에게 로봇을 제공하는 사람들에게 로봇이 환상을 만들고 있다는 것, 즉 인간과 로봇의 상호 작용에서 일어나는 일이 '가정'이며 환상이라는 것을 사용자들이 알고 있게 해야 한다고 요구할 수도 있을 것이다. ❾이것은 설계자와 개발자들에게 문제이지만, 부모, 간병인들, 그리고 자신들이 돌봐야 하는 사람들에게 로봇을 제공하는 다른 사람들에게도 문제인데, 그것은 로봇이 실제로 무엇이고 무엇을 제공할 수 있는지에 대한 일종의 정직함을 필요로 한다. ❿이것은 개인용 로봇에 대한 현재의 광고의 상당 부분과 상반될 것인데, 개인용 로봇은 '우정'을 제공하고 '대화'를 가능하게 하는 등의 일을 하는, 여러분의 '친구'로 흔히 판매된다.

배경 지식

불신의 유예(suspension of disbelief)

불신의 유예란 몰입의 순간을 말한다. 예를 들어 놀이동산의 사파리는 사람들이 만든 가짜 아프리카지만 그곳에서 사람들은 실제 아프리카에 왔다고 상상하며 그 시간과 공간을 즐기는 것처럼, 비록 가짜지만 그것이 가짜임이 드러날 때까지, 아니면 그것이 진짜인 것처럼 상상하면서 그 순간을 만끽하는 것이다.

구문 해설

❶ Is the making of illusions, [which is arguably {what the developers of personal robots do}], necessarily bad?

[ ]는 the making of illusions를 부가적으로 설명하는 관계절이고, { }는 관계절의 보어 역할을 하는 명사절이다.

❷ For example, [if an illusion is created {in which the robot is a living being or friend}], is this bad?

[ ]는 조건의 부사절이고, { }는 an illusion을 수식하는 관계절이다.

Quick Check 적절한 말 고르기

1. Surely we do not have a problem with illusions when we go to the theater or a magic show. We are happy / hesitant to be "deceived" during the show.

2. Ethically speaking, then, one could demand from designers and those who offer the robot to users that users be made aware that the robot is creating illusions / reality, that what goes on in the human-robot interaction is "as if" and make-believe.

정답 1. happy 2. illusions